Origine et histoire du vocabulaire des arts de la table

Linguistic Insights

Studies in Language and Communication

Edited by Maurizio Gotti,
University of Bergamo

Volume 271

PETER LANG
Bern · Berlin · Bruxelles · New York · Oxford

Silvia Domenica Zollo

Origine et histoire du vocabulaire des arts de la table

Analyse lexicale et exploitation de corpus textuels

PETER LANG
Bern · Berlin · Bruxelles · New York · Oxford

Bibliographic information published by die Deutsche Nationalbibliothek
Die Deutsche Nationalbibliothek lists this publication in the Deutsche Nationalbibliografie; detailed bibliographic data is available on the Internet at ‹http://dnb.d-nb.de›.

Library of Congress Cataloging-in-Publication Data
A CPI catalog record for this book has been applied for at the Library of Congress.

Volume publié avec le concours du Département de Langues et Littératures Étrangères de l'Université de Vérone.

UNIVERSITÀ di VERONA
Dipartimento di LINGUE E LETTERATURE STRANIERE

ISSN 1424-8689
E-ISBN 978-3-0343-4058-8 (E-PDF)
E-ISBN 978-3-0343-4060-1 (MOBI)
ISBN 978-3-0343-3890-5 (Print)
E-ISBN 978-3-0343-4059-5 (EPUB)
DOI 10.3726/b16932

Printed in Germany

Préface

Les recherches visant à analyser les problèmes de la communication linguistique et de la fonction sociale de la langue ont connu, ces dernières décennies, un gain d'intérêt scientifique considérable qui a conduit à la naissance de nouvelles théories linguistiques. Il suffit de renvoyer aux réalisations des différentes écoles de la sociolinguistique, de la lexicologie sociale et historique, de la socioterminologie, de la terminologie cognitive, de l'histoire du vocabulaire et de l'histoire de la langue qui, malgré leurs fondements théoriques tout à fait différents, ont contribué à revaloriser le contact entre langue, société et histoire. Dans ce cadre, émerge la nécessité d'approfondir la connaissance du vocabulaire et de la terminologie à partir du domaine créateur et de son histoire. D'un grand intérêt est la langue des arts, dont l'œuvre créative, économique et sociale n'a permis que de faire évoluer le lexique, arrivant à trouver des expressions nouvelles en fonction des différents contextes géolinguistiques et des différentes époques historiques.

L'ouvrage de Silvia Domenica Zollo conduit au cœur de cette problématique. L'appareil documentaire et théorique auquel l'auteure a recours est imposant et la bibliographie comporte plus de deux cents titres, entre sources primaires et secondaires ; plus de cent sont les auteurs convoqués et discutés, parmi lesquels ressortent, par ordre alphabétique, Kurt Baldinger, Michel Bréal, Ferdinand Brunot, Eugenio Coseriu, Arsène Darmesteter, Algirdas Greimas, Louis Guilbert, Émile Littré, Georges Matoré, Bernard Quemada, Ferdinand de Saussure et Walther Wartburg. Il n'en reste pas moins que l'itinéraire théorique et méthodologique que dessinent les premières pages de l'ouvrage de Silvia Domenica Zollo ne se veut ni un inventaire, ni un catalogue des courants théoriques – parfois négligés – dans les dernières années. C'est, au contraire, la vérification d'une hypothèse et d'une idée.

L'idée structurante autour de laquelle s'agrègent les pages et les analyses de cet ouvrage est celle de l'origine et de l'histoire du lexique des arts de la table en relation avec l'exploitation de corpus textuels. Le lexique ne peut pas faire l'objet d'une seule discipline et ce en raison de sa complexité intrinsèque. Son étude n'est possible que si elle est alimentée par le concours de disciplines différentes, parmi lesquelles l'histoire de la langue, l'histoire du vocabulaire, l'histoire des idées, la lexicologie historique et sociale, ainsi que la linguistique de corpus. C'est dans cette perspective que l'auteure aborde une analyse lexicale du vocabulaire français des arts de la table du XVIe au XVIIIe siècles, un domaine d'application important de l'activité humaine qui n'a pas encore fait l'objet de recherches systématiques de la part des lexicologues et qui mérite d'être appréhendé linguistiquement avec tout le poids sociologique et historique qu'il représente. Et l'approche qui est proposée est aussi soignée qu'originale : il s'agit de rendre compte de l'évolution du lexique des arts de la table dans lequel usages courants et techniques anciennes entrent en dialogue et se superposent au fil du temps.

Si ce travail repose sur plusieurs courants d'études lexicales théoriques attestés, il n'en demeure pas moins singulier, tant par le thème du sujet traité que par les méthodes mises en œuvre dans une perspective d'analyse diachronique et textuelle. Zollo propose une recherche qui pose les principes fondamentaux pour la constitution, le traitement semi-automatique et l'exploitation d'un corpus hétérogène convenable en vue d'une étude historique des règles de dénomination. Le corpus rigoureusement élaboré se fonde sur une documentation dynamique et rare qui le rend plus spécialement précieux : le choix de travailler sur un corpus ayant des spécificités discursives très différentes – textes littéraires et historiques, articles de presse et catalogues, inventaires et comptes anciens – permet d'avoir un panorama exhaustif sur la formation et l'usage d'un vocabulaire hybride, à mi-chemin entre langue générale et langue de spécialité. L'auteure ne se limite pas au corpus ainsi constitué ; elle l'étend grâce à des enquêtes lexicographiques, afin de valider et de préciser les résultats acquis. Le dépouillement aboutit, d'une part, à une liste de mots – d'où est tiré l'index final – et, d'autre part, à l'étude des mots en contexte qui font l'objet d'une analyse formelle et sémantique. De nombreux commentaires et des réflexions pointues sur les mots des arts de la table d'origine étrangère, les emprunts, les noms propres, les mots nouveaux et/ou désuets, les mécanismes de transferts linguistiques opérés d'un domaine à l'autre et les changements lexicaux émaillent ce travail de recherche, révélant des observations intéressantes sur le parcours de vie des mots et leur charge culturelle, évocatrice et symbolique. Il ne nous reste qu'à suivre cette analyse fine et détaillée qui, au-delà de la contribution en termes de méthode, ouvre de nouvelles perspectives dans les recherches en lexicologie et en terminologie diachronique qui peuvent intéresser les historiens de la langue, les lexicologues, les linguistes de textes et les spécialistes du domaine.

Maria Teresa Zanola
Università Cattolica del Sacro Cuore, Milan

Remerciements

Je remercie la maison d'édition Peter Lang d'avoir accepté de publier cet ouvrage dans la collection "Linguistic Insights", et plus particulièrement Ulrike, Susanne, Dankar et Ajitha pour leur disponibilité et leur efficacité. Mes remerciements vont également au Département des Langues et Littératures Étrangères de l'Université de Vérone pour l'aide à la publication qu'il m'a accordée.

Par ailleurs, je tiens à exprimer toute ma gratitude à Carolina Diglio, Maria Teresa Zanola et Paolo Frassi pour leurs précieux conseils et leurs encouragements à publier cet ouvrage.

J'adresse ma reconnaissance à John Humbley, dont la générosité intellectuelle n'a d'égale que sa science, pour sa relecture critique du manuscrit et pour les échanges passionants sur l'histoire du vocabulaire.

Je remercie Jana Altmanova pour son indéfectible soutien scientifique et moral depuis plus de 10 ans. Qu'elle trouve ici la marque de ma reconnaissance pour m'avoir accompagnée sur les sentiers de la recherche. Un sincère remerciement s'adresse à Magi Petrillo et Claudio Grimaldi pour leur présence et leurs conseils généreux et toujours aimables.

Enfin, j'adresse mes remerciements à toutes celles et tous ceux – collègues, amis et famille – qui, tant par leur contribution à la récolte d'items que par leurs questions et remarques ou simplement par leur présence et leur écoute, ont enrichi ce travail et donné à mon activité de recherche une dimension collective.

À ta présence qui, depuis toujours,
nous est si précieuse, et le sera à jamais.
À notre lien indissoluble.
À ta façon inimitable d'affronter la vie.

[...] le parole
non sono affatto felici
di essere buttate fuori
come zambracche e accolte
con furore di applausi
e disonore;
le parole
preferiscono il sonno
nella bottiglia al ludibrio
di essere lette, vendute,
imbalsamate, ibernate;
le parole
sono di tutti e invano
si celano nei dizionari
perché c'è sempre il marrano
che dissotterra i tartufi
più puzzolenti e più rari [...].

(E. Montale, "Le parole", *Satura*, 1971)

Table des matières

1. Introduction

1.1 Le vocabulaire des arts de la table : motifs et méthodes

L'étude historique de la langue des arts met en lumière l'existence d'un vaste trésor lexical utilisé, au cours des siècles, par les spécialistes d'autrefois et les petits collectionneurs d'œuvres d'art. Les termes les plus généraux de ce vocabulaire – qui désignent aussi bien les objets et les produits d'art que les activités les plus fréquentes pour leur fabrication – semblent constituer le fonds principal d'une langue qui se situe à la charnière entre langue générale et langue de spécialité (Kocourek 1982 ; Cabré 1999 ; Humbley 2018a). Si les relations mouvantes entre langue générale et langue de spécialité représentent la cause prédominante des interférences linguistiques (Schmitt 1974, 2016) dans la langue des arts, il existe aussi des domaines neutres qui servent de lieu de rencontre linguistique et culturelle à des locuteurs venant de classes sociales différentes et qui, attirés par intérêt ou par plaisir, forment des 'inter-communautés' linguistiques orientées vers des activités sociales et culturelles d'ordre collectif. Ces 'inter-communautés' – et nous pensons plus particulièrement à celle qui s'est constituée au fil des siècles autour des arts de la table – emploient un vocabulaire composé en grande partie de mots techniques en lien avec une activité sociale commune.

L'expression "arts de la table" renvoie à l'environnement artistique et socioculturel dans lequel les repas ont lieu, ainsi que la manière dont ils sont servis et pris. Cela comprend aussi bien le service de table que le personnel, les lieux réservés aux repas, le mobilier, les décors et les coutumes qui changent selon les révolutions alimentaires, les habitudes sociétales et les traditions familiales transmises de génération en génération. Placé à mi-chemin entre langue générale et langue de spécialité, le vocabulaire de ce domaine fonctionne non seulement comme centre de productivité lexicale, mais il est à la fois lieu de diffusion des mots techniques dans la langue générale et lieu d'échanges entre les différents vocabulaires techniques et la langue générale elle-même.

Considéré comme un ensemble de moyens d'expression sociale qui se constitue autour d'une activité artistique, culturelle et commerciale, le vocabulaire des arts de la table offre, nous semble-t-il, un champ linguistique très intéressant pour l'observation et la description lexicales. Son étude peut se révéler passionnante sous de nombreux points de vue, entre autres, celui de l'histoire des mots. Les objets et les formes décoratives compris dans ce domaine sont soumis, plus qu'aucun autre élément des *realia*, à des changements constants qui provoquent à leur tour des fluctuations correspondant dans les mots qui désignent les choses. L'observation minutieuse de ces changements que permet la lecture des archives historiques, des inventaires, des comptes et des œuvres littéraires, semble *a priori* constituer une occasion précieuse d'analyse du renouveau intérieur du langage, saisi dans sa spontanéité et marqué dans les phases successives de son évolution. Par ailleurs, si la recherche de l'expression langagière dont a longuement parlé Wartburg (1946), représente l'une des causes principales des changements lexicaux, le vocabulaire des arts de la table reflète la tendance qui induit la langue à rechercher des mots nouveaux d'une plus grande valeur expressive et d'une puissance évocatrice qui, en anéantissant les barrières des vocabulaires 'secrets', ouvrent le chemin aux 'correspondances' des mots, germes de la création métaphorique et métonymique.

Inspirée du paradigme sociohistorique axé sur la vie des mots (Darmesteter 1877, 1887) qui a dominé les travaux lexicologiques au lendemain de la Seconde Guerre mondiale, cette étude conçoit le vocabulaire des arts de la table comme un ensemble de mots qui naissent, constituent des réseaux lexicaux et parfois meurent. L'apport inestimable de ce paradigme aux études linguistiques contemporaines est celui de dégager des mécanismes qui considèrent les changements d'usage que subissent les lexèmes. Ces mécanismes embrassent plusieurs disciplines – linguistique historique, sémantique, histoire des mœurs, histoire des idées, lexicographie et lexicologie – et rejoignent, sous plusieurs aspects, les points cardinaux de trois orientations françaises en sémantique linguistique : l'esprit humain (Bréal 1897), la perspective sociologique (Meillet 1905–1906) et le mot en tant qu'organisme vivant dont la vie peut se comparer à celle des organismes du règne végétal ou du règne animal (Darmesteter 1887). Étudier les caractères de cette vie que l'esprit humain prête aux mots, signifie analyser les procédés logiques et les causes psychologiques et linguistiques qui se cachent derrière l'évolution des sens, déterminer leurs origines, en retracer le développement et, dans la mesure du possible, retrouver derrière leur histoire, celle des civilisations.

Or, comment jeter les bases d'une analyse lexicale des ensembles discursifs et linguistiques d'une société, au sein d'une sémiologie d'expressions sociales non verbales comme l'art ? De nombreux philologues et linguistes se sont appliqués à approfondir leur réflexion épistémologique et à élaborer une théorie linguistique globale explicite pour la description de l'histoire des sociétés par le biais du vocabulaire, en insistant sur la nécessité de saisir les mouvements de la langue et en raccordant les visées synchronique et diachronique (Delboulle 1880 ; Baldensperger 1924 ; Greimas 1948, 1949). À l'intérieur de ce cercle de linguistes, les plus renommés sont sans doute Cressot (1938), Gautier (1947), Bruneau (1948, 1953), Matoré (1951), Greimas (1952, 1955), Cahen (1970) et Fuchs (1973) qui, s'appuyant sur le principe que les écrivains exercent une influence déterminante sur l'évolution de la langue française, s'attachent à l'étude et à la classification des créations lexicales des auteurs, destinées à trouver leur place dans les dictionnaires historiques, notamment dans le projet lexicographique *Le Nouveau Littré* qui aboutira au *Trésor de la langue française*, lancé en 1957. Quelques années plus tard, ils s'écartent de l'approche consacrée et joignent leurs efforts aux chercheurs qui essayent de rénover la lexicologie en la rapprochant de la linguistique contemporaine (Quemada 1955 ; Quemada & Wexler 1959–1965). Délaissant la stylistique littéraire, les nouvelles recherches en lexicologie embrassent ainsi une partie plus importante de l'usage des mots en discours et s'acharnent à replacer la langue dans son contexte social, alliant la linguistique de pointe aux perspectives historiques et sociologiques et faisant ainsi acte d'allégeance à la tradition de Meillet (1918). Loin de s'en remettre uniquement aux dictionnaires anciens ou récents pour établir l'usage des mots, les innovateurs de cette nouvelle théorie linguistique soulignent, en outre, la nécessité d'étendre la fouille des textes du passé, afin d'obtenir de meilleurs résultats (Kenzie 1939 ; Greimas & Matoré 1947, 1948 ; Greimas 1952, 1955, 1956a, 1956b, 1958 ; Hollyman 1957 ; Wexler 1955 ; Guilbert 1965 ; Stewart Scoones 1976 ; Quemada 1978).

Suivant les traces des philologues et des pionniers de la lexicologie sociale et historique, ainsi que les dernières avancées en matière de numérisation, d'accès et d'exploitation de corpus historiques et linguistiques, le présent ouvrage se consacre à l'étude des dynamiques sociolexicales et historiques du monde des arts de la table à travers la constitution d'un corpus représentatif et l'analyse de plus de 300 unités lexicales sur une échelle temporelle qui s'étend du XVIe au XVIIIe siècle.

Pour aborder l'analyse dudit vocabulaire dans une perspective historique, il est nécessaire de commencer par dégager les courants épistémologiques qui paraissent susceptibles de faire écho aux questions qui nous intéressent. À cet égard, le chapitre 2 est entièrement dédié à l'état des lieux et aux nouvelles orientations en matière d'histoire du vocabulaire. L'étude des perspectives théoriques associée à l'étude historique du vocabulaire, permet de dégager un modèle à plusieurs volets : sociolexical et historico-philologique. À travers la notion de variabilité qui permet de réconcilier diachronie et synchronie, ce modèle s'attache avant tout à la dimension sémantique, culturelle et historique des mots, afin de restituer le contexte esthétique, social et linguistique des époques examinées (XVIe, XVIIe et XVIIIe siècle) et de voir comment l'évolution de la vie matérielle collective provoque des changements considérables du lexique. Notre exploration lexicale se fait d'une part en approfondissant l'analyse historique du vocabulaire et d'autre part en insistant sur la perspective sociologique et sur le fait que le développement lexical des arts de la table ne peut se comprendre qu'à la lumière de la culture matérielle et morale. Comme l'affirme Greimas (2000) :

> On a beaucoup parlé de la *vie des mots*, comme si ceux-ci pouvaient avoir une vie propre et n'étaient pas des épiphénomènes recouvrant, d'une manière imparfaite, la perpétuelle mobilité des choses qui, seules, sont vivantes. Les mots ne sont que des ternes images de la réalité, ils ne font que la refléter de manière incertaine, si bien qu'une concordance parfaite entre le signe et le signifié n'est jamais atteinte. (Greimas 2000 : 132–133)

Face aux démarches qui préconisent l'indépendance de la langue, Greimas adopte clairement une position sémiotique ancrée dans la fonction sociale des nouveautés lexicales qui s'oppose à l'image saussurienne du signe conçu comme une unité immanente, simple et stable. Les lexèmes sont considérés comme des “mots témoins” (Brunot 1928 : 22) qui définissent, développent et détaillent les transformations sociales. Comme les noms des machines nouvelles et/ou des inventions servent de signes marquant les progrès industriels et commerciaux (Humbley 1994, 2006, 2018b), des néologismes tels que *bouilly*, *mazarine*, *pare-pain*, *pucheux* signalent la place centrale qu'occupent les arts de la table dans le contexte social français à un moment historique donné.

Après avoir reconnu l'intérêt que présente la proposition d'un modèle pluriel, le chapitre 2 détaille la longue périodisation historique et chronologique sur laquelle s'étend l'étude lexicale. La lecture et la fouille de textes se focalisent notamment sur les XVIe, XVIIe et XVIIIe siècles, trois époques qui représentent non seulement des moments importants du renouvellement de la langue, mais qui comportent aussi les germes d'une certaine stabilisation au niveau artistique ainsi que la naissance de nouvelles conceptions dans les arts de la table, surtout dans les contextes royaux et bourgeois. Quoique la fixation définitive de ce vocabulaire se place entre le XVIe et le XVIIIe siècles, l'analyse lexicale recule jusqu'au XIVe siècle et cela pour deux raisons : à savoir, la possibilité de réunir une documentation plus abondante grâce à un accès nouveau aux corpus numérisés, mais aussi parce que la période antérieure est celle où les noms des objets de table et ses accessoires prennent conscience d'eux-mêmes à travers les toutes premières dénominations.

Étant donné l'ampleur du champ lexical des arts de la table, la dimension de nos investigations a été consciemment limitée à deux sous-domaines :

1) les noms des objets indispensables au déroulement du repas (noms de services de table, vases, plats et couverts) ;

2) les noms des objets ayant une fonction symbolique ou décorative (noms de vases d'ornementation et accessoires d'éclairage).

La division en sous-domaines vient d'une réflexion menée par Brunot (1930 : 392), par laquelle il indique un parcours à suivre pour l'étude de la langue des arts. Ce classement aide, d'une part, à déterminer *grosso modo* la place que le vocabulaire occupe dans un système linguistique ; de l'autre, il permet de mieux analyser les mouvements auxquels obéissent les mots dans une structure hiérarchisée, ainsi que les changements des modèles à travers les époques (objets) et l'évolution de leurs dénominations (mots).

Le chapitre 3 se focalise sur la constitution du corpus et les ressources lexicographiques et dictionnairiques utilisées pour cette étude, ainsi que sur les contraintes techniques liées à l'identification des données lexicales en corpus. En ce qui concerne les ressources consultées, certains dictionnaires, bases de données et corpus lexicographiques, tels que le *Trésor la langue française informatisé* (TLFi) et le *Grand Corpus des dictionnaires (IX*e*-XX*e *siècles)* de l'éditeur Classiques Garnier, s'avèrent être incontournables. Grâce à ces ouvrages, dans la plupart des cas numérisés, il est possible d'attirer l'attention sur les phénomènes d'évolution sémantique des mots et sur la nouveauté de leur apparition ou la rareté de leur emploi dans les dictionnaires. Chaque dictionnaire apporte une image statique de la langue à un moment historique donné, s'appuyant sur les phénomènes relatifs à l'activité définitoire des noms des objets de table dans les dictionnaires, comme une photographie qui, associée à d'autres, forme un long court-métrage. Pour ce qui est de la constitution du corpus, deux critères ont été adoptés : celui de la représentativité et de l'hétérogénéité discursive. Le corpus de référence se compose essentiellement d'inventaires des rois et de comptes anciens qui représentent un patrimoine linguistique et culturel inépuisable pour la description du vocabulaire en question. Pour compléter la compréhension du sens des mots ou de leur valeur morpho-lexicale et sémantique en d'autres contextes discursifs, d'autres typologies textuelles ont été dépouillées, tels que les catalogues, les chroniques, les manuscrits et les ouvrages historiques et littéraires ayant quelques rapports avec le lexique étudié.

Poursuivant notre tentative de schématisation du corpus, une distinction a été opérée, à l'intérieur des deux sous-domaines, des unités lexicales particulièrement importantes, ou bien des éléments à la fois expressifs et tangibles qui concrétisent un fait culturel (Galisson 1991), en fonction desquels la structure lexicale choisie se hiérarchise et se coordonne. C'est ainsi, par exemple, que les néologismes *déjeuner*, *bandège* et *chique* sont les mots les plus significatifs du service à boisson au XVIIe siècle, à la suite de l'introduction des boissons exotiques en Europe. L'analyse détaillée des unités lexicales est présentée dans les chapitres 4 et 5 suivant les phénomènes lexicaux concernés : variation lexicale, synonymie, présence de mots étrangers et de noms propres, dérivation morphologique, néologie formelle et sémantique, apparition et disparition de mots nouveaux, lexicalisation, migration lexicale et variation dénominative. Toutes les unités lexicales retenues (371 en total) portent sur des noms d'artefacts, ou bien des noms d'objets concrets que l'homme perçoit dans son observation quotidienne et qui lui servent à des fins domestiques, renvoyant à des catégories descriptibles et définissables par leurs propriétés intrinsèques ou fonctionnelles. De ce fait, elles sont associées à des adjectifs, des noms ou des verbes en rapport avec leur fonctionnalité, leur production ou leur décoration. Ces associations constituent un savoir à double dimension : linguistique et extralinguistique et ce qui caractérise les "mots-témoins" du vocabulaire en question n'est pas seulement l'évolution au sein de la structure lexicale, mais aussi la manifestation des transformations sociales et historiques. Ils se comportent comme des néologismes qui marquent un tournant dans l'histoire du vocabulaire des arts de la table et représentent les signes d'une nouvelle situation sociale, économique et esthétique.

Ces tentatives d'unifier et d'ordonner l'histoire du vocabulaire des arts de la table visent essentiellement trois objectifs qui seront exposés dans le chapitre 6 : tout d'abord, tester les nouveaux terrains de dialogue entre les archives, les nouveaux outils informatiques et la recherche linguistique – un dialogue qui permet d'étudier des sujets qui n'étaient pas objet d'étude linguistique auparavant, facilités par l'accès aux sources primaires (Viprey 2005 ; Meyer 2012 ; Moretti 2013); ensuite, agréger les données extradites des archives dans des corpus massifs pour la constitution d'une documentation suffisante sur un vocabulaire déterminé en diachronie longue, en vue de comparaisons ultérieures avec les états antérieurs et postérieurs du même vocabulaire (Heiden & Lavrentiev 2004 ; Mayaffre 2010) ; enfin, faire ressortir les traits les plus caractéristiques du vocabulaire des arts de la table à travers un projet de lexique explicatif, afin d'aider à la compréhension des faits linguistiques d'un point de vue historique et culturel. Dans cette perspective, la méthode lexicologique joue un rôle important dans les études linguistiques et nous espérons illustrer, par cet ouvrage, qu'elle permet de déceler non seulement le comment, mais aussi le pourquoi des changements lexicaux. Grâce à elle, peuvent être dessinées les lignes directrices de la vision linguistique du monde, à partir desquelles on peut reconstruire l'histoire d'une culture et d'une société, comme celle des arts de la table. Pas plus que les autres disciplines, la linguistique ne doit pas se limiter à l'explication de ses propres problèmes : elle appartient, ne l'oublions pas, aux sciences de l'homme.

2. Prémisses théorico-méthodologiques pour l'étude historique du vocabulaire

2.1 L'histoire du vocabulaire : état des lieux et nouvelles orientations

La perspective sociohistorique en lexicologie et lexicographie a toujours suscité l'intérêt des linguistes, des historiens de la langue et des historiographes soucieux d'une meilleure compréhension du cycle de vie et de mort des mots. Soulignons les travaux des romanistes du XXe siècle qui, à partir de la conception traditionnelle de l'étymologie ('étymologie-origine'), se rattachent à la description historique des mots et font œuvre de pionniers dans l'histoire du vocabulaire. En 1929, Wartburg écrit dans l'introduction à son ouvrage *Französisches Etymologisches Wörterbuch (FEW)*, le dictionnaire étymologique et historique du galloroman (français et dialectes d'oïl francoprovençal, occitan, gascon) :

> Depuis vingt ans environ, dans la linguistique romane, l'*histoire du mot* a attiré de plus en plus l'attention. Autrefois, on s'était contenté de trouver l'origine d'un mot ; aujourd'hui le linguiste veut connaître encore la voie qu'a parcourue le mot, et les différents changements qu'il a subis. Le mot *étymologie* qui, d'habitude, désignait l'ancienne méthode de cette science, fut discrédité, parce qu'il ne semblait plus convenir à ce domaine scientifique qui s'élargissait rapidement. Il fut donc remplacé par le terme *histoire du mot*. (Wartburg 1929 in Baldinger 1959 : 241)

Le déplacement d'intérêt de l''étymologie-origine' à l''étymologie-histoire du mot', initié déjà par les critiques de Meillet (1918) et de Gilliéron (1919), a été la conséquence d'un mouvement beaucoup plus large chez les linguistes du XXe siècle, où l'histoire du mot a gagné sa place. Comme le confirme Gardette (1958) :

> Chaque mot est comme un visage aux traits plus ou moins effacés par le temps, dont l'air de ressemblance m'invite à rechercher de quelle famille il est sorti et

quels ont été ses parents. Cette recherche en entraîne beaucoup d'autres : car pour les mots comme pour les familles, c'est l'histoire de leur vie qu'il faut d'abord retrouver avant de découvrir leur origine. (Gardette 1958 : 281)

Toutefois, peu de spécialistes ont fait suite aux appels de Wartburg et de l'école de Prague qui n'ont cessé d'attirer l'attention sur les rapports réciproques existant entre les plans synchronique et diachronique de la langue conçue comme un système, au sens strict de ce terme (Wartburg 1946 : 148–193 ; Baldinger 1959, 1964). Citons, à ce propos, les études de Coseriu (2007 [1958]) qui mettent en avant un contre-argument à la dichotomie établie par Saussure :

> L'antinomie synchronie/diachronie n'appartient pas au plan de l'objet mais à celui de l'investigation : elle ne se rapporte pas au langage, mais à la linguistique. (Coseriu 2007 [1958] : en ligne)

Sans vouloir nier le bien-fondé de l'approche synchronique, Coseriu (2007 [1958]) fait remarquer que :

> Pour démontrer qu'un objet quelconque ne change pas, il faut l'observer en deux moments distincts. Par conséquent, même si la langue était, par sa nature même, synchronique, cela il faudrait le démontrer en diachronie. (Coseriu 2007 [1958] : en ligne)

Coseriu postule l'utilisation des deux approches puisque, dit-il, "la langue fonctionne synchroniquement et se constitue diachroniquement" (Coseriu 1958 : 154). Il affirme que pour traiter d'un changement intervenu au sein d'une structure lexicale, il faut étudier les circonstances sociales et historiques dans lesquelles il s'est produit avant de parler de ses causes sur le plan linguistique.

Dans le sillage des romanistes, apparaissent en France de nombreuses études théoriques et appliquées sur l'histoire du vocabulaire aussi bien général que spécialisé, entre autres, les essais de Brunot sur l'aviation et la langue (1934) et les études de Prochwitz sur le vocabulaire de Beaumarchais (1956). De même, signalons les travaux de Wexler (1955) sur le vocabulaire des chemins de fer en France et la thèse de Guilbert (1965) sur la formation du vocabulaire de l'aviation qui représente l'un des rares travaux d'histoire de la langue où l'analyse de la formation et de l'évolution d'une structure lexicale semble aller de pair avec l'analyse du système conceptuel. Guilbert intègre la dimension historique comme principe d'explication de la mouvance des relations structurales et envisage le rôle historique des causes internes et externes à la structure, en conciliant l'histoire et la structure dans une macro-synchronie où l'histoire se réduit à l'usage. Guiraud (1967) aussi, héritier en cela de Guilbert, se propose de réconcilier l'histoire du système et l'histoire du lexique. En postulant l'aspect polygénétique de la création lexicale motivée par des causes internes et externes, il montre que les nécessités externes pesant sur le signe s'exercent dans les limites imposées par les règles du système. En d'autres termes, lorsque la création lexicale correspond à un besoin, elle doit satisfaire à certaines conditions formelles déterminées par la structure interne du lexique.

À ces deux aspects – étymologie et histoire du mot – s'en ajoute un troisième : le trait d'union entre l'histoire du mot et l'histoire de la société, largement débattu par Matoré dans sa thèse de doctorat *Vocabulaire et société sous Louis-Philippe* (1951) qui a profondément renouvelé les perspectives d'étude, en accordant synchronie et diachronie à travers la notion de variabilité. Selon Matoré, il existe des structures sociales et des structures lexicales correspondantes. Pour prouver cette influence, il faut recourir à l'histoire sociale qui a sa valeur lorsqu'on signale des coupures temporelles, ou bien des 'époques-clés', qui déterminent un changement important dans le mouvement des idées, des expressions, des habitudes et de l'organisation de la société. À partir du moment où celles-ci se produisent, les moyens d'expression manifestent les mutations à tel point que le matériel produit par la littérature prend sa signification adéquate. À une structure sociale nouvelle, produite par une coupure historique, correspond une structure lexicale nouvelle qui se manifeste dans la littérature (Matoré 1953 : 50).

La recherche sur l'histoire du vocabulaire en France franchit une étape importante à partir des années '90 où l'on assiste à un renouvellement d'intérêt pour les études lexicales et historiques dans une perspective diachronique, notamment pour ce qui concerne les langues de spécialité. Citons les actes du colloque "Terminologie diachronique" de Schaetzen (1989), la proposition d'une méthodologie "terminochronique" de Møller (1998), celle d'une néologie rétrospective et historique de Humbley (2003, 2006, 2011, 2018b), de Ducos (2007), de Selosse (2007) et les ouvrages de Bertrand (2007), de Zanola (2014) et de Grimaldi (2017). Ces études marquent une nouvelle initiative des linguistes historiens de la langue, qui ne manque pas de mettre en lumière les difficultés de la démarche diachronique dans l'étude historique des vocabulaires spécialisés. Intéressés à l'émergence des termes, à la constitution des vocabulaires techniques et scientifiques et à leur continuité, ces auteurs soulignent à quel point le travail du linguiste recoupe le travail de l'historien : "L'activité dénominatrice est inséparable de l'histoire des sciences, histoire qui ne peut laisser le linguiste indifférent" (Cottez 1980 : 19).

En dehors du monde francophone, d'autres initiatives comportant des travaux sur la lexicologie et la terminologie historique et, plus précisément sur l'histoire du lexique des arts et métiers, ont été lancées. Une équipe issue des universités "Parthenope" et "L'Orientale" de Naples s'est donné pour tâche d'analyser l'évolution dans le temps de certains vocabulaires, parmi lesquels ceux de la soierie et de l'orfèvrerie (Diglio & Altmanova 2011 ; Altmanova 2013a, 2013b, 2019). Les auteurs mettent en évidence la façon dont les études lexicales, saisies dans une perspective synchronique et diachronique aussi bien que dans leurs aspects culturels et sociolinguistiques, s'approchent de la sémiologie, en devenant signe de toute communauté. Toujours dans cette perspective, Zanola (2014) englobe des travaux méthodologiques et théoriques sur l'étude diachronique de la terminologie des arts et métiers. L'auteure confirme la pertinence de trois orientations méthodologiques pour les recherches en terminologie diachronique : la constitution de la néologie terminologique ; la systématisation descriptive ; la richesse des sources de documentation et des *realia* terminologiques. Zanola propose une enquête qui met l'accent sur l'histoire du sens des mots, et par leur truchement, celle du patrimoine, de la culture et de la société française, s'attachant à comprendre l'évolution des mots, les mécanismes de la nomination et les facteurs linguistiques et extralinguistiques qui président aux logiques systématiques de classement aux niveaux morphologique et sémantique.

Autrement dit, dans la structure interne d'un vocabulaire, les rapports existant entre l'évolution de l'homme, de la société et l'évolution de la langue sont très étroits. Le système lexical n'est pas une structure qui existe *a priori* ; elle n'existe que par l'homme, dont elle reflète la dualité de l'âme et du corps : côté physique (nom) et côté mental (concept). Déjà en 1976, Zamboni mettait en lumière l'importance de ces principes et de la relation entre l'environnement social et l'histoire des mots :

> La struttura interna della lingua infatti non esiste a priori, bensì parte dall'uomo, di cui riflette l'aspetto dualistico (forma e contenuto) : è un problema reale quello di lumeggiare i rapporti tra una data lingua e una data società o cultura, come hanno fatto Wartburg, Trier, Matoré ed altri (o, nell'antropolinguistica americana, Sapir, Whorf) ; l'etimologia ha perciò il senso di scoprire il *milieu* creatore di una innovazione lessicale, per non dire del mutamento linguistico in genere, che è il problema chiave della linguistica evolutiva. (Zamboni 1976 : 51)

Le contexte sociohistorique semble être le point de départ aussi bien pour découvrir et expliquer l'arrière-plan de l'histoire des mots que pour délimiter le "milieu linguistique créateur" (Baldinger 1959 : 260) d'un nouveau mot, d'une nouvelle acception ou d'une nouvelle nuance, celles-ci considérées comme autant de filières possibles de la description historique des mots.

2.2 Proposition d'un modèle pluriel pour l'étude historique du vocabulaire des arts de la table

L'observation des changements lexicaux ne peut pas se réduire à la prise en compte d'états anciens de la langue, mais elle doit aussi expliquer comment on passe d'un état à l'autre. Il ne suffit pas d'enregistrer les transformations, il est nécessaire de tracer l'évolution et de mettre en relation les différents changements corrélés ou convergents au niveau macro-évolutif :

> Le changement, c'est le résultat, ce que l'on constate. L'évolution, c'est le processus invisible, et largement inconscient, que le linguiste a pour tâche d'expliquer, c'est-à-dire de reconstruire. (Marchello-Nizia 1995 : 28–29)

Plus particulièrement, le système lexical des arts de la table ne change pas uniformément au même moment, il change point par point.

On observe une succession de déséquilibres et de rééquilibrages qui se traduisent régulièrement par des gains, des pertes, des modifications de formes et de constructions (modification d'une structure en profondeur sans modification de la structure en surface), des analogies, des emprunts et des phénomènes de lexicalisation. À ce premier constat, qui répond en partie à l'apparente *contradictio in adiecto* de tout changement linguistique, s'ajoute l'idée que tout changement est indissociable de la continuité et qu'il ne se produit que dans des circonstances sociales et historiques particulières.

Pour examiner la dimension historique du vocabulaire des arts de la table et la mutabilité des signes lexicaux qui le composent, on propose d'adopter une approche variationnelle qui réconcilie synchronie et diachronie à travers la notion de variabilité (Freixa 2006 ; Pecman 2014) et qui apporte un éclairage complémentaire aux approches sociolexicale (Matoré 1953) et lexiculturelle (Galisson 1991). Cette approche s'articule sur deux plans :

a) le plan synchronique, pour l'étude des rapports logiques qui relient des mots existant et formant un système lexical ;

b) le plan diachronique, pour l'analyse des rapports liant les mots qui se succèdent et qui se substituent les uns aux autres.

L'hypothèse de départ est qu'une diachronie peut se caractériser à la fois comme une succession de synchronies isolées en fonction d'un questionnement initial, dont les variables peuvent être diverses (historiques, culturelles, sociales, lexicales, sémantiques, etc.) – comme une topographie linguistique empirique et parfois arbitraire dont les périmètres sont susceptibles de varier de manière plus ou moins prévisible ; et comme un pontage entre un état temporel$_1$ et un état temporel$_2$, adossé à la notion d'écart (Petit 2014). Une telle approche permettrait de dépasser le paradoxe du changement puisque ceci peut être considéré comme le résultat d'une variation sociale. Comme l'affirme Jakobson (1963) :

> Pendant un certain temps, le point de départ et le point d'aboutissement de la mutation se trouvent coexister sous la forme de deux couches stylistiques différentes [...] Un changement est donc, à ses débuts, un fait synchronique. (Jakobson 1963 : 37)

Il n'en demeure pas moins que, si toute variante lexicale est un candidat au changement et que si tout changement comporte d'abord une étape de variation sociale, toute variation n'aboutit pas pour autant à un changement : une variante lexicale peut, en effet, disparaître ou se maintenir (Quemada 1978 ; Gledhill & Pecman 2018).

2.2.1 Le modèle sociolexical et historico-philologique

Quand on aborde l'évolution d'un phénomène linguistique, on se fonde sur des hypothèses ou sur des fragments explicatifs qui peuvent parfois être insuffisants. Parfois, on ne possède aucun élément d'explication et on ne dispose que de données textuelles pour juger. Dans l'un ou l'autre cas, comment expliquer, par exemple, qu'une construction lexicale passe d'une valeur X à une valeur Y ? Au regard des phénomènes lexicaux auxquels on s'intéresse dans cette étude, un double modèle – sociolexical et historico-philologique – s'avère probant pour la reconstruction de l'histoire du vocabulaire des arts de la table et pour expliquer les causes de ses changements. S'appuyant sur la description des contextes linguistiques et textuels dans lesquels naissent et évoluent les mots, l'analyse lexicale se déroule essentiellement au niveau individuel ou micro-niveau (Møller 1998) et prend en considération aussi bien l'évolution du signifiant (forme) que du signifié (sens). Du point de vue évolutif, des différences de deux sortes en ressortent :

1) des différences de structure traduisant un mouvement relativement profond intervenu dans la structure sémantique de l'unité lexicale en question pendant la période qui sépare les différentes étapes et résultant d'une modification plus ou moins importante du contenu sémantique. Ces différences peuvent concerner aussi bien le signifié que le signifiant (expansion)[1] ;

2) des différences de dénomination : un membre du champ est remplacé sans que la structure du champ n'en ressente les conséquences qui ne portent que sur le signifiant (réduction)[2].

---

1 Par le terme expansion, on fait référence à une variation de la forme et du sens et à la capacité lexicogénique de la langue (Sablayrolles 2000a, Sablayrolles 2000b).

2 Nommée également 'réduction diachronique', la réduction désigne une variation uniquement de la forme, c'est-à-dire qu'à "une chaîne diachronique de signifiants

Une fois relevées les différences aux niveaux structurel et dénominatif, sont reconstituées les modifications des unités lexicales et les échelons qui marquent le processus des transformations. De même, l'apparition et la disparition de mots et/ou de nouveaux sens au cours du temps, les variations lexicales (orthographiques, morpho-syntaxiques, sémantiques, etc.), les contacts linguistiques selon les diverses étapes chronologiques, les extensions lexicales qui transforment le sens des mots (évolution sémantique, mobilité sémantique d'un mot vers d'autres champs conceptuels ou vers la langue générale) (Quemada 1978 ; Sablayrolles 2007 ; Dury & Picton 2009) et les cas de coexistence lexicale et de substitution rentrent dans ce large éventail de phénomènes linguistiques susceptibles d'être explorés à partir de ce premier niveau.

Afin d'évoquer les liens qui existent entre l'histoire du vocabulaire des arts de la table, l'histoire des idées et de la société, sont également examinés les facteurs extralinguistiques qui contribuent à l'évolution et au renouvellement lexical. Linéarité linguistique et linéarité historico-philologique sont mises en relation par l'analyse du regard que lui portent les auteurs des textes anciens et les lexicographes, et la manière dont cette double linéarité se trouve traduite sur le plan du contenu (Hjelmslev 1975).

2.3 Le facteur temps : périodisation historique et chronologique des phénomènes lexicaux

Il est très complexe d'expliquer les changements lexicaux, et cela l'est d'autant plus si on se trouve face à une période temporelle qui, pour des raisons à la fois cognitives et méthodologiques, doit être découpée. Il faut numériser et chiffrer le *continuum*, une procédure qui concerne aussi bien le lexique que sa représentation et sa perception à travers les textes.

---

correspond un signifié présumé constant" (Møller 1998 : 428), ce dernier s'expliquant par des besoins communicatifs.

La période pertinente pour l'étude du vocabulaire des arts de la table s'étend potentiellement du XVIe au XVIIIe siècle, époque à laquelle les changements majeurs au niveau lexical sont terminés, ce qui est prouvé par l'observation des faits dans les siècles suivants. De ce point de vue, travailler avec le recul du temps est un avantage certain, mais il peut aussi constituer un possible danger : la granularité du temps a tendance à perdre sa finesse, cela d'autant plus que la période considérée est large et nécessairement caractérisée par des moments de transition et d'instabilité. Représenter la continuité temporelle est donc une activité encore plus enchevêtrée ; lorsque celle-ci s'accompagne de changements et de variations, il est nécessaire, mais aussi possible, d'opérer des coupures temporelles et de distinguer des états de langue successifs et différents. À ce propos, il faut distinguer deux actions : procéder à une périodisation historique et déterminer la chronologie des phénomènes lexicaux. C'est le second qui nous intéresse prioritairement, mais il convient de dire quelques mots sur la périodisation historique prise en considération.

La constitution des périodes historiques nécessaire au classement du vocabulaire des arts de la table, est artificielle au sens où elle a été effectuée *a posteriori* à travers un découpage par siècles et selon des critères non linguistiques (historiques, sociaux et culturels). Cependant, seulement la dépendance de facteurs externes la rend possible (Combettes & Marchello-Nizia 2010). Pour déterminer les coupes temporelles entre lesquelles s'inscrit l'étude et pour avoir un aperçu général des 'périodes-clés' jalonnant l'histoire de la société française, ont été interpellées les disciplines qui fournissent des éléments de synthèse initiale, nécessaires comme point de départ au travail analytique. Pour ce faire, les données présentes dans les ouvrages sur la langue – au premier rang desquels figure l'*Histoire de la langue française des origines à 1900* de Brunot (1933) – et les renseignements qu'apportent les sciences voisines aux arts de la table, ont été consultées : l'histoire des mœurs, l'histoire des arts de la table, l'histoire littéraire et l'histoire économique.

Ainsi, la première fenêtre temporelle (choisie comme point de départ de cette étude) correspond à l'état de la structure partielle en moyen français : elle a été établie sur la base des textes datant de la fin du XIVe siècle jusqu'au XVIe siècle et sur la langue de la Renaissance.

Si la période de l'ancien français se présente comme une période stable, sans changements importants dans le vocabulaire concerné, la période du moyen français se caractérise comme le moment des premiers foisonnements lexicaux : on assiste à l'apparition des premières dénominations des objets de table dans les inventaires et les comptes qui fournissent des informations très importantes concernant les premières attestations des noms d'objets de table, de toilette et de décoration.

La deuxième période correspond à l'époque du XVIIe siècle, avec son français préclassique. Il s'agit d'une époque particulièrement brillante pour l'étude du vocabulaire en question. Malgré les fontes et les refontes du mobilier royal pour des raisons financières, de nombreux inventaires attestent la richesse lexicale du vocabulaire des arts de la table.

La troisième période est représentée par le XVIIIe siècle et son français classique. De nouveaux changements dans le goût s'opèrent en France se traduisant par l'épanouissement du genre pittoresque, du style rocaille suivi par le style Régence et, enfin, par un retour aux antiquités. Le lexique des arts de la table semble s'adapter à ces nouvelles manifestations artistiques et décoratives.

Le choix méthodologique de procéder à la segmentation des frontières historiques et temporelles où les changements sont susceptibles de se produire, est en partie conditionné par des considérations pratiques : la disponibilité de la documentation textuelle et des contextes – qu'ils soient d'ordre linguistique, historique ou lié au genre textuel (ou au registre) – dans lesquels les changements se produisent.

Si la périodisation historique pour l'étude du vocabulaire des arts de la table n'a pas été simple à déterminer, le choix des textes qui la représentent ne l'a pas été non plus, et cela indépendamment même de leur diversité qualitative. Pour le repérage des étapes du changement lexical à travers les textes, il a été nécessaire de dégager une chronologie liée d'un côté, aux genres textuels, de l'autre, aux contextes linguistiques. Le but a été d'identifier ceux où se produisent les premiers changements, où apparaissent les premières attestations et de déterminer les traits distinctifs desdits contextes. Pour chaque unité lexicale, ont été identifiés le contexte d'apparition, le contexte de transition dans lequel la construction d'une inférence donne lieu à une nouvelle signification ou une nouvelle acception, et le contexte de basculement, voire de nécrologie (Dury & Drouin 2011 ; Altmanova & Zollo 2017), incompatible avec la signification d'origine qui passe au second plan. Au-delà de la question de la taille des fenêtres temporelles, c'est la nature même de l'évolution qui a été mise en cause, avec une position majeure : les changements ont été inscrits dans un *continuum*, avec par exemple la coexistence temporaire d'une forme lexicale nouvelle et d'une forme lexicale ancienne, celle-ci initialement dominante et devenant minoritaire avant de disparaître ou de se refaire une jeunesse dans d'autres emplois. Les textes consultés montrent que, au moins dans le vocabulaire des arts de la table, c'est selon une modalité continue qu'évoluent les faits lexicaux, ce qui incite à réduire autant que possibles les "ellipses" temporelles qui pourraient occulter une phase importante du développement du phénomène étudié.

3. Le travail en corpus et la production des données lexicales : entre sources et documentation dynamiques

3.1 Les textes comme seul accès au vocabulaire des arts de la table

L'étude de l'histoire du vocabulaire des arts de la table implique d'examiner une langue sans locuteurs, c'est-à-dire une langue pour laquelle on n'a pas accès au registre oral. Seule la consultation des textes parvenus, accompagnée de l'exploration et de l'analyse de ressources lexicographiques, peut permettre de développer une certaine "intuition de reconnaissance" (Marchello-Nizia 1995 : 22) sur les caractéristiques et les changements dudit vocabulaire. Sachant qu'il n'est pas possible de prendre en considération tous les textes, la sélection opérée pour la constitution du corpus de référence se révèle fondamentale : il constitue la seule image de ce vocabulaire à notre disposition pour rendre compte des changements – qu'il s'agisse de l'émergence, de la disparition ou de la transformation d'une construction lexicale.

Afin de fournir des réponses aux dynamiques qui président à la formation et à l'histoire du vocabulaire, un corpus représentatif et enrichi, composé de textes et de sources variées, a été constitué. Conçu comme un espace ouvert et interdiscursif, c'est-à-dire comme un "ensemble des discours (relevant de discours antérieurs du même genre, de discours contemporains à d'autres genres, etc.) avec lesquels un discours déterminé est en relation implicite ou explicite" (Krieg-Planque 2014), le corpus choisi est traversé et investi par des marques de thématisation, connotation sociale et préconstruits culturels utiles pour rendre compte de certaines inflexions du lexique en question. Et ces traces d'interdiscours ne peuvent être repérées que grâce à un travail de documentation qui contextualise les textes et qui croise d'autres sciences humaines et sociales.

Dans les paragraphes qui suivent seront présentées tout d'abord les ressources lexicographiques et dictionnairiques consultées dans une première phase de recherche ; ensuite, seront mises en exergue les caractéristiques de la représentativité du corpus établi, sa structure, et les contraintes de gestion liées au traitement et à l'interrogation. Enfin, un classement du corpus par genre textuel et période historique sera exposé.

3.2 Les ressources lexicographiques et dictionnairiques

Le premier corpus servant à établir la description du vocabulaire des arts de la table se constitue d'un ensemble assez disparate de dictionnaires généraux de langue française, de glossaires et de vocabulaires consacrés à la vente et au commerce d'objets de table et de décoration à usage domestique, surtout dans les habitations privées et les maisons royales aux XVIe, XVIIe, et XVIIIe siècles.

Afin d'illustrer au mieux la richesse des dénominations examinées, un ensemble extensif de dictionnaires de la langue française a été créé, dont les origines remontent à la tradition des glossaires qui se multiplient entre les XVe et XVIIIe siècles, tel que le premier dictionnaire monolingue *Thresor de la langue françoyse, tant ancienne que moderne* de Nicot publié en 1606, dont la filiation est d'ailleurs notoire avec l'édition de 1549 du *Dictionnaire françois-latin* de Robert Estienne. Le corpus lexicographique compte aussi la version électronique du *Dictionnaire du Moyen Français* (DMF) (1330–1500), le *Dictionnaire françois* de Richelet (1680), le *Dictionnaire universel* de Furetière (1690), les deux éditions du *Dictionnaire de l'Académie* (1694, 1718), le *Dictionnaire des arts et des sciences* de Corneille (1694), l'édition numérique du *Dictionnaire de Trévoux* ([1704] 1738–1742), le *Dictionnaire universel de commerce* de Savary Des Bruslons (1741), le *Dictionnaire étymologique de la langue françoise* de Ménage (1750), le *Dictionnaire critique, pittoresque et sentencieux* de Caraccioli (1768), le *Dictionnaire de l'art, de la curiosité et du bibelot* de Bosc (1885), l'édition numérique du *Dictionnaire de la langue française* de Littré

(1863), la version numérique du *Glossaire françois* de Du Cange (1879) avec le supplément de quatre volumes d'articles de Carpentier (1766), le *Dictionnaire technologique ou nouveau dictionnaire universel des arts et métiers, et de l'économie industrielle et commerciale* de Francoeur (1832), le *Dictionnaire de l'ancienne langue française et de tous ses dialectes du IXe au XVe siècle* de Godefroy (1881–1895), le *Französisches etymologisches Wörterbuch. Eine Darstellung des galloromanischen Sprachschatzes* de Wartburg (1929), le *Glossaire français du Moyen Âge à l'usage de l'archéologue et de l'amateur des arts* de De Laborde (1975), le *Dictionnaire étymologique de la langue française* de Bloch et Wartburg (1932), le *Dictionnaire culturel en langue française* de Rey et Morvan (2005) et le *Dictionnaire historique de la langue française* de Rey (2016).

La constitution du corpus des articles des dictionnaires de la langue française généraux s'est d'abord amorcée par la consultation du *Trésor la langue française informatisé* (TLFi) et du portail lexical du *Centre National de Ressources Textuelles et Lexicales* de l'Atilf, ultérieurement complétée par l'interrogation de la base de données *Grand Corpus des dictionnaires (IXe-XXe siècles)*, éditée chez Classiques Garnier, qui a permis de vérifier l'attestation et l'usage des mots dans les dictionnaires de référence pour chaque siècle concerné et de comparer les définitions.

3.3 Constitution et représentativité du corpus : contraintes techniques et spécificités discursives

Le corpus recensé plus haut se compose de ressources lexicographiques imprimées ou en version électronique et d'un ensemble de définitions historiques, voire encyclopédiques contenant des allusions directes ou indirectes au statut et à la description des objets et accessoires de table. Étant donné que ce corpus ne constitue qu'un échantillon de l'usage des unités lexicales étudiées, le besoin d'une certaine exhaustivité a imposé le recours à un corpus plus représentatif de la complexité des changements lexicaux dans le domaine en question.

La représentativité de notre corpus se décline selon deux dimensions : quantitative et qualitative. Du point de vue quantitatif, ont été dépouillés des textes ayant des proportions variables, et parfois limitées par l'exploitation plus lente des textes qu'implique leur support papier. L'essentiel a été de veiller à la cohérence et à l'homogénéité d'un corpus à géométrie variable et de l'exploiter en fonction des points à étudier : si certaines descriptions portent sur l'ensemble d'un texte, d'autres analyses ne sont faites que sur des extraits, ce qui permet de traiter davantage de textes. Bien évidemment, le recours à l'échantillonnage est accompagné de précautions, dans la mesure où les textes consultés sont hétérogènes de tous les points de vue. En particulier, ils le sont sur le plan narratif, ou bien chronologique, lorsque la rédaction de l'œuvre a été longue et que la langue de l'auteur s'est modifiée au fil des années. C'est le cas, par exemple, du *Livre commode* de Du Pradel (de Blégny 1878), œuvre dans laquelle certains aspects lexicaux ont évolué entre le livre I (pour 1691) et le livre II (pour 1692).

En ce qui concerne la dimension qualitative, les genres existants et, parmi eux, ceux qui se sont révélés pertinents pour l'objet d'étude, ont été déterminés au préalable. La classification des textes s'est avérée complexe pour différentes raisons : la première tient à ce que les 'genres' de la longue fenêtre temporelle diffèrent entre eux, et surtout de ceux d'aujourd'hui. Par exemple, les romans et les chroniques des XVIe et XVIIe siècles n'ont rien en commun avec le roman moderne, s'il est possible de définir ce genre de manière univoque. En outre, certains écrits se laissent difficilement classer, comme les textes historiques (chroniques et mémoires) qui comprennent souvent une part de fiction (caractéristique du genre littéraire) et dénotent une implication assez forte de l'auteur. La classification des textes sélectionnés s'est révélée difficile aussi parce qu'il manque de matière pour caractériser un genre ou peut-être parce qu'on ignore l'existence de certains genres disparus, comme dans le cas des testaments et des fantaisies. À ces difficultés s'ajoute le fait que des genres apparaissent, d'autres disparaissent ou évoluent, ce qui peut résulter épineux à gérer dans une perspective historique.

Si tant est que l'on ait pu déterminer ce que serait le corpus idéal pour l'étude lexicale à mener, on s'est heurté en aval à des considérations plus pratiques : la non disponibilité de certains textes sous forme électronique comme pour les inventaires et les comptes qui ont été dépouillés manuellement et les contraintes liées à la gestion et au traitement du corpus numérique (repérage des données, attestation d'un mot, occurrences, variantes orthographiques, lexicales, etc.). Pour le repérage des formes simples, la seule difficulté a concerné la détermination préalable des différentes graphies possibles d'une unité lexicale. Dans la plupart des cas, la requête manuelle sur les bases textuelles a été satisfaisante, sans recours à des outils informatiques. Dans ces cas, nous avons travaillé sur les formes et leur contexte linguistique (à gauche et à droite) et un corpus non enrichi a été suffisant. Cela a été différent lorsque les requêtes ont porté sur les changements morphologiques et sémantiques de formes discontinues au fil des siècles (par exemple les nombreuses variantes de *vaisseau*), puisque cela a supposé de disposer d'un corpus enrichi et numérisé et d'un logiciel pour le traiter.

Tous les documents consultés proviennent de textes publiés au format.pdf et/ou.jpg qui ont été convertis dans un format .txt à travers le programme ABBYY FineReader 15 et Transkribus pour les manuscrits[3]. Une opération de nettoyage semi-automatique des textes s'est imposée lors de la préparation des fichiers au format .txt : les signes non pertinents pour l'analyse, tels que les chiffres, les lettres orphelines destinées au classement des listes, les étiquettes utilisées à l'intérieur des documents, ont été éliminés. Une fois ce rapide nettoyage terminé, le corpus a été importé dans Antconc. Afin d'accéder rapidement à la liste des mots contenus dans le corpus, les fonctions "concordance", "collocates", "wordlist" et "keywords list" ont été retenues. Le travail semi-automatique sur des textes numérisés, suffisamment nombreux et diversifiés, a permis de massifier les données, ce qui est dû aussi bien à la simplicité de leur extraction (qui peut varier selon le caractère complexe de la construction recherchée) qu'à la facilitation de leur traitement. Outre la fréquence des occurrences d'un mot dans de vastes corpus, il a été aussi facile d'en connaître la répartition dans les différents textes qui constituent le corpus. Même si le nombre d'occurrences sur lequel on a travaillé est instable à cause du dépouillement alterné (entre version numérique et version papier), la constitution d'un corpus

3 La transcription obéit à un principe général de fidélité au texte d'appui : des éditions critiques de qualité ont été sélectionnées, en omettant l'apparat critique.

enrichi et diversifié a permis de dégager certaines caractéristiques de ce vocabulaire et de bénéficier d'un apport considérable pour les études historico-lexicales d'un vocabulaire 'caché'. On a pu dater avec exactitude l'émergence ou la disparition d'une forme et vérifier l'évolution de sa productivité dans les différents contextes textuels, ce qui est particulièrement important pour les changements qui relèvent de la lexicalisation. En effet, on a pu observer des phénomènes de réinterprétation sémantique dans l'usage qui se produisent dans des contextes discursifs spécifiques, avant que, selon un principe d'extension analogique ou métonymique, la nouvelle acception ou la nouvelle forme s'étende à de nouveaux contextes. Souvent la nouvelle forme se substitue à l'ancienne, mais jamais brutalement. Cela se produit après une période de coexistence lexicale, où la forme/acception ancienne, d'abord majoritaire, cède progressivement sa place. Outre d'accélérer la requête et le repérage de l'attestation ou la quantification d'un phénomène linguistique dans un contexte textuel, l'exploitation de corpus enrichis, numérisés et représentatifs a permis de comparer les évolutions convergentes et donc d'affiner leur description dans la phase d'analyse et d'interprétation des données, en accordant plus de poids aux faits assertés à travers l'établissement de chronologies précises.

Un autre facteur qui a conditionné la constitution et la représentativité du corpus est l'objet d'étude qui a donné en amont des pistes quant aux textes à retenir. Pour prendre l'exemple de l'unité lexicale *vaisselle plate*, une connaissance minimale des arts de la table et des coutumes de la société conduit à exclure les textes littéraires du moyen français, dans la mesure où cette unité lexicale semble s'être d'abord développée dans les textes techniques. On sait de même que le syntagme *Service des médailles* n'apparaît qu'en français classique et ne se rencontre d'abord que dans des textes officiels du roi. Outre ces restrictions de genre, la période historique a été fondamentale : tel fait n'apparaissant pas avant telle époque, ou ayant au contraire disparu à partir de telle autre. La prudence a été de mise pour les périodes charnières de l'histoire des arts de la table, permettant de repérer l'apparition ou la disparition d'un phénomène lexical.

3.3.1 Le corpus nécessaire à la représentation des changements lexicaux : les textes historiques et littéraires

Pour bien évaluer les phénomènes linguistiques dans d'autres espaces discursifs, notre corpus a été élargi, en interrogeant le *Corpus de la littérature narrative du Moyen Âge au XXe siècle* de l'éditeur Classiques Garnier. Cette base textuelle s'est révélée très utile comme source supplémentaire d'informations sur le sens des mots en contexte et a permis d'extraire les définitions de manière automatique. Le recours systématique à ce corpus de textes historiques et littéraires a complété les données métalexicographiques par l'accès aux contextes d'occurrence de ces unités dans lesquels le sens s'explique.

Les corpus historiques et littéraires, surtout quand ils couvrent plus d'une période historique, présentent une forte hétérogénéité. Les documents sont très courts pour la première période du français alors que les documents plus tardifs sont plus longs. À cette hétérogénéité inhérente à la disponibilité même des textes s'ajoute le fait que, dans le corpus de l'éditeur Classiques Garnier, les documents proviennent de différents types d'édition de textes ou de manuscrits (rééditions et éditions critiques). Il aurait été envisageable de réduire cette hétérogénéité en limitant les critères de sélection, en ne choisissant que les premières éditions. Toutefois, dans certains cas les toutes premières éditions ne sont toujours pas accessibles et la nécessité d'avoir une masse critique de documents pour l'analyse du changement, en s'appuyant sur des rééditions, a incité à préférer une certaine hétérogénéité des textes.

Une autre partie des documents provient du corpus OBVIL qui a permis d'accéder aux numéros de la revue *Mercure Galant* (1678) et de rendre plus rapide leur consultation.

Étant donné que l'un des objectifs de l'étude est également de comprendre l'impact des facteurs sociohistoriques et culturels, les textes ont été sélectionnés en fonction de leur représentativité temporelle, spatiale et même textuelle. Le corpus historique et littéraire est divisé en trois grandes fenêtres temporelles correspondant aux trois périodes choisies. Parmi les ouvrages d'auteurs qui constituent un témoignage intéressant aussi bien du point de vue de l'histoire littéraire que du point de vue de l'histoire du vocabulaire, citons les *Poésies morales et historiques* (Deschamps 1832), les *Mémoires* (de Joinville 1854), les *Chroniques*

(Froissart 1867–1877), la *Chronique du bon duc de Loys de Bourbon* (d'Orronville 1876), la *Chronique de Tournai* (Le Bel 1904), la *Collection complète des mémoires relatifs à l'histoire de France d'Olivier de La Marche* (Petitot 1825), *Le Ménagier de Paris. Traité de morale et d'économie domestique composé vers 1393* (Bruyant 1846), les *Cent nouvelles du roi Louis XI* (Lacroix 1858) et *Le livre des métiers et des corporations* (Boileau 1879). Ces ouvrages fournissent une vaste série d'informations intéressantes sur l'évolution des pièces du service de table lors de la période qui va du XIVe au XVe siècles.

En ce qui concerne le XVIe siècle, d'autres sources ont été consultées, telles que la *La très joyeuse et très plaisante histoire du gentil seigneur De Bayart: le bon chevalier sans peur et sans reproche* (Bayard 1527), les *Lettres de Madame de Sévigné* (de Sévigné 1868), la *Nouvelle collection des mémoires pour servir à l'histoire de France depuis le XIIIe siècle jusqu'à la fin du XVIIIe* (de l'Estoile 1837), le *Journal inédit du règne de Henry IV* (1862), les *Mémoires-journaux* de l'Estoile (1875) et les œuvres d'auteurs tels que Rabelais et Ronsard qui transmettent, eux aussi, un vaste éventail de mots appartenant au vocabulaire de la table.

Au XVIIe siècle, les sources s'avèrent encore plus riches. Le *Journal de Jean Héroard sur l'enfance et la jeunesse de Louis XIII (1601–1628*) (Héroard 1868), les *Historiettes de Tallemant des Réaux : mémoires pour servir l'histoire du XVIIe siècle* (Tallemant des Réaux 1834–1835), la *Muze historique* (Loret 1857–1891), *Les contes de Perrault et les récits parallèles* (Perrault 1990), la *Gazette de France* (Renaudot 1631–1792) et les numéros du *Mercure Galant* permettent de suivre l'histoire du vocabulaire à cette époque si brillante alors que les pamphlets qui commencent à se répandre avec *L'Isle des hermaphrodites* (Thomas & Gilbert 1996) initient aux secrets d'un monde luxueux, mais en même temps extraordinairement corrompu. À ces sources, il faut ajouter aussi les précieux détails fournis par le *Journal du marquis de Dangeau, avec les additions du duc de Saint-Simon* (De Courcillon de Dangeau 1854–1860) qui complète le travail de recherche fait dans les dictionnaires de cette époque. Enfin, les collections de documents consultés dans les musées de Paris, tels que les Musées du Louvre et de Cluny et le répertoire fourni par *L'art à travers les mœurs* (Havard 1882), donnent des éclaircissements sur les variations lexicales des noms d'objets.

Au XVIIIe siècle, la *Chronique de la régence et du règne de Louis XV (1718–1763)* (Barbier 1857–1866), les *Mémoires du duc de Luynes sur la cour de Louis XV (1735–1758)* (Dussieux & Soulié 1863), la *Correspondance secrète politique et littéraire* (Métra et al. 1787–1789), les journaux de l'époque, tels que le *Journal de Verdun : politique, commercial, littéraire, scientifique, d'agriculture, d'annonces et d'avis divers* (A.A.V.V. 1841–1850), le *Tableau de Paris* (Mercier 1782), le *Livre journal de Lazare Duvaux, marchand bijoutier ordinaire du roy 1748–1758* (Duvaux 1873), *Les œuvres philosophiques de Denis Diderot* (Diderot 1829), le *Voyage pittoresque de Paris* (Dézallier d'Argenville 1752) et la *Description de la ville de Paris* (de Metz 1855) constituent une source inépuisable d'informations historiques.

Cette première phase de dépouillement a permis de pénétrer les mœurs, les habitudes, les traditions des diverses classes sociales qui se succèdent en France et de découvrir, enfin, par celles-ci, les motifs des transformations subies dans le vocabulaire des arts de la table, qui ne sont pas du tout accidentelles. C'est ainsi qu'on a constaté, par exemple, que les cols raides et les fraises godronnées ont favorisé la naissance et la diffusion des *fourchettes* sur les tables et que la malpropreté du chancelier Séguier a été le point de départ de l'usage des *couteaux arrondis*.

3.3.2 Le dépouillement des inventaires et des comptes : un patrimoine linguistique et culturel inépuisable

Une autre source primaire provient des inventaires et des comptes des rois, dépouillés manuellement auprès du département de la Réserve des livres rares à la Bibliothèque Nationale de France (BNF). Même si chez les linguistes l'intérêt pour ces typologies textuelles est très rare (Monsaingeon 1999, 2009, 2010 ; Lodge 2010), leurs caractéristiques les rendent particulièrement intéressantes et ouvrent de nouvelles perspectives aux linguistes pour mieux comprendre le lexique et son contexte de production.

Longtemps envisagés surtout comme sources pour l'histoire économique et sociale, les inventaires et les comptes constituent une somme de richesse très attrayante pour l'étude historique du vocabulaire des arts de la table et, à travers lui, de l'histoire des idées et des mœurs.

Ces documents fournissent des données permettant de saisir le lexique dans sa dimension historique de façon bien plus fine et détaillée que les autres sources. Datées et localisées avec précision, conservées dans leur très grande majorité sous forme d'originaux, ces anciennes formes textuelles décrivent et énumèrent les objets manufacturés, permettant de retracer l'histoire et la formation de certains mots, de constater l'influence spatio-temporelle sur leur usage et de vérifier les premières apparitions et les milieux de naissance.

Ces sources semblent être le lieu parfait pour la circulation stylistique entre rhétorique publicitaire et écriture de l'exposition : elles recensent les richesses et les dépenses d'une entité royale qui peut être un roi, une reine, une princesse, une famille, une abbaye ainsi qu'une ville, pour une durée d'exercice qui peut être variable de quelques mois à plusieurs années. Chaque document met en place un dispositif textuel très simple basé sur un pacte de lecture/écriture à la fois descriptif et documentaire, en fournissant des informations qui permettent d'identifier les objets à partir de la dimension, du matériau, de la date et de la fonction. L'écriture est éminemment descriptive et se déclare ouverte aux 'textes du savoir' à tendance encyclopédique. Les objets sont listés pour constituer un inventaire d'héritage : la linéarité discursive consiste à énumérer les parties ou les propriétés d'un objet sous la forme d'une simple liste, ce qui constitue une sorte de degré zéro de la description (Adam & Revaz 1989). Entre ces énumérations pures sous forme de listes et de descriptions structurées, apparaissent des procédures de mise en séquence basées notamment sur le thème-titre qui domine de manière hiérarchique la séquence et qui garantit en même temps l'unité sémantico-référentielle de la séquence textuelle. Leur longueur va de quelques feuillets à plusieurs centaines de pages.

Un autre aspect fondamental des inventaires et des comptes concerne la fidélité des manuscrits : en effet, cette problématique ne se pose pas ; il n'y a pas de tradition manuscrite à établir et pas d'influence postérieure à la rédaction, sauf pour le travail de contrôle de la chambre des comptes ou des bibliothèques qui les gardent ; encore les annotations et les commentaires qui lui sont dus se distinguent aisément du texte de l'auteur.

Voici un classement des inventaires et comptes fouillés par nom et siècle :

a) XIVe siècle :

Inventaire des biens meubles et immeubles de la comtesse Mahaut d'Artois, pillés par l'armée de son neveu en 1313 (Le Roux de Lincy 1852) ;

Inventaire et vente après décès des biens de la reine Clémence de Hongrie, veuve de Louis le Hutin (1328) (Douët d'Arcq 1874) ;

Inventaire du mobilier de Charles V, roi de France (1338–1380) (Labarte 1879) ;

Inventaire du garde-meuble de l'argenterie, compte d'Étienne de la Fontaine, 1353 (Douët d'Arcq 1851) ;

Inventaire des meubles de Monsieur le duc de Normandie, dauphin de Viennois, fait en l'année 1363 (a.i. 1601–1700) ;

Inventaire de l'orfèvrerie et des joyaux de Louis Ier, duc d'Anjou (1364–1365) (Moranvillé 1903) ;

Inventaires mobiliers et extraits des comptes des ducs de Bourgogne de la maison de Valois (1363–1477) (Prost & Prost 1902–1903) ;

Inventaire après le décès de Richard Picque, archevêque de Reims (1389) (Tarbé 1842).

b) XVe siècle :

Inventaires de Jean, duc de Berry (1401–1416) (Guiffrey 1894–1896) ;

Inventaire de meubles et de titres trouvés au château de Josselin à la mort du connétable de Clisson (1407) (Bruel 1905) ;

Inventaire des biens, meubles et immeubles, etc., de Ramond de Cussac, chanoine de l'église Saint-André de Bordeaux (De Climens 1442) ;

Inventaire des joyaux de la Couronne de 1418 (Douët d'Arcq 1864) ;

Inventaire du château de Vincennes et de Beauté 23 juin 1420 (A.A.V.V. 1854) ;

Inventaire de l'hôtel Saint-Pol, du Louvre et du Petit Séjour, 1420 et 1421 (Douët d'Arcq 1864) ;

Inventaire du château des Baux en 1426 (Barthélemy 1878) ;

Détail sur la vie privée d'Anne de Bretagne, femme de Charles VIII et de Louis XII, suivis des inventaires des meubles ayant appartenu à cette princesse (Le Roux de Lincy 1850) ;

Inventaire de la Ménitré 10 octobre 1471 (Lecoy de la Marche 1873) ;

Inventaire du château d'Angers fait en 1471–1472 (Lecoy de la Marche 1873) ;

Inventaire des biens de Charlotte de Savoie (1483) (Tuetey 1865) ;

Inventaire du château de Cognac au décès de Marguerite de Rohan, comtesse d'Angoulême (1497) (BSAH 1859).

c) XVIe et XVIIe siècles :

Inventaire de la duchesse de Valentinois, Charlotte d'Albret 1514 (Bonaffé 1878) ;

Inventaire des vaisselles, joyaux, tapisseries, peintures, livres et manuscrits de Marguerite d'Autriche, régente et gouvernante des Pays Bas (1523) (Michelant 1870) ;

Inventaire des objets d'art composant la succession de Florimond Robertet, ministre de François Ier, dressé par sa veuve le 4ème jour d'août 1532 (Grésy 1532) ;

Inventaire de la vaisselle d'or et d'argent du chancelier Duprat et de Babou de la Bourdaisière, trésorier de France, confisquée par le roi en 1536 (Guiffrey 1872) ;

Inventaires du trésor de la cathédrale d'Amiens (1535) (Garnier 1850) ;

Inventaire des joyaux, tapisseries, livres et vaisselle de Charles-Quint à Bruxelles (1536) (a.i. 1501–1600) ;

Inventaire original des joyaux, tapisseries, livres et vaisselle de Philippe II, roi d'Espagne, à Bruxelles (1569) (a.i. 1501–1600) ;

Inventaire après décès de Claude Gouffier (1571) (Wildenstein 1957) ;

Inventaire des tentures et des meubles transportés de Pau à Nérac en 1578 : inventaire des meubles tant broderies qu'aultres… apportez de Pau à Nérac par commandement du Roy de Navarre (Laprade 1962) ;

Inventaire des meubles de Catherine de Médicis en 1589 (Bonaffé 1874) ;

Inventaire des bijoux de Jeanne de Bourdeille, dame de Sainte-Aulaire et de Lanmary, 1595, publié pour la première fois d'après le manuscrit original de la Bibliothèque nationale, par le président de Montégut (Montégut 1881) ;

Inventaire après décès des biens, meubles, joyaux et titres de Gabrielle d'Estrées, duchesse de Beaufort et d'Étampes (avril-mai 1599) (Hermant 2005) ;

Inventaire après décès de Jean-Baptiste Poquelin de Molière (Soulié 1863) ;

Inventaire après décès de Jérôme Francken dressé le 16 juillet 1610 (Guiffrey 1915) ;

Inventaire de tous les meubles du cardinal Mazarin dressé en 1653 (Aumale 1861) ;

Inventaire général du mobilier de la Couronne sous Louis XIV (1663–1715) (Guiffrey 1885–1886) ;

Inventaire après décès du maréchal de Turenne (1675) (D'Huart et al. 1988) ;

Inventaire de l'abbé d'Effiat, commandataire de Saint-Sernin de Toulouse, 18 octobre 1698 (Begon 1898) ;

Inventaire après décès d'Anne d'Autriche et le mobilier du Louvre (Cordey 1930) ;

Inventaire du mobilier du cardinal d'Amboise Ier, de son manoir archiépiscopal de Rouen (Deville 1850) ;

d) XVIIIe siècle :

Inventaire après décès d'Elisabeth Delafosse, veuve de Jean Forest (de la Fosse 1717) ;

Inventaire de Marie-Josèphe de Saxe, dauphine de France 1731–1767 (Bapst 1883) ;

Inventaire après décès de la femme de Jacques Verberckt, sculpteur ordinaire des bâtiments du roi, demeurant rue de Cléry (Morin 1735) ;

Inventaire après décès de Marie Louis Desmares, épouse de Jean-Baptiste Savigny – 30 août 1751 (auteur et date inconnus) ;

Inventaire des biens de Mme de Pompadour, rédigé après son décès (1766) (Cordey 1939).

Quant aux comptes, ils renferment les actes notariés des marchés, des contrats d'apprentissage ainsi que des études sur les statuts des corporations, en donnant une importance remarquable au rôle des vieilles communautés industrielles et marchandes. Parmi les comptes consultés, figurent le *Compte de l'exécution du testament et inventaire de Jehanne d'Évreux, femme de Charles le Bel* (a.i. 1372) ; les *Comptes de l'argenterie des rois de France au XIVe siècle* (Douët d'Arcq 1851) qui commencent en 1316 pour terminer jusqu'à la fin de l'Ancien Régime ; le *Compte de l'hôtel de la reine Isabeau de Bavière 1401* (Douët 1865) ; le *Compte de l'hôtel de Charles VI de 1381* (Douët d'Arcq 1865) ; le *Nouveau recueil de comptes de l'argenterie des rois de France* (Douët D'Arcq 1874) ; le *XVIIe compte de Guillaume Brunel, argentier du roi Charles VI, pour le terme de la Saint-Jean 1387* (Douët d'Arcq 1874) et les *Comptes des Bâtiments du roi (1528–1571), suivis de documents inédits sur les châteaux royaux et les beaux-arts au XVIe siècle* (Guiffrey 1877–1880).

4. L'univers lexical et symbolique des arts de la table

Le vocabulaire des arts de la table est un espace lexical très fécond au sein duquel – des écrits historiques et littéraires aux comptes et inventaires en passant par les collections de produits commercialisés – les codes de la représentation et de la nomination varient selon les tendances socioculturelles et historiques. En effet, les dénominations des objets de table – véritables supports d'histoire de la langue – illustrent un univers thématique et symbolique d'un passé lointain qui met en scène les mœurs d'une société et confère du sens à la médiatisation d'un langage artistique désormais disparu.

À partir de l'unité lexicale hyperonymique *service*, qu'on peut considérer comme étant le tronc d'où partent les autres branches du champ lexical en question, on prouvera, dans ce chapitre, l'importance jouée par les points de vue historique et socioculturel dans la formation et l'évolution du vocabulaire du service de table, en s'appuyant sur l'usage et les attestations identifiés dans le corpus établi. L'analyse montrera que les mots employés dans le lexique du service de table (noms de vases, de plats et de couverts) véhiculent des représentations qui s'interprètent différemment en fonction de la culture, de l'époque historique, de la norme sociale, des contacts avec les autres pays, des modes éphémères, ou encore des symboliques et imaginaires collectifs.

4.1 Le réseau lexical de *service* : entre significations symboliques et dénominations multiples

Le mot *service* a eu différentes significations dans le domaine des arts de la table. Tout d'abord, il se dit de l'ensemble des plats qu'on sert en même temps dans un repas et qu'on enlève aussi au même moment. À ce propos, *Le menteur* de Corneille affirme : "Vous saurez seulement qu'en ce lieu de délices, on servit douze plats, et qu'on fit six *services*" (Corneille 1771 : 364). De son côté, Mlle de Montpensier écrit dans ses *Mémoires* :

(1) Quand la fête fut passée, Monsieur alla coucher à Chenonceaux, où je le suivis et où M. de Beaufort nous donna un souper de huit *services* de douze bassins chacun, et si bien servi que ç'auroit été à Paris, l'on n'auroit pu rien faire de mieux, ni de plus magnifique. (d'Orléans Montpensier 1858–1859 : 32)

De même, dans *Le Quart Livre* de Rabelais, on parle d'un second *service* pour indiquer le second plat présenté aux convives (Rabelais 1971 [1548] : 210). Ce premier sens paraît suffisamment établi par ces citations ; du reste, comme il a été conservé à peu près intact, il n'est pas nécessaire de l'expliquer davantage.

Service se dit aussi de l'ensemble de pièces d'argenterie ou de vaisselle d'argent, de faïence ou de porcelaine, indispensables pour servir un repas. C'est avec cette signification que le mot *service* est continuellement employé, surtout au XVIIe siècle. Nous empruntons à l'*Inventaire général du mobilier de la Couronne sous Louis XIV (1663–1715)* la description d'une composition appelée "*service* complet de vermeil doré" comportant :

(2) douze plats, huit assiettes ordinaires, deux bassins ovales, un bassin rond, quatre esguieres, quatre soucouppes, quatre colliers, huit flambeaux, quatre sallières rondes, vingt-quatre cuilliers, vingt-quatre fourchettes, dix-huit manches de couteaux, un succrier, un vinaigrier, une assiette à mouchette, douze cuillères, douze fourchettes, douze cousteaux (à dessert), dix plats, douze assiètes potagères, un poivrier. (Guiffrey 1885–1886. *Invent. général du mobilier de la Couronne sous Louis XIV (1663–1715)*)

D'autre part, on relève toujours dans l'*Inventaire général du mobilier de la Couronne sous Louis XIV (1663–1715)*, la définition suivante qui détaille les objets dont se compose un *service* de vaisselle :

(3) Petit *service* de vaisselle d'argent fort légère composé de huit plats, douze assiètes, un bassin ovale, une esguière, un vinaigrier, un huillier, un sucrier, deux sallières, deux flaccons, six gobelets, six cuilliers, six fourchettes, six cousteaux, une sous-coupe, une tasse couverte, une escuèle couverte, et quatre flambeaux.

(Guiffrey 1885–1886. *Invent. général du mobilier de la Couronne sous Louis XIV (1663–1715)*)

Quelques années plus tard, dans le supplément au *Mercure* de septembre 1686 intitulé "Voyage des ambassadeurs de Siam en France", le mot *service* apparaît pour la première fois en majuscule sous le syntagme *Service des médailles*, ainsi appelé parce qu'orné de petites médailles représentant les empereurs romains et d'autres personnages anciens :

(4) Il y a un Service avec le buffet de vermeil doré à costes qui est très curieux. On l'appelle *Service des médailles*, parce qu'il est tout remply de petites médailles qui représentent les empereurs romains et d'autres testes antiques. Ce qu'il y a de surprenant dans ce Service, c'est que les médailles ne sont point dorées, quoique tout le reste le soit. (Supplément au *Mercure*, septembre 1686, "Voyage des ambassadeurs de Siam en France", corpus OBVIL)

Au XVIIe siècle, le mot *service* acquiert aussi un autre sens : il désigne un cadeau d'une grande magnificence que le roi ne manque pas de faire aux personnes dont il veut s'assurer l'affection et le dévouement, telles que les ambassadeurs ou les seigneurs étrangers qui lui sont particulièrement chers (Froissart 1867–1877 : 276). À ce propos, parlant de Mlle de Fontanges, Mme de Sévigné écrit, dans la lettre du 1er mars 1680 :

(5) La passion de Louis XIV n'en est pas moins grande. On reçut, en montant dans ce carrosse, dix mille louis et un *service* de campagne de vermeil doré. La libéralité est excessive et on répand comme on reçoit. (de Sévigné 1868 : 186)

De son côté, Dangeau raconte, dans son *Journal*, que le roi donne mille louis d'or à Mme Marquet, qu'il renvoyait à Turin et que "Mme de Maintenon lui avoit donné à ses étrennes un *service* d'argent" (de Courcillon de Dangeau 1854–1860 : 100). C'est dans ce sens de cadeau que le *service* commence à être appelé, à cette même époque, *buffet*. La dénomination *buffet* perd le sens de meuble de rangement déjà bien attesté depuis 1268 dans l'ouvrage de Boileau (1879 : 55), pour désigner, par métonymie, la vaisselle. Voici quelques exemples :

(6) [...] un *buffet* de cérémonie, d'argent vermeil doré extrêmement bien ciselé, composé de 3 grands bassins. (Grésy 1532. *Invent. des objets d'art composant la succession de Florimond Robertet, ministre de François Ier, dressé par sa veuve le 4ème jour d'août 1532*)

> (7) [...] et par figure, *Buffet* est prins pour l'assortissement de toute la vaisselle d'argent qu'il faut pour l'entier seruice. Selon ce on dit, Il a vn *buffet* d'argent, Suppellex vascularia et patinaria argentea illi est. voyez Dreçoir. Vn *buffet* d'or et d'argent, c'est à dire la vaisselle qu'il faut pour le seruice de la table, Vasarium. Vn *buffet* desployé, Argentum propositum. En ce banquet-là on nous seruoit à *buffet*, In eo conuiuio miscebatur nobis. (Nicot 1606)

Suite à une véritable révolution s'opérant dans la nature de ces cadeaux sous le règne de Louis XIV, le mot *buffet* reprend sa signification d'origine et indique selon Furetière, "seulement une table longue, où on met la vaisselle d'argent, les verres & les bouteilles pour le service de la table" (Furetière 1690).

Si au cours du Moyen Âge et de la Renaissance, il existe la tradition d'offrir les cadeaux sous forme de buffets de valeur variable et calculée selon l'importance des services rendus et le rang de la personne à honorer, avec Louis XIV – qui a une passion remarquable pour les médailles – tout change : lorsque le marquis Rinuccini, ambassadeur de Venise, prend congé et lui offre comme cadeau une série de jetons d'argent, le roi décide qu'à partir de ce moment on offrira des médailles à tous les ambassadeurs (Baschet 1870 : 358) ; d'où la naissance et l'usage, au XVIIIe siècle, du mot *médaillier*. Attesté pour la première fois en 1571 en tant qu'adjectif "relatif aux médailles" (TLFi), ce mot se substantive en 1671 pour indiquer une table à compartiment à ranger des médailles et, par extension de sens, il désigne aussi une collection de médailles (Diderot & d'Alembert 1751–1765). Cette acception se perpétuera pendant tout le XVIIIe siècle et coexistera avec la forme syntagmatique *Service des médailles*.

4.1.1 Nouvelles désignations de *service* et relations synonymiques

Les acceptions de *service* analysées plus haut comprennent toute la vaisselle nécessaire pour les grands repas, mais ce mot est également employé pour désigner, jusqu'au XVIIe siècle, l'ensemble des pièces destinées à servir des boissons, telles que le thé ou le café pour le petit-déjeuner. En voici un exemple tiré des *Mémoires du duc de Luynes sur la Cour de Louis XV (1735–1758)* : "Mme de Luynes demanda à boire pour Mme la Dauphine. Un garçon de chambre en apporta et présenta le *service* à M. de Luynes, pour servir Mme la Dauphine" (Dussieux & Eudoxe 1863 : 133).

Après l'introduction du café et du chocolat en Europe, un mot nouveau apparaît : il s'agit de l'unité lexicale *déjeuner* qui indique, par métonymie, le service à déjeuner composé généralement d'un plateau, d'un sucrier, d'une tasse et de sa soucoupe. La substantivation du verbe *déjeuner* ne semble pas être très ancienne : ni Furetière ni l'édition de 1694 du *Dictionnaire de l'Académie* ne la mentionnent, ce qui permet d'affirmer que son usage est à peine antérieur au XVIIIe siècle et postérieur à l'introduction des boissons exotiques en Europe. Les seules attestations de *déjeuner* apparaissent en 1728 dans la nomenclature des ouvrages principaux que l'on fabriquait et vendait à la manufacture de Bayel, près de Bar-sur-Aube (A.A.V.V. 1841–1850 : 322) et dans le procès-verbal de *La vente du mobilier du château de Versailles pendant la Terreur*, dans lequel le mot *déjeuner* est d'ailleurs accompagné du mot *cabaret* :

> (8) [...] un *cabaret* ou *déjeuner*, consistant en un plateau garni de deux tasses et de leurs soucoupes, avec un sucrier, le tout de porcelaine de Sèvres la plus fine, à fond bleu, avec incrustation de guirlandes en perles et pierreries d'émail, de même que le médaillon en petites plaque d'or. (Davillier 1877 : 3)

Le mot *cabaret* est ici employé en tant que synonyme de *déjeuner* ; comme ce dernier, il désigne, par extension, le service à café, à thé ou à liqueurs composé de tasses, de soucoupes, d'un sucrier, d'un pot au lait et d'une théière. L'usage du mot *cabaret* vient de l'Extrême-Orient : "Les plus beaux des *cabarets* viennent de la Chine et du Japon, et sont enduits de ces vernis admirables que les Européens n'ont jamais pu bien imiter" (Savary 1741 : 575–576). En effet, les premiers cabarets sont connus en France sous l'emprunt au chinois *bandège*, une espèce de grand plateau double avec ou sans pied, sur lequel on place un service à thé ou à café. Ce mot a été mis à la mode surtout par l'envoi fait à Louis XIV de ces objets au nom du roi de Siam, mais peu d'occurrences attestent son usage. L'une des premières attestations de cet emprunt est présente dans le *Mercure* de juillet 1689 qui cite deux *bandèges* lors d'une loterie organisée à Saint-Cloud : "Un *bandège* garny d'une Porcelaine violette et bleue. – Un *bandège* garny de deux Tasses et deux Soucoupes" (*Mercure*, juillet 1689, corpus OBVIL). Quelques années plus tard, le *Mercure* de février 1700 narre qu'au bal en l'honneur de Mme la duchesse de Bourgogne, à la Chancellerie, le 8 février 1700, on voit dans la salle, une "quantité de corbeilles magnifiques, de vases de cristal, d'argent et de vermeil doré, des jattes, des *bandèges* avec des porcelaines, etc." (*Mercure*, février 1700, corpus OBVIL). Le mot *bandège* est également utilisé pour désigner des cabarets de grandes dimensions, comme dans l'exemple suivant :

> (9) On apporta du café et du chocolat sur de *grands cabarets* appelés *bandèges* en chinois. [...] Il falloit deux hommes pour en porter une et ils la portoient sur les épaules. (*Mercure*, février 1700, corpus OBVIL)

Ce n'est que vers la fin du XVIIe siècle que le mot *cabaret* pénètre dans la langue française avec le sens qui lui est attribué dans ce lexique : ni Furetière, ni le *Livre commode* de 1691 et de 1692 de Du Pradel (de Blégny 1878) ne le mentionnent. Cependant, il en est déjà question dans le *Mercure* de juillet 1689 où on cite des *cabarets* de porcelaine à propos d'une loterie organisée par le Duc d'Orléans à Saint-Cloud : "Un *cabaret* garny de sept porcelaines et d'un éventail. – Un *cabaret* de la Chine garny de dix pièces de porcelaine" (*Mercure*, juillet 1689, corpus OBVIL).

En 1704 on voit apparaître une autre occurrence du mot *cabaret* figurant dans la liste des cadeaux que Louis XIV offre à la duchesse de Bourgogne : "Deux *cabarets*, un d'or et l'autre d'argent, travaillés à la perfection" (Capefigue 1838 : 432). Au XVIIIe siècle, le mot *cabaret* apparaît partout dans les ventes et les inventaires, tels que la *Vente du duc de Gesvres*, celle du *maréchal de Belle-Isle* ainsi que dans l'*Inventaire après décès de Marie-Louise Desmares, épouse de Jean-Baptiste Savigny – 30 août 1751* (Dussieux & Eudoxe 1863 : 185), mais pour indiquer surtout des plateaux en porcelaine.

4.2 Du *vase* à la *vaisselle* : histoire et filiation lexico-sémantiques

Une autre unité lexicale qui joue un rôle fondamental dans le vocabulaire des arts de la table est *vase*, un mot général qui s'applique à toutes sortes de vaisseaux et sert à désigner des récipients destinés à contenir des liqueurs, des fruits, des fleurs, des parfums, ou simplement à être utilisés pour la décoration. Les aiguières, les buires, les burettes, les coupes, les diverses sortes de pots, les verres, les rafraîchissoirs sont des vases ou, du moins, ils peuvent être qualifiés comme tels. Indépendamment des formes extrêmement variées ayant toutes des utilisations spéciales, le mot *vase* a revêtu au fil des siècles une foule d'acceptions selon le plus souvent sa nature et sa fonction.

C'est à partir du règne de Louis XIV que le mot *vase* commence à jouir d'un très grand succès dans le vocabulaire des arts de la table s'appliquant à n'importe quel vaisseau. Si les matières employées pour réaliser les vases varient à l'infini, leurs formes ne sont pas moins nombreuses. C'est ainsi que dans l'*Inventaire général du mobilier de la Couronne sous Louis XIV (1663–1715)*, on rencontre de nombreux hyponymes de *vase* créés à partir de la forme, du nom de l'inventeur ou du lieu de production. Citons, à titre d'exemples, les syntagmes enregistrés dans le *Mercure* de mai 1687 (corpus OBVIL) et dans le *Livre journal* de Lazare Duvaux (1873 : 370) : *vase en forme de nacelles*, *vase en forme de cassolettes*, *vase à poissons*, *vase en forme de caves*, *vase à oreilles*, *vase à la hollandaise* et *vase Duplessis*. Parmi ces dénominations, on signale que l'hyponyme *vase à la hollandaise*, attesté notamment au XVIIIe siècle, désigne un vase dont la forme et l'aspect rappellent les vases à fleurs en faïence de la ville hollandaise de Delft ; Quant à la dénomination anthroponymique *vase Duplessis*, elle renvoie au nom du ciseleur, modeleur et dessinateur de la Manufacture de Sèvres qui a donné son nom à des vases et des assiettes.

En ce qui concerne l'hyperonyme *vase*, sa lexicalisation n'est pas très ancienne ; le Littré (1863) ne fournit pas d'exemples de son emploi avant le XVIe siècle, mais les premières attestations semblent circuler déjà à cette époque, coexistant avec les anciennes formes orthographiques *vastz* et *vaze* :

(10) [...] et avoit le visage tout descouvert, que chascun le pouvoit veoir. Au pied de son lict avoit un *vastz* ou fierte, couvert d'un drap d'or semblable que dessus. Et auprès un benoistier d'argent pour jecter de l'eaue beneiste. Et aux quatre coing dudict *vastz* avoit quatre grands cierges ardans et ving et quatre grosses torches tousiours ardantes jour et nuict [...] Ce jour, environ la minuict, feut mis le corps de feu Monseigneur bien aromatisé et pulvérisé de bonnes pouldres, et bien

embasmé, comme il est de bonne coustume de faire aux Princes du sang royal, dedans une caisse, ou *vastz* de plomb, bien souldée. (Godefroy 1619 : 73)

(11) [...] *vase* d'argent doré, richement faict et ouvré, pesant soixante et dix marcs, par Normandie, roy d'armes de France, de par très haut, très puissant, très illustre et très magnanime prince Charles, par la divine clémence Empereur tousiours Auguste. (Du Bellay M. 1753 : 440)

(12) [...] un grand *vaze* d'argent en forme de table quarrée, pour mettre dragiés et confitures. (Joursanvault 1838 : 119)

Au XVIe siècle, le mot *vase* est également employé sous la forme prépositionnelle *à vases* pour indiquer toute sorte d'ornements surmontant la tige des chenets ou les colonnes d'un lit, pourvu qu'ils rappellent la forme ou la disposition d'un vase :

(13) [...] deux paires de chenetz de cuivre doré : deux moyens tournéz *à vases* par hault, et les deux autres petis, aussi *à vazes*. (Hermant 2005. *Invent. après décès des biens, meubles, joyaux et titres de Gabrielle d'Estrées, duchesse de Beaufort et d'Étampes (avril-mai 1599)*)

Malgré l'emploi général que l'on fait de *vase* et de ses variantes orthographiques, ce mot commence à être utilisé au XVIIe siècle surtout dans le sens noble du terme pour indiquer des vaisseaux de décoration, comme ceux qui figurent dans le salon de Versailles : "Un théâtre tout brillant, dont la décoration n'estoit que de *vazes* garnis de fleurs" (*Mercure*, 1673, corpus OBVIL).

Le mot *vase* ne désigne donc plus un récipient mais une parure intérieure à des fins décoratives pour être finalement défini comme un véritable "ornement de sculpture isolé qui, posé sur un socle ou piédestal, sert à décorer les bâtiments et les jardins" (Davillier 1877 : 865). De nouvelles dénominations naissent à partir de la fonction remplie, telle que *vase d'amortissement*, rappelant la forme des vases sculptés en ronde-bosse ou en demi-relief généralement couronnés de flammes ou ornés de guirlandes et qui surmontent les portes ou les cheminées. Toujours par analogie, apparaissent les syntagmes *vase d'enfaitement* – ainsi appelé pour indiquer un ornement placé sur les poinçons des combles – et *vase de treillage* qui est un ornement fait de verges de fer et de latte, contourné selon un profil, et qui sert d'amortissement aux portiques et autres cabinets de treillages.

4.2.1 L'ancienne dénomination de *vase* : le mot *vaisseau*

Vaisseau, qui vient du latin médiéval "vascellum" et du latin classique "vasculum", est l'ancienne dénomination de *vase*. Comme l'affirme Richelet, le mot *vaisseau* sert à désigner les récipients de formes et de matières les plus variées : "Mot général qui signifie toute sorte de vases, de quelque métal ou de quelque chose que ce soit" (Richelet 1680). Plusieurs documents confirment la définition de Richelet. En parlant du Souldan de Connie, de Joinville cite dans ses *Mémoires* des *vesseauz en façon de potz de terre* :

(14) Ce souldan estoit le plus puissant Roy de toute Paiennie, et fist faire une chouse merveilleuse, car il fist fondre une partie de son or, et en fist faire de grands *vesseauz en façon de potz de terre*, là où on met le vin oultre-mer. Et teneoit bien chascun de ces potz, trois ou quatre muiz de vin. (de Joinville 1854 : 57)

Les *Grandes Chroniques de France* – publiées par Monsieur Paulin Paris en 1837 – dans le passage sur la translation des reliques de Saint-Louis, mentionnent des *vaissiaux* d'or ornés de pierres précieuses :

(15) En l'an de grâce après ensuivant mil trois cent six, le chief de Sainct Loys, jadis roy de France, sans les gencives et le menton, et une de ses costes ; par le roy de France Phelippe le Biau et pluseurs evesques et arcevesques, de l'ottroy du souverain évesque pape Climent, en biaux *vaissiaux* d'or aornés de pierres précieuses, furent de Sainct-Denis transportés à Paris. (Paris 1837 : 171)

Lorsque dans *Le Conte de Floire et Blanceflor : poèmes du XIII*[e] *siècle*, attribué à Robert d'Orbigny, le jeune prince part à la recherche de sa fiancée, il énumère, comme suit, les richesses qu'il emporte, parmi lesquelles des *vaissiaus* :

(16) [...] sept somiers o moi menrai / Les deus chargiés d'or et d'argent, / Et des *vaissiaus* à mon talent ; / Li tiers de deniers monéés, / Tant que nous en aions assez. (du Méril 1850 : 39)

De même, Boileau cite des *vaissiaus* dans le *Livre des métiers* : "Et si vous faut encore / *vaissiaus* d'estain, / pots d'estain et canes" (Boileau 1879 : 9). Ronsard aussi, dans sa VIIe *Élégie* et Montaiglon dans les *Contenances de la table* mentionnent la forme *vaisseau* :

(17) [...] O bien heureux le siècle, où le peuple sauvage / Vivoit dans les forests de gland et de fruitage, / Qui, sans changer sa main d'escuelle ou de *vaisseau*, / De la bouche tiroit les ondes du ruisseau. (Ronsard 1860 : 259)

(18) Enfant, garde que le morceau / Que tu auras mis en ta bouche / Par une foys / Ne soit remis en ton *vaisseau*. (de Montaiglon 1855–1878 : 151)

Le mot *vaisseau* figure aussi dans les *Contes* de Monsieur d'Ouville et dans les *Mémoires-journaux* de l'Estoile : "Se cachant en un coin de la cave, il vit comme la galande, tirant son petit fosset, emplit un *vaisseau* qu'elle avoit et beuvoit à même" (Le Métel d'Ouville 1669 : 82) ; "Tantost je cuide avoir autant d'argent et d'or / Que Crassus en avoit et que Midas encor, / Et qu'à *vaisseaux* doréz on me serve à la table" (de l'Estoile 1875 : 271).

L'emploi du mot *vaisseau* semble être très courant jusqu'au XVIIe siècle et sa signification est effectivement – comme le dit Richelet – des plus étendues. Il faudra attendre le XVIIIe siècle, pour retrouver le mot *vaisseau* employé pour désigner des vases ayant l'apparence de petits navires – connotation qui demeurera tout au long de ce siècle. En voici quelques exemples :

(19) [...] deux *vases en forme de vaisseau*, à gros godrons, gravés par dehors de rinseaux, animaux, ayant sur le derrière de la pouppe une manière de bord creux, au-dessus duquel il y a douze petittes pommes [...]. (Guiffrey 1885–1886. *Invent. général du mobilier de la Couronne sous Louis XIV (1663–1715)*)

(20) [...] le roi a donné galamment pour étrennes à son auguste épouse un *vaisseau* artistement travaillé, tout en argent, dont la matière seule a coûté trente mille livres. (Métra et al. 1788 : 85)

Parmi les variantes lexicales de *vaisseau* figure aussi la forme ancienne *vaissel* ou *vasciel* qui signifie vase ou même coffre (DMF). Elle est très utilisée surtout aux XIVe et XVe siècles. Parlant des cérémonies qui accompagnent le sacre du roi de France, Philippe Mouskes écrit dans sa *Chronique rimée* : "Quant besoin est à roi sacrer, / Bien doit-on le *vaissel* garder, / U cil saint oiles nest et vient / Si fait-on, car il le convient" (Mouskes 1836 : 19). Ensuite, décrivant les funérailles de Charlemagne, Mouskes ajoute : "Fu tous ses cors enbausemés : / En I rice *vasciel* de kesne, / Le misent et François et Sesne" (Mouskes 1836 : 458).

Froissart aussi dans ses *Chroniques*, lorsqu'il raconte la mort d'Édouard d'Angleterre en 1376, s'exprime presque dans les mêmes termes. Il dit que le corps de ce prince a été "embaumé et mis en un *vaissel* de plomb, et gardé jusques à la Saint-Michel ensuivant, por le ensevelir en plus grande révérence" (Froissart 1867–1877 : 99). Les exemples suivants tirés des inventaires, montrent combien l'usage de la variante *vaissel* est, à l'époque, très fréquent :

(21) [...] ung petit *vaissel* d'argent à mettre corpus domini ou pris de C sols. (Le Roux de Lincy 1852. *Invent. des biens meubles et immeubles de la comtesse Mahaut d'Artois, pillés par l'armée de son neveu en 1313*)

(22) [...] ung *vaissel* d'argent véré, fait en manière de roze, pour escuelle d'aumosne, séant sur six lyons doréz, et ont ou fons ung esmail à ung escusson des armes de Chambly. (Labarte 1879. *Invent. du mobilier de Charles V, roi de France (1338–1380)*)

(23) [...] un petit *vaissel* de critail à douze carres, lequel est garny d'or parcié d'avalemens, à tout un pié à douzes carres. (Douët d'Arcq 1864. *Invent. des joyaux de la Couronne de 1418*)

(24) [...] ung *vaissel* d'or, de VIII carres, à quatre pietz, avec le couverchel tout dor, donné et offert à l'honneur de Dieu et Monsr Sr Joh. Baptiste, par deffunct de bonne mémoire, le Roy Louis XIe de ce nom. (Garnier 1850. *Invent. du trésor de la cathédrale d'Amiens (1535)*)

À partir du XVIIe siècle, la forme *vaissel* cesse d'être employée et la variante *vaisseau* reste seule en usage. Dans la même famille lexicale figurent aussi les variantes *vaisselet* et *vaissellé* (DMF). Il s'agit de deux diminutifs qui désignent un petit vase, dont deux occurrences ont été relevées dans deux inventaires du XIVe siècle :

(25) [...] Un escrin d'ivoir garni d'argent, une boueste d'ivoire dedens, et deux *vaissellés* d'argent dedens. (Douët d'Arcq 1874. *Invent. et vente après décès des biens de la reine Clémence de Hongrie, veuve de Louis le Hutin (1328)*)

(26) [...] Ung *vaisselet* d'argent doré à mectre relicques, assiz sur ung pié de cuivre, où il a une jointe de Saint-Bathélemy. (Labarte 1879. *Invent. du mobilier de Charles V, roi de France (1338–1380)*)

4.2.2 Le dérivé *vaisselle* et son évolution sémantique

Furetière définit la *vaisselle* comme un "terme collectif [désignant des] vaisseaux destinés au service de la table, pots, plats, assiettes, salières, etc." (Furetière 1690). C'est, au reste, sa signification actuelle qui embrasse tous les vases dont on se sert pour les repas, à l'exception de ceux relatifs à la boisson qui sont réunis sous la désignation générale de *verrerie*.

Anciennement, la *vaisselle* était appelée *vaissellement* (DMF) : dans *La chronique du bon duc Loys de Bourbon* d'Orronville, on lit qu'en 1376 : "Au despartir fist présenter le roi Herni au duc de Bourbon, or, argent et *vaissellement*, mais de tout ce ne voult riens prandre" (d'Orronville 1876 : 111). Guillebert de Metz dans sa *Description de Paris au XVe siècle* écrit : "L'en estimoit l'or, l'argent et piereries estans aux reliques et *vaissellement* des églises de Paris, valoir un grand royaume" (de Metz 1855 : 234).

C'est à partir du XVe siècle que le mot *vaisselle* commence à circuler dans le vocabulaire des arts de la table pour indiquer l'ensemble des récipients, des plats, des assiettes et des ustensiles divers servant à la présentation et à la consommation des aliments sur la table. La dénomination *vaisselle* ne se réfère pas à une matière spéciale ou à plusieurs matières, mais les englobe toutes : par exemple, dans ses *Blasons domestiques*, Gilles Corrozet invite les gens à se munir d'un "buffet à mettre la *vaisselle* / qui est d'estain et de cuyvre" (Corrozet 1539 : 24) et dans la *Nouvelle collection des mémoires pour servir à l'histoire de France depuis le XIIIe siècle jusqu'à la fin du XVIIIe*, parlant des collections offertes à Henri III par le cardinal de Birague, de l'Estoile cite :"deux longues tables couvertes d'onze à douze cens pièces de *vaisselle* de faënze, plaines de confitures sèches et dragées de toutes sortes" (de l'Estoile 1837 : 119).

Toutefois de ces diverses sortes de vaisselle, celles en argent et en vermeil étant de beaucoup les plus recherchées, il arrive que le mot *vaisselle*, sans autre indication, serve à désigner plus particulièrement l'ensemble des vases en métal précieux qui composent le service de table. Cette vaisselle se divise en deux sous-catégories dénommées *vaisselle plate* et *vaisselle montée*. Quant à l'hyponyme *vaisselle plate*, il se prête à plusieurs interprétations. Dans son *Dictionnaire de l'art et de la curiosité*, Bosc écrit : "Ce mot *plate* était dérivé de l'espagnol *plata*, argent ou métal massif, métal en lingot" (Bosc 1885 : 360), alors que la *vaisselle plate* est ainsi dénommée pour indiquer un genre façonné au marteau, exempt de soudures, ce qui, au niveau du poids, lui donne une valeur intrinsèque supérieure à la *vaisselle montée* qui comporte, au contraire, des soudures et dont l'aloi se trouve amoindri à la refonte.

Le soin que tous les règlements de l'orfèvrerie prennent à limiter strictement la quantité de métal commun employé aux soudures, indique assez quel rôle ces dernières ont joué dans les préoccupations du législateur. Du reste, à défaut de ces règlements, les auteurs des dictionnaires ne manquent pas de souligner la différence entre les deux hyponymes. Richelet écrit :

> (27) *Vaisselle plate*, c'est-à-dire vaisselle sans soudure, comme plats, assiettes, etc. ; *vaisselle montée*, c'est celle où il y a de la soudure, comme flambeaux, chandeliers, éguières, flacons, salières, etc. (Richelet 1680)

Le *Dictionnaire de Trévoux* ajoute : "On appelle *vaisselle montée*, celle qui est composée de plusieurs pièces jointes ensemble avec de la soudure ; et *vaisselle plate*, celle où il n'y a point de soudure" (Trévoux 1738–1742). De même, le *Dictionnaire des arts et des sciences* de Thomas Corneille spécifie : "On appelle *vaisselle plate* celle qui est sans soudure, comme assiettes et plats" (Corneille 1694). En présence de ces explications, on a lieu de s'étonner qu'on ait été chercher si loin l'étymologie d'une expression rationnelle et si facile à vérifier, puisque tous les arrêts du conseil relatifs aux diverses refontes des matières d'or et d'argent établissent une différence de prix entre les deux hyponymes. Ainsi, les *Lettres patentes* du roi du 26 octobre 1759 fixent :

> (28) les prix des vaisselles qui seront portées à la Monnoie, jusqu'au 31 décembre prochain inclusivement : à 56 livres le marc, pour la *vaisselle platte* au poinçon de Paris, à 55 livres 3 sols 6 deniers, pour la vaisselle montée au même poinçon, et à 54 livres 7 sols, pour la *vaisselle platte* et *montée* au poinçon de province. (Renaudot 1631–1792. *Gazette de France* 1759, corpus Gallica)

Le mot *vaisselle* ne désigne pas uniquement la grande ressource économique des rois et des princes, mais aussi la fortune mobilière, comme en témoignent de nombreux inventaires où elle apparaît en quantités énormes. Il suffit de citer l'*Inventaire du mobilier de Charles V*

(1338–1380) (Labarte 1879) qui compte 3 879 marcs d'or, 6 184 marcs d'argent doré et 6 127 marcs d'argent blanc. Ces valeurs comprennent plus spécifiquement plusieurs typologies de vaisselle, connues sous les hyponymes *vaisselle de parement*, appelée aussi *vaisselle d'apparat* ; *vaisselle de service*, dénommée aussi *vaisselle de bouche*, *vaisselle d'office* et *vaisselle de cuisine.*

La dénomination *vaisselle de cuisine* est souvent confondue avec son co-hyponyme *vaisselle de bouche* au point que parfois les usagers sont obligés de recourir à des noms de marques spéciaux pour les distinguer : *vaisselle de la Bouche* et *vaisselle de la Cuisine*. C'est ainsi que dans le *Détail sur la vie privée d'Anne de Bretagne, femme de Charles VIII et de Louis XII, suivis des inventaires des meubles ayant appartenu à cette princesse* (Le Roux de Lincy 1850), on relève, à propos d'une somme d'argent payée à l'orfèvre Porchier, une glose explicative soulignant l'importance de connaître la différence entre les deux dénominations :

(29) [...] Avoir fait ung petit poinçon d'une armine et d'icelluy marché six douzaines de plats et escuelles d'argent de la cuisine du commun de lad. Dame, pour congnoistre la différence de la *vaisselle de la Cuisine, de la Bouche* d'icelle Dame. (Le Roux de Lincy 1850. *Détail sur la vie privée d'Anne de Bretagne, femme de Charles VIII et de Louis XII, suivis des inventaires des meubles ayant appartenu à cette princesse*)

Le nombre et la diversité des pièces fabriquées sont tels que, pour les utiliser, on constitue des services spéciaux pour les différentes périodes de l'année ou selon les cérémonies d'où ils tirent leurs noms, telle que la *vaisselle de Karesme* apparaissant dans l'*Inventaire du mobilier de Charles V (1338–1380)* (Labarte 1879).

Au XVIIe siècle, le mot *vaisselle* acquiert une importance remarquable surtout chez les bourgeois : posséder de la vaisselle ne constitue pas seulement un signe de richesse, mais aussi une présomption de vieille noblesse et d'ancienne distinction. D'où, chez les particuliers, un étalage exagéré de possession de vaisselle, dont le *Mercure* de février 1690 plaisante ironiquement :

(30) Quoy qu'à ses Conviéz on fist fort bonne chère / On y songeoit moins qu'à leur faire / Voir et louer de son Buffet / La folle et nombreuse *vaisselle* / Mieux éclairée qu'une chapelle. (*Mercure*, février 1690, corpus OBVIL)

Les plus riches renouvèlent la forme de leur vaisselle selon leur goût, ce qui donne naissance à de nouvelles dénominations créées à partir du trait distinctif de la forme. On cite, à titre d'exemple, le syntagme *vaisselle en forme de guitare* que le duc de Savoie offre à Mme Royale : "[...] toute sa vaisselle d'argent étoit *en forme de guittare*, parce qu'elle aimoit cet instrument" (Tallemant des Réaux 1834–1835 : 93).

Après les refontes du règne de Louis XIV, malgré l'ostentation des plus riches à porter l'argenterie à la Monnaie, le mot *vaisselle* continue de figurer dans les inventaires des riches bourgeois. Pour savoir de quoi se compose la vaisselle d'un bourgeois aux XVIIe et XVIIIe siècles, on peut signaler comme exemple la description du 14 juin 1736 de Pierre Cavin, peintre ordinaire du roi, qui cite :

(31) Quatre chandeliers, un porte-mouchette avec sa mouchette, un esteignoir, une éguière, deux petits pots à l'eau, deux jattes, une escuelle, une grande tasse de vermeil doré, deux grands gobelets de vermeille, quatre timballes de vermeille, un moutardier, deux coquetiers, un grand gobelet, spet autres timballes, une poivrière, deux salières, une grande culier à potage, douze cuillières et douze fourchettes, treize couteaux, un tire-moelle, le toutte d'argent. (Guiffrey 1883 : 327)

Cette passion pour la vaisselle durera jusqu'à la fin de l'Ancien Régime, faisant définitivement acquérir à la dénomination le sème de la richesse et du luxe et dépassant la signification initiale se référant uniquement à la typologie de travail. Comme l'affirme Mercier dans le *Tableau de Paris* :

(32) L'ambition d'un bourgeois, c'est d'avoir de la *vaisselle plate*. Il commence par un huilier, par une soupière ; mais le jour qu'il a de la *vaisselle platte*, il va chercher ceux qu'il n'a pas vus depuis longtemps pour leur annoncer cette illustration, et les inviter à un dîner qui n'est pas meilleur. Avoir de la *vaisselle platte*, c'est sortir de la bourgeoisie ; on ne fait cette dépense que pour avoir le plaisir d'y mettre ses armes, à l'instar des princes. Qu'elle est donc heureuse, la riche bourgeoise lorsqu'elle peut étaler, aux yeux de sa voisine émerveillée et jalouse, des plats d'argent d'une forme oblongue, le pot à l'oille ! Si elle y joint le seau d'argent, sa félicité est complette. (Mercier 1782 : 21)

4.3 La compénétration de mots étrangers et la présence de noms propres dans le vocabulaire du service à boisson

À travers l'analyse des unités lexicales *service*, *vase* et leurs variantes, on a pu constater que parmi les différentes modifications que subit le vocabulaire des arts de la table au cours des siècles, une des plus caractéristiques a pour cause l'introduction et la fixation de mots d'origine étrangère (i.e. *bandège*). Ce phénomène se manifeste dans le vocabulaire du service à boisson qui présente, dans sa nomenclature, des mots nouveaux d'origine anglaise et espagnole.

Le néologisme allogène n'est d'ailleurs pas un fait nouveau en langue française (Humbley 2019 ; Kacprzak, Mudrochová & Sablayrolles 2019). Dès le XIVe siècle, grâce aux relations commerciales et politiques, l'Italie commence à se rapprocher de la France, en transmettant quelques-unes de ses façons de parler (Brunot 1920). Plus tard, les expéditions de Charles VIII, de Louis XII et de François Ier, le mouvement artistique de la Renaissance, l'influence de Catherine de Médicis, la mode et le mélange des langues provoquent une véritable invasion d'italianismes en langue française. Vers le milieu du XVIe siècle et jusqu'à la mort de Louis XIII, l'influence espagnole aussi se fait sentir, grâce au prestige de Charles Quint, aux guerres de la Ligue et au séjour en France des armées de Philippe II et de ses successeurs. De même, les contacts de Louis XIV avec l'ambassade siamoise sont très fréquents.

Quant à l'influence britannique en langue française, elle s'explique en grande partie pour des raisons historiques avec, en première ligne, la conquête de l'Angleterre par les Normands et la prépondérance de la langue française pendant toute la dynastie des Plantagenets. Mais il y a aussi des causes ethniques et culturelles qui font qu'à partir du XVIIIe siècle, l'influence anglaise se fait sentir dans tous les domaines : en philosophie et en politique, puis dans la façon de s'habiller (Greimas 2000 ; Bonadonna 2016 ; Zanola 2018b) due au désir de faire étalage d'opinions avancées en politique, avant de s'étendre à toute la vie sociale.

Le domaine de la table, où la supériorité française reste pourtant universellement reconnue, n'est pas moins exempt de cette influence. Le service de table à l'anglaise fait concurrence aux services français et russe : c'est l'amour des chevaux, particulièrement chers aux Anglais, qui amène la création de nouvelles fonctions dans le service à boisson et l'emploi de nouveaux mots. Dans notre corpus, on les voit se glisser d'abord en cachette, entre parenthèses ou en note avec parfois une glose explicative, puis en italiques, avant de s'exhiber sans aucune explication dans les textes. Par la facilité croissante des communications et son effet qui se traduit dans une sorte d'internationalisation des idées auxquelles obéit le monde des arts de la table, le vocabulaire du service à boisson devient perméable à un bon nombre de mots d'origine étrangère tels *punch*, *chique*, *bouilly* :

> (33) Les rapports pacifiques entre peuples civilisés ne consistent pas seulement en échange d'idées et de produits : il y a aussi une importation et une exportation de mots. (Darmester 1877 : 231)

Dans certains cas, ils sont apportés par les étrangers qui débarquent en France, semant partout quelques mots du plaisir de la table. Inversement, d'autres mots sont recueillis sur place – en Angleterre, en Espagne ou dans les pays exotiques – par les littérateurs, les industriels, les négociants et surtout par les journalistes qui leur donnent la forme concrète sous laquelle ils vont pénétrer, par la presse ou les livres, dans le domaine public et se fixer en langue française.

Parallèlement, un certain nombre d'objets composant le service à boisson sont baptisés ou se voient ultérieurement affublés d'un nom propre qui sert de désignateur d'un référent particulier et incarné (Gardiner 1954 ; Jonasson 1994 ; Kleiber 1996 ; Henrot Sostero 2008, 2011). Parmi les sous-catégories de noms propres, figurent :

1) des anthroponymes et des syntagmes à patron anthroponymique fortement associés à l'individu créateur de l'objet, par exemple : *tasse faite à cœur* (du nom de l'inventeur Jacques Cœur), *cafetière Lemare*, *cafetière de Crépaux*, *cafetière Grandin*, etc. ;

2) des sous-catégories toponymiques renvoyant au lieu de fabrication du produit, par exemple : *tasse de la façon d'Avignon*, *de la façon de Montpellier*, *d'argent d'Italie*, *tasse à la polonaise*, *chocolatière du Japon*, etc.

En partant du réseau lexiculturel du mot *tasse*, on examinera, dans les paragraphes qui suivent, comment s'actualisent les phénomènes de l'importation de mots étrangers et de l'adoption de noms propres dans l'histoire du vocabulaire du service à boisson.

4.3.1 Le réseau lexiculturel du mot *tasse*

Le mot *tasse* désigne un vase à boire extrêmement répandu dès le Moyen Âge et dont la forme n'a jamais été bien définie. Quant à son étymologie, Ménage (1750) fait dériver ce mot de l'arabe "tasson", qui signifie un "grand verre", Du Cange (1879), de "tacca", mot de basse latinité qui signifie la même chose. Richelet décrit le mot *tasse* comme :

> (34) Une sorte de vase de bouïs, de terre, de faïance ou de métal [...] Il y a des tasses ovales et sans anses ni piéz, et d'autres qui sont rondes et qui, outre le corps de la tasse, ont deux petites anses façonnées, avec un pié embeli de feuillage et d'autres petits ornements. (Richelet 1680)

De son côté, Furetière définit la *tasse* comme une :

> (35) Couppe, vaisseau qui sert à boire ; il est d'ordinaire plat et de figure cylindrique, surtout quand il est de verre. Tasse couverte, tasse de vermeille doré. Il y en a qui sont antiques et qui sont de figure conique, comme les verres ordinaires. Ménage fait dériver ce mot de l'arabe *tasson*, qui signifie un grand verre; Du Cange, de *tacea*, un mot de basse latinité signifiant la même chose. (Furetière 1690)

De ce qui précède, on peut conclure à peu près que le mot *tasse* – emprunté à l'arabe "ṭāsa", "ṭassa" ou "ṭasson", lui-même emprunté au persan "tašt" (TLFi), – est très probablement parvenu en français par l'intermédiaire du provençal "tassa" et ou de l'italien "tazza" (Sguaitamatti-Bassi 1974 : 153), pour désigner toutes sortes de vases à boire, sans distinction de formes ni de matières.

Plusieurs documents attestent l'usage de ce mot accompagné de syntagmes prépositionnels qui en désignent l'aspect et la forme. C'est le cas des hyponymes *tasse à couvercle*, *tasse à anses*, *tasse à oreilles* et *tasse à biberons*, alors que celles dépourvues de ces ornements prennent la dénomination de *bol*, une sorte de vase hémisphérique en forme de coupe, fait de porcelaine pour boire du lait ou de métal pour préparer le punch. Vers la fin du XVIIIe siècle, au moment où l'anglomanie commence à se répandre en France, le mot *bol à punch* ou tout simplement *bol* – adaptation de l'anglais *punchbowl* – s'introduit dans la langue française en même temps que le punch, les jockeys, les tilburys, etc. Emprunté à l'anglais *punch*, probablement en même temps dans la région des Antilles et sur les côtes d'Afrique occidentale, avec une francisation sous la forme éphémère *ponche*, l'anglicisme *punch* est attesté depuis 1632 et serait, selon le voyageur britannique de la fin du XVIIe siècle John Fryer, emprunté au marathe ou hindi "pānch", qui signifie "cinq", cette boisson étant à l'origine composée de cinq ingrédients. La première mention semble figurer dans l'*Inventaire général du mobilier de la Couronne sous Louis XIV (1663–1715)*, où l'on parle de :

(36) [...] une grande corbeille en or servant de *bol à punch*. (Guiffrey 1885–1886. *Invent. général du mobilier de la Couronne sous Louis XIV (1663–1715)*)

Depuis lors, le mot *bol* prend place un peu partout, dans le vocabulaire des ménages et de la table.

Parmi les autres hyponymes de *tasse*, citons la dénomination à patron anthroponymique *tasse faite à cœur* – ainsi appelée pour rappeler le nom du fabricant Jacques Cœur – et *tasse en marguerites*, ainsi dénommée pour faire allusion à quelque princesse qui porte ce nom ou tout simplement au nom de la fleur :

(37) [...] cinq *tasses* d'argent *faites à cuers*. (Dussieux & Eudoxe 1863 : 190)

(38) [...] douze *tasses en marguerites*. (Bulletin de la société archéologique & historique de la Charente. 1859. *Invent. du château de Cognac au décès de Marguerite de Rohan, comtesse d'Angoulême 1497*)

Dans l'*Inventaire de la vaisselle d'or et d'argent du chancelier Duprat et de Babou de la Bourdaisière, trésorier de France, confisquée par le roi en 1536* et dans l'*Inventaire de tous les meubles du cardinal Mazarin dressé en 1653*, on enregistre aussi les hyponymes *tasse à queue d'héronde*, ainsi dénommée par analogie à la forme d'une queue d'hirondelle, et *tasse longue* :

(39) [...] six *tasses à queue d'héronde*, avec leurs couvercles. (Guiffrey 1872. *Invent. de la vaisselle d'or et d'argent du chancelier Duprat et de Babou de la Bourdaisière, trésorier de France, confisquée par le roi en 1536*)

(40) [...] une *tasse longue*, d'une feuille d'artichaut, d'argent d'Italie, cizelée, soutenue de trois artichauts pesant quatre marcs sept onces cinq gros. (Aumale 1861. *Invent. de tous les meubles du cardinal Mazarin dressé en 1653*)

Ce qui résulte intéressant ce n'est pas la signification élastique de l'hyperonyme *tasse*, mais la description qu'en font les documents anciens qui donnent lieu à de nouvelles dénominations à patron toponymique aussi. Voici quelques descriptions où l'on mentionne des *tasses de la façon d'Avignon*, *de la façon de Montpellier*, *tasse d'argent d'Italie* et *tasse à la polonaise* :

(41) Une XIIème des *tasses*, dont les VIII sont de l'argent et *de la façon d'Avignon*, et les IIII autres de l'argent et de la façon de Paris – Une douzaine de tasses de l'argent et *de la façon de Montpellier*. (Auteur inconnu. 1372. *Compte de l'exécution du testament et inventaire de Jehanne d'Évreux, femme de Charles le Bel*)

(42) Une autre *tasse* à six godrons, *d'argent d'Italie*, vermeil doré, toute unie, pesante un marc trois onces un gros. – Une autre tasse à huict godrons, *argent d'Espagne*, vermeil doré, toute unie, sous laquelle sont six ovales d'argent blanc, pesante un marc six onces deux gros. – Deux grandes *tasses à la pollonnoise*, rondes, cizelées de chasses de relief, dans le fonds desquelles sont deux tableaux d'émail, en chacun desquels est représenté Saint Jean prié par une femme à genoux, chacune des tasses pesant un marc sept onces deux gros. (Aumale 1861. *Invent. de tous les meubles du cardinal Mazarin dressé en 1653*)

Le syntagme *argent de la façon d'Avignon* est employé surtout au XIVe siècle pour indiquer les pièces réalisées en argent au titre de Comtat qui est inférieur, comme aloi, à celui de Paris. Concernant les syntagmes *argent d'Italie* et *argent de Montpellier*, ils désignent respectivement le lieu de provenance des pièces d'orfèvrerie qui sont d'un aloi inférieur à celui de Paris. Quant au syntagme *tasse à la polonaise*, il désigne certainement une forme spéciale de tasses fabriquées en Pologne, mais à la différence des autres syntagmes à patron toponymique, il n'est pas mentionné dans d'autres documents.

Au XVIIIe siècle une révolution se produit dans la confection des tasses. Leurs tailles et leurs formes commencent à se fixer et cessent d'affecter les allures excentriques des époques précédentes. Quant à leur rôle dans le service à boisson, elles deviennent, à partir de 1735, les seules dont on se sert pour boire le thé, le café et le chocolat qui viennent d'entrer dans l'alimentation européenne. À ce propos, on relève une variation lexicale de *tasse* : il s'agit du néologisme *chique*, qui indique un petit morceau de pain, ayant le même radical que l'espagnol "chico" (TLFi). C'est pour cela que ce mot s'applique par analogie à de petits objets très divers, comme une tasse à café de la plus petite dimension, déjà largement en circulation aux XVIIe et XVIIIe siècles :

(43) [...] services à desserts comportant neuf *chiques* godronnées et ciselées. (Guiffrey 1885–1886. *Invent. général du mobilier de la Couronne sous Louis XIV (1663–1715)*)

(44) Je vais te faire apporter du chocolat, j'en ai déjà deux *chiques* et je prendrai une troisième pour toi. (Trévoux 1738–1742)

Le mot *tasse* est également utilisé pour indiquer la contenance approximative d'une cafetière ou d'une théière, par exemple, lorsqu'on dit que des vaisseaux peuvent contenir deux, trois ou quatre tasses, comme dans cet exemple : "8 juin 1756 – M. Belhombre : Une caffetière d'argent, de *six tasses*, 321 livres" (Duvaux 1873 : 284).

Quant aux autres significations acquises au cours des différentes périodes historiques, mentionnons la seconde définition de *tasse* de Furetière qui ajoute :

(45) Se dit aussi d'un vaisseau plat, avec de petits rebords, qui sert aux offertes des enterrements et à quester dans les églises. Les galants mettent des louis d'or dans la tasse des questeuses, et on ne laisse pas de dire qu'on a mis dans la tasse, quoyqu'on queste avec de petites porcelaines ou même avec des bourses. (Furetière 1690)

Le mot *tasse* est donc employé aussi lors des offrandes pour les morts ou lors des quêtes dans les églises, ce dont on a le témoignage, entre autres, dans le *Roman bourgeois* où Furetière décrit une fille quêtant avec une *tasse* :

(46) Une belle fille qui devoit y quêter ce jour-là, y avoit d'un sermon qui eut lieu à l'église des Carmes, y avoit attiré force monde, et tous les polis qui vouloient avoir quelque part en ses bonnes grâces y étoient accourus exprès pour lui donner quelques grosses pièces dans sa *tasse*. [...] De sorte que, comme autrefois, pour soutenir la beauté d'une maîtresse, la preuve cavalière étoit de se présenter la lance à la main en un tournoi contre tous venants, de même la preuve bourgeoise étoit, en ces derniers temps, de faire présenter sa maîtresse, la *tasse* à la main, en une quête contre tous les galants. (Furetière 1854 : 33)

Ce plateau dont parle Furetière reçoit plus tard la dénomination de *tasse-bourse*, un mot composé qui désigne un objet servant à l'église pour les quêtes et qui est encore en usage aujourd'hui (Du Cange 1879).

4.3.2 La naissance des noms de vases liés aux boissons exotiques

Le développement de l'Angleterre du point de vue commercial, industriel, agricole et les contacts européens avec l'Amérique expliquent suffisamment l'invasion de mots exotiques que le vocabulaire français du service à boisson a subie par amour de la nouveauté et contre laquelle il ne s'est pas toujours assez défendu.

Suite à l'envahissement de mots étrangers qui s'implantent dans ce vocabulaire, on assiste aussi à la naissance d'une foule de dénominations employées pour désigner les vases liés aux boissons exotiques importées du Nouveau Monde. Sans être exhaustifs, on dresse une nomenclature aussi compréhensible que possible des noms de vases employés pour les boissons exotiques. Y figurent :

1) des mots formés à partir des noms de boissons exotiques qui, d'un point de vue morphologique, se sont adaptés au système lexical français (i.e. : *cafetière*, *chocolatière* et *théière*) ;

2) des équivalences synonymiques et des expansions lexicales formées à partir de noms propres (par exemple : *cafetière à la Dubelloy*), des syntagmes prépositionnels et adjectivaux dénotatifs de la fonction ou du lieu de provenance du produit (i.e. : *boîte à infusion*, *boîte à thé*, *cafetière portative*, *bouilloire forme anglaise*) ;

3) des mots anciens qui ont disparu et qui ont été remplacés par des anglicismes et d'autres variantes lexicales selon le contexte d'emploi (i.e. : *coquemar* > *bouilloire* > *bouilly*). Analysons de plus près chaque cas.

La première unité lexicale est représentée par le mot *cafetière* qui indique un vase employé pour faire ou servir du café, introduit en Europe aux environs de 1653. L'invention de cet objet et l'usage de sa dénomination sont donc postérieurs à cette date d'autant plus que le café, en tant que boisson, n'est pas entré tout de suite dans les mœurs. Considéré d'abord comme un médicament, le café commence de s'acclimater dans la haute société vers 1680. En 1684, Girin et Rivière publient à Lyon le *Traité nouveau et curieux du café, du thé et du chocolat* (Dufour 1688) qui aide à a vulgarisation de ces trois breuvages. En 1692, les amateurs de café sont très nombreux à Versailles pour que, contrairement à l'avis d'Aquin – le médecin ordinaire de Louis XIV – le roi se laisse persuader d'en boire. Dans le *Journal de la santé du roi Louis XIV*, Vallot, D'Aquin et Fagon racontent que le roi se trouve assez mal de cet acte de complaisance :

> (47) Il eut des nuits très mauvoises, beaucoup plus d'inquiétudes et des vapeurs plus grossières et plus difficiles, qui lui firent connoître que ce remède mettoit trop son sang et ses humeurs en mouvement et le déterminèrent à le quitter comme un remède qui ne lui convenoit pas. (Vallot et al. 1862 : 204)

Quatre ans plus tard, sur les instances de Fagon qui succède à D'Aquin, Louis XIV renouvèle l'expérience ; cette fois-ci, elle réussit mieux : "Cette prise de café apasoit ses aigreurs et, bien loin de lui inquiéter l'estomac et de lui donner des insomnies, paraissoit lui faire du bien" (Vallot et al. 1862 : 204).

En 1696, le *Mercure* publie un "Éloge et utilité du café" (corpus OBVIL) qui ne compte pas moins de trente-six pages, et grâce à cette propagande, en 1705, l'usage du café est déjà assez général pour que le Grand Roi puisse réaliser une économie en le supprimant à ses invités. On voit par ces quelques dates que si le long et lumineux mémoire *Histoire du café* (1717), publié à l'Académie Royale des Sciences par M. de Jussieu, a beaucoup aidé à la vulgarisation de ce qui devait bientôt s'appeler la *demi-tasse* (un mot composé désignant une tasse plus petite qu'une tasse ordinaire et dans laquelle se sert ordinairement le café à l'eau), on a eu tort cependant de faire à ce travail l'honneur d'un usage qui existait déjà depuis nombreuses années. Dans les *Entretiens ou amusements sérieux et comiques* de Du Fresny, on relève l'anecdote suivante :

> (48) Le chocolat, le thé et le caffé sont extrêmement à la mode ; mais le caffé est préféré aux deux autres comme un remède qu'on dit être souverain contre la tristesse ; aussi, dernièrement, une dame appenant que son mari avoit été tué dans une bataille : – Ah ! malheureuse que suis ! dit-elle ; vite qu'on m'apporte du caffè ! – et elle fut aussitôt consolée. (Du Fresny 1869 : 61)

Or, toute tasse de café absorbée indique la présence d'une *cafetière*. La première description de ce mot, qu'on rencontre dans *Le livre commode des adresses de Paris pour 1692* de Du Pradel (de Blégny 1878), définit un objet assez compliqué. Il s'agit de *cafetières* appelées *portatives* parce que maniables et commodes à déplacer :

(49) Des *cafetières portatives*, qui n'occupent à peine qu'une seule poche, et qui ne laissent pas de contenir tout ce qu'il faut de café et de sucre, pour faire trois prises de cette boisson. (de Blégny 1878 : 17)

Au XVIIIe siècle, apparaissent de nouvelles dénominations pour désigner des cafetières employées à servir. C'est le cas des *cafetières Diligences*, ainsi appelées à cause de la rapidité de production du café qui se faisait par infusion. Si Louis XIV les bannit pour des questions économiques, elles ne tardent pas à réapparaître avec Louis XV qui a l'habitude de boire du café avant le souper et après avoir mangé. Depuis lors, de nombreux progrès dans l'art de préparer le café et d'utiliser des cafetières ont lieu, ce qui provoque la naissance de nouvelles dénominations, telles que *cafetière à la Dubelloy*, *cafetière Morize*, *cafetière Lemare*, *cafetière Capy*, *cafetière à pression de Grandin* et *cafetière de Crépaux*, auxquelles les inventeurs ont donné leurs noms, ainsi que les syntagmes *cafetière à filtre*, *cafetière russe*, *cafetière à vapeur*, *cafetière à sifflet*, *cafetière à ballons superposés* et *cafetière à double circulation*, qui marquent une véritable révolution technique dans la préparation du café.

Comme pour le mot *cafetière*, l'apparition du mot *chocolatière* coïncide, en France, avec l'importation du chocolat et son introduction dans l'alimentation occidentale. Ce mot désigne une sorte de vase, généralement en forme de cône tronqué, qui a une anse et un couvercle percé au centre pour permettre le passage d'un bâton nommé *moussoir*, avec lequel on fait mousser le liquide en ébullition.

En 1686 apparaissent à la cour les premières mentions du mot *chocolatière*. Il s'agit des chocolatières offertes à Louis XIV par les ambassadeurs siamois. Elles figurent dans la nomenclature de leurs cadeaux sous la désignation *chocolatière du Japon* : "Une petite *chocolatière* d'or, *du Japon* – […] Quatre *chocolatières* d'argent, ouvrage *du Japon*" (Montpensier 1858–1859 : 414). D'autres occurrences de *chocolatière* apparaissent aussi dans le *Mercure* de juillet 1689 à propos d'une loterie que le duc d'Orléans organise à Saint-Cloud et dans les inventaires, avant que la situation financière ne devienne compliquée et que Louis XIV ne cesse de fournir le chocolat à la Cour :

(50) […] une *chocolatière* en or, avec sa lampe, pesant 4 marcs 2 onces et 3 gr. (Guiffrey 1885–1886. *Invent. général du mobilier de la Couronne sous Louis XIV (1663–1715)*)

(51) […] une *chocolatière* d'argent, une de porcelaine, sept bastons de chocolat et une boëte à thé. (*Mercure*, juillet 1689, corpus OBVIL)

(52) […] une *chaucolattière*, une théière, un rechau…, etc. (Begon 1898. *Invent. de l'abbé d'Effiat, abbé commandataire de Saint-Sernin de Toulouse, 18 octobre 1698*)

Concernant la naissance du mot *théière*, elle est liée à la diffusion du thé en Europe. Ce breuvage, importé en Europe de façon régulière à partir du XVIIe siècle, a été d'abord considéré comme un médicament et la seule attestation de l'objet qui le contient, dont nous avons trace à cette époque, se trouve dans l'*Inventaire général du mobilier de la Couronne sous Louis XIV (1663–1715)*, où il est dénommé *marmite au thé* :

(53) […] la petite *marmite* tant *au thé* qu'aux bouillons altératifs. (Guiffrey 1885–1886. *Invent. général du mobilier de la Couronne sous Louis XIV (1663–1715)*)

Il s'agit d'une pièce qui fait partie du matériel de l'apothicaire du roi qui emploie le thé pour faciliter la digestion, prévenir les vapeurs et les vertiges du roi (Vallot et al. 1862).

Vingt-sept ans plus tard paraît à Lyon, chez Girin et Rivière, le *Traité nouveau et curieux du café, du thé et du chocolat* (Dufour 1688) qui, signalé par le *Mercure* d'octobre 1684, aide à répandre chez le public l'usage de ces divers breuvages. Mais c'est surtout à la venue en France de l'ambassade siamoise qu'il faut attribuer la vulgarisation et l'emploi de plus en plus fréquent du thé comme boisson. Pour faire honneur à son hôte d'Extrême-Orient, le roi se sert de ces coûteux objets. D'où la naissance d'un lexique désignant la préparation et le service de cette boisson. L'une des premières dénominations est celle de *service à thé*, ou simplement *thé*, qui désigne un ensemble de pièces nécessaires pour offrir cette boisson et se compose de dix ou douze tasses, de soucoupes, de théières, d'un sucrier, d'un pot au lait et d'un plateau.

Très en usage depuis la fin du XVIIe siècle sont la variante *boëte de thé* et ses synonymes *boîte à infusion de thé* et *boîte à thé* qui désignent une boîte carrée, terminée dans sa partie supérieure par un goulot étroit et fermé hermétiquement, dans laquelle on serre le thé pour le mettre à l'abri de l'air, de l'humidité et l'empêcher de perdre son arôme (TLFi). Dans le *Mercure* de juillet 1689, on en parle à propos de la loterie organisée en juin 1689 à Saint-Cloud, par le duc d'Orléans, à l'occasion de laquelle Mme de Macé gagne une *boëte de thé* : "[…] une chocolatière d'argent, une porcelaine, sept bastons de chocolat et une *boëte de thé*" (*Mercure*, juillet 1689, corpus OBVIL). En 1766, dans l'*Inventaire des biens de Mme de Pompadour, rédigé après son décès (1766)*, apparaissent aussi les variantes *boîte à infusion* et *boîte à thé* :

(54) […] une petite *boîte*, percée de trous, *à infusion de thé*, en vermeil, d'un pouce et demi de haut […] une petite *boîte à thé* de 4 pouces de haut. (Cordey 1939. *Invent. des biens de Mme de Pompadour, rédigé après son décès (1766)*)

Quant à la dénomination *théière*, elle semble être de formation relativement récente. C'est seulement en 1698 qu'on relève une occurrence dans l'*Inventaire de l'abbé d'Effiat* :

(55) […] une chaudière, une *théière*, un réchaud. (Begon 1898. *Invent. de l'abbé d'Effiat, abbé commandataire de Saint-Sernin de Toulouse, 18 octobre 1698*)

Au début du XVIIIe siècle, cette dénomination s'introduit définitivement aussi bien dans le monde de la Cour que de la ville et des simples bourgeois. Voici quelques exemples enregistrés dans l'*Inventaire après décès d'Elisabeth Delafosse, veuve de Jean Forest, peintre du roi (1731)* et dans le *Livre journal* de Lazare Duvaux :

(56) […] un cabaret de la Chine, garni de trois tasses et trois soucoupes, deux jattes et une *theyaire*. (de la Fosse 1717. *Invent. après décès d'Elisabeth Delafosse, veuve de Jean Forest, peintre du roi (1731)*)

(57) […] un cabaret à six tasses et soucoupes, boëtes à sucre et *théière*, céladon à figures, avec le plateau de rebord… – […] une *théière* de porcelaine de Vincennes, peinte d'oiseaux et paysages. – […] une *théière* de Vincennes en bleu et or – […] une cassette de lacq aventurine et or, garnie de ferrures ciselées et dorées, contenant une caffetière, une lape et deux cuilleurs d'or, deux tasses et soucoupes, pots

à sucre et *théière* de Vincennes, bleu, céleste à figures, trépied d'acier et compartimens en velours. (Duvaux 1873 : 14, 118, 164, 202)

Dans le vocabulaire du service à boisson, l'histoire du mot *coquemar*, demeuré d'un usage courant jusqu'au milieu du XVIIIe siècle, apparaît très intéressante. Il s'agit d'un vase de terre ou de métal muni d'une anse et parfois d'un couvercle, d'un bec et de trois pieds qui sert à faire bouillir de l'eau nécessaire au breuvage des boissons chaudes. C'est au XIVe siècle que le mot *coquemar* apparaît parmi les pièces du mobilier de différents inventaires, jouant le rôle rempli par le mot *bouilloire* qui plus tard va lui succéder :

(58) [...] ung petit *coquemart* d'argent blanc, véré [qui porte] sur son couvescle ung esmail ront esmaillé de France. (Labarte 1879. *Invent. du mobilier de Charles V, roi de France (1338–1380)*)

(59) [...] deux *coquemars* d'argent blanc. (Douët d'Arcq 1864. *Invent. de l'hôtel Saint-Pol, du Louvre et du Petit Séjour, 1420 et 1421*)

La preuve que la forme du coquemar est à peu près fixe et même en quelque sorte typique, est qu'aux XVIe et XVIIe siècles on donne son nom à des vases qui rappellent son aspect. C'est ainsi que dans l'*Inventaire des tentures et des meubles transportés de Pau à Nérac en 1578* figure "un *coquemart* de cristal, garny d'argent doré, dans son estuy" (Laprade 1962) qui ne servait certainement pas à faire bouillir de l'eau, étant de cristal. On enregistre également le syntagme *vase en forme de coquemar*, dont la dénomination montre que la fonction est purement décorative :

(60) [...] un *vaze* à anse, de cristal de roche, *en forme de coquemart*, taillé à 12 pans ; un *vaze* d'agathe onix, *en forme de coquemart* ; un *vaze en forme de coquemart*, à douze godrons. (Guiffrey 1885–1886. *Invent. général du mobilier de la Couronne sous Louis XIV (1663–1715)*)

Parmi les synonymes de *coquemar*, on relève le mot *échauffoir* (*éschauffaire* ou *eschauffoir* selon la graphie ancienne) qui désigne un objet servant à chauffer l'eau. Cette dénomination semble être très ancienne ; elle remonte au XVe siècle et apparaît dans l'*Inventaire du château des Baux en 1426* (Bapst 1883) pour demeurer en usage jusqu'au XVIe siècle, ce qui est attesté par deux occurrences relevées dans l'*Inventaire des vaisselles, joyaux, tapisseries, peintures, livres et manuscrits de Marguerite d'Autriche, régente et gouvernante des Pays Bas (1523)* (Michelant 1870) :

(61) [...] I *eschauffaire* de cuivre à cubersel. [...] ung *eschauffoir* d'argent à eaue, pesant VII marcs I once [...] ung *eschauffoir* d'argent tout blanc, à deux ancettes. (Michelant 1870. *Invent. des vaisselles, joyaux, tapisseries, peintures, livres et manuscrits de Marguerite d'Autriche, régente et gouvernante des Pays Bas (1523)*)

À partir de cette époque, le coquemar en terre fait son apparition dans les cuisines et les coquemars en métal disparaissent de la circulation. Lorsqu'on commence à installer les fourneaux aux larges foyers dans les cuisines, la forme de ces récipients se modifie naturellement : ils deviennent plus trapus pour présenter une plus large surface de chauffe à la chaleur qui venait de dessous. C'est dans cette phase de transformation que le mot *bouilloire* prend alors la place du mot *coquemar* et celui-ci ne demeurera plus en usage.

Le mot *bouilloire* – un vase à couvercle, à large panse, à col plus étroit, avec une anse qu'on utilise pour faire bouillir l'eau – semble être très récent, sinon comme invention, du moins comme dénomination. L'une des premières occurrences de *bouilloire* apparaît sous la forme *boulouer* au XVe siècle :

(62) [...] aiguière d'argent toute desdorée, appellée *boulouer*, à trois fleurs de lys frappées sur le couvescle. (Douët d'Arcq 1864. *Invent. de l'hôtel Saint-Pol, du Louvre et du Petit Séjour, 1420 et 1421*)

Dans cet exemple, plusieurs éléments, tels que la définition "aiguière d'argent toute desdorée", le marqueur "appelé" et l'absence de col montrent bien qu'à cette époque, la signification de *bouilloire* diffère totalement de la bouilloire des siècles suivants ; elle semble plutôt se rapprocher de ses co-hyponymes *coquemar* et *hôpital* qui n'ont pas de traits distinctifs communs avec la dénomination *bouilloire* apparaissant, d'ailleurs, dans la liste des cadeaux offerts à Louis XIV en 1686, sous la dénomination *bouilly* :

(63) Un *bouilly* d'argent, qui sert à chauffer l'eau pour le Thé et à cuire le Jancam, deux autres extraordinaires pleins de Thé et dont se sert le Roy de la

Chine, et un autre plus petit et encore plus extraordinaire. (*Mercure*, juillet 1686, corpus OBVIL)

Cette définition prouve qu'au XVIIe siècle le mot *bouilly* désigne un objet nouveau. Entre autres, ce néologisme coïncide avec l'apparition du thé en Europe qui se répand tout particulièrement en Angleterre, où la *bouilloire* devient l'objet par excellence pour goûter un bon thé. D'où la naissance des dénominations *bouille anglaise* ou *bouilloire forme anglaise* : "Une *bouilloire* des Indes, *forme anglaise*, 9 livres [...] une *bouilloire forme anglaise*, 12 livres" (Duvaux 1873 : 56, 82).

Un outil si utile ne peut pas manquer de subir de nouvelles extensions au niveau dénominatif : c'est le cas de *bouilloire de garde-robe*, désignant une bouilloire installée dans la garde-robe de Mme de Pompadour, et de *bouillotte*, une variante signalée par le Littré (1863), contemporaine du mot *bouilloire* et qui a la même signification : "[...] douze *bouilloires de garde-robe*" (Duvaux 1873 : 359) ; "Un réchaud à l'esprit de vin avec sa *bouillotte* d'un très joli modèle le tout en vermeil" (Cordey 1939. *Inventaire des biens de Mme de Pompadour, rédigé après son décès (1766)*). Il faudra attendre le XIXe siècle pour que le mot *bouillotte* change de connotation et commence à être employé pour dénommer aussi des récipients bien clos, en forme de tabourets qui servent à chauffer les pieds dans les lits, les chambres et les voitures.

Parmi les co-hyponymes de *bouillotte*, on relève la forme métaphorique *hôpital* et l'anglicisme *warm-pan*. L'*hôpital* est une espèce de bouillotte en cuivre où l'on met à bouillir l'eau. Parfois le mot *hôpital* est utilisé comme synonyme de *bouillotte*, même s'il désigne un récipient de forme arrondie, avec une capacité nettement plus grande, à anse mobile et muni d'un goulot. Le nom dérive de la variété des tisanes qu'on chauffait dans les hôpitaux pour les malades et qui ne permettait pas d'avoir un seul coquemar pour tout le monde.

Quant à la variante *warm-pan*, il s'agit d'une dénomination d'origine anglaise déjà en circulation au XVIIIe siècle pour désigner une espèce de bassinoire ou de bouillotte à eau chaude, hermétiquement fermée, que l'on trouve, selon Duvaux, au Magasin anglais de Monsieur Granchez à la descente du Pont-Neuf (Duvaux 1873 : 56).

4.4 Cartographie historico-lexicale des noms de plats

Richelet définit le mot *plat* comme une "sorte de vaisselle, qui est creusée, qui a des rebords et qui est faite de métal, de faïance ou de terre, dans quoi on sert le potage et la viande sur la table" (Richelet 1680). Cette définition semble être incomplète puisque dès les époques les plus anciennes, le plat est destiné à contenir d'autres aliments, tels que le poisson, la volaille, les fruits et les légumes. Dans l'*Inventaire de l'orfèvrerie et des joyaux de Louis Ier, duc d'Anjou (1364–1365)*, on trouve des "*plas* d'or *pour la fruicterie*" (Moranvillé 1903), dans celui de la reine *Clémence de Hongrie, veuve de Louis le Hutin (1328)*, on mentionne des : "*plaz à fruict* d'argent nués [...] *plats à rôts* [...] *plats d'entrées* [...] *plats à soupe à pan coupé* [...] *plats à bouilly* [...] *plats d'entrées*" (Douët D'Arcq 1874). Suivant la destination de chaque plat, sa forme lexicale varie à l'infini.

Très intéressante est l'expansion lexicale *plat artificiel* (ou *plat à illusion*), une dénomination qui remonte au moins au début du XVIIe siècle. Dans la *Nouvelle collection des mémoires à l'histoire de France depuis le XIIIe siècle jusqu'à la fin du XVIIIe*, de l'Estoile parle d'un certain Jacques Fonteny le Boiteux qui lui fait cadeau d'un "*plat artificiel* de sa façon de poires cuites au four, qui est bien la chose la mieux faite et la plus approchante du naturel qui se puisse voir" (de l'Estoile 1837 : 414). Ce plat est ainsi appelé parce que la partie centrale est occupée par des représentations de fruits, de poissons ou de légumes, émaillées, exécutées en trompe-l'œil, de façon à provoquer d'amusantes réactions chez ceux qui les voient pour la première fois.

Très récurrent dans les inventaires est aussi l'hyponyme *plat à aumône*, un plat destiné à recevoir les restes d'un repas qu'on distribue ensuite aux pauvres :

(64) [...] un *plat à aumosne* sur un pié à deux ances, dont l'une estoit ostée, tout d'argent doré. (Labarte 1879. *Invent. du mobilier de Charles V, roi de France (1338–1380)*)

(65) [...] premièrement, un *plat à aumosne*, d'argent doré, qui fu à feu messire Pierre de Craon, armoié à ses armes, pesant quatre marcs. (Douët d'Arcq 1864. *Invent. des joyaux de la Couronne de 1418*)

Il ne faut donc pas s'étonner que, par suite d'une extension de sens dont on a déjà quelques exemples, on ait donné à ce mot des significations multiples. Tout d'abord, par métonymie, passant du contenant au contenu, le mot *plat* sert à désigner les mets disposés sur le plat. En parlant du dîner que le président de Marniesse offre à ses invités à Toulouse, Chapelle et Bachaumont écrivent dans leurs *Œuvres* : "[...] toi, qui présides aux repas / O muse ! Sois-nous favorable ; / Décris avec nous tous les *plats* / Qui parurent sur cette table" (Chapelle Luillier & Le Coigneux de Bachaumont 1854 : 72). Ensuite, on fait dériver de cette acception de nouvelles expressions très courantes qui s'éloignent progressivement du sens originel du mot. La première expression est *répandre un plat* pour dire qu'on renverse la viande ou la sauce que contient ce plat : "Estant à table, un maistre d'hostel lui *respandit un plat* su un saye de velours qu'il portoit" (Des Périers 1961 : 187).

La deuxième expression est *pêcher au plat* ou *mettre la main au plat*, pour dire qu'on se sert, avec la main, de ce que contient un plat. Dans *Paris à travers les siècles* de Gourdon de Genouillac, on lit :

(66) Sa femme coiffée sans cheveux, son chapperon de veloux, une robbe de mi-eustade...avec de grands poignez fourréz qui empeschoient qu'elle ne pouvoit *mettre la main au plat*. (Gourdon de Genouillac 1879 : 48)

De son côté, Montaiglon écrit dans les *Contenances de la table* : "Enfant, se tu es bien savant, / *Ne metz pas la main* le premier / *Au plat*, maisse laisse y toucher / Le maistre de l'ostel avant" (de Montaiglon 1855–1878 : 201). Le *Galathée, ou l'art de plaire dans la conversation*, ouvrage traduit de l'italien en français en 1668, porte cette recommandation très utile :

(67) Quant on va se mettre à table, il faut se laver les mains en présence des autres, quand mesme on n'en auroit pas besoin ; afin que ceux avec qui *on met la main dans le plat* ne puissent douter si elles sont nettes. (Duhamel 1670 : 179)

La troisième expression est *apporter son plat*, ainsi définie par Furetière : "chacun *apporte son plat*, lorsqu'on contribue au frais d'un repas, ou qu'on met plusieurs soupers ensemble quand on veut manger de compagnie" (Furetière 1690). Cette expression et la coutume qu'elle désigne, n'ont plus cours à cette époque, mais les deux sont employées dans la société. Dans son *Journal*, Dangeau écrit :

(68) Madame la duchesse de Bourgogne ne laissa pas de souper dans son cabinet avec plusieurs dames qu'elle avoit menées, qui *portèrent chacune leur plat*. (de Courcillon de Dangeau 1854–1860: 13)

Une autre acception du mot *plat* renvoie à la quantité convenable de viande et de légumes pour faire un bon repas. Voici un exemple tiré des *Mémoires de la société historiques et littéraires de Tournai* de la Société historique et archéologique de Tournai :

(69) Et le meisme jour, fut envoié ung plat de viande, de aulcunes noepces qui se faisoient en Tournai, à sire Jehan de Quarmont, alors grand doïen, lequel dist à ses suppos doïens, que ils venissent aider à despender ledit *plat* au disner en sa maison...Et des meismes noepces fut envoié aultre plat à sire Jacque Du Mortier, alors prévost de la ville, lequel pria pluiseurs bourgois de la loi et aultres au disner. (Société historique et archéologique de Tournai 1877 : 330)

Dans ce même sens et, par extension, *plat* signifie aussi "ce que certains officiers du Roy et de la Maison Royale reçoivent pour leur nourriture, lorsqu'il n'y a pas de table réglée pour eux" (Académie 1694). À ce propos, Furetière ajoute que : "[...] le contrôleur général a son *plat*, c'est-à-dire de quoy faire un fort grand repas ; il prend son *plat* en argent" (Furetière 1690).

De même, le mot *plat* désigne les services complets. C'est ainsi qu'il faut entendre le passage suivant de la *Nouvelle collection des mémoires pour servir à l'histoire de France depuis le XIII*e *siècle jusqu'à la fin du XVIII*e de l'Estoile : "On dansoit à Paris, les festins et banquets s'y faisoient à quarante-cinq escus le *plat*" (de l'Estoile 1837 : 270), et cet autre, aussi tiré du *Journal inédit du règne de Henry IV* du même auteur :

(70) Au commencement de ce mois et an, M. de Rosni retrancha deux plats du service ordinaire de la table du Roy, et, en ce faisant, leui espargnoit, ainsi qu'on disoit, trente-six milles escus tous les ans. (de l'Estoile 1862 : 121)

Parfois, ces plats prennent l'aspect de vraies machines qui, dressées sur les tables, contiennent une quantité singulière de mets variés. Cette dernière signification semble dériver de l'habitude d'entasser sur un même plat plusieurs pièces rôties ou bouillies. Ces entassements avaient déjà provoqué, au XVIe siècle, la censure des économistes. Dans les *Archives curieuses de l'histoire de France depuis Louis XI jusqu'à Louis XVIII*, Danjou écrit :

(71) Et est certain que, si ceux qui tiennent les grandes tables et font ordinairement festins et banquets, modéroient et retranchoient la superfluité, et qu'au lieu de quatre plats ils se contentassent de deux, ou au lieu de vingt mets de dix, et que pour quatre ou six chappons, ils n'en missent que la moitié, ce seroit un gain de cent pour cent et doublement des vivres au grand profit du public. (Danjou 1835 : 439)

Ces remontrances n'empêchent pas, aux XVIIe et XVIIIe siècles, de se livrer à un débordement invraisemblable de plats dans les repas officiels. Néanmoins, à partir de 1670, dans les dîners intimes, on renonce à cet entassement de plats et une vraie révolution commence dans la façon de concevoir les plats et de les servir à table :

(72) [...] comme les modes ne peuvent changer de mesme pour le manger, et que chaque chose croist en sa saison, on change souvent l'ordre de servir ; et c'est pourquoy au lieu de mettre toutes les viandes sur un grand *plat*, accompagné de deux assiettes, on sert présentement trois assiettes et deux petits plats. (*Mercure*, 1673, corpus OBVIL)

4.4.1 Les extensions de sens du mot *plat* dans le domaine de la toilette

Les inventaires consultés mettent en relief un certain nombre d'occurrences du mot *plat*, spécialement employé dans le domaine de la toilette, soit qu'on l'utilise pour mettre des odeurs et pour se laver, soit qu'on s'en sert pour présenter les gants, les brosses ou les peignes des grands personnages. Voici quelques exemples :

(73) Ung *plat* de terre, où il y a six petiz barilz de eaue rose, esmailléz par les fons des douze moys de l'an : pesans les six barilz environs six marcs et demy. (Labarte 1879. *Invent. du mobilier de Charles V, roi de France (1338–1380)*)

(74) Ung *plat* de cristal garni d'or, aiant sur le pied huict trousses de perles à trois et VII rubis, armoyé au fons d'un aigle couronné, pesant V marcs IIII onces V esterlins. (Auteur inconnu 1501–1600. *Invent. des joyaux, tapisseries, livres et vaisselle de Charles-Quint à Bruxelles (1536)*)

Très fréquente est l'extension *plat à barbe*, également appelé *plat à laver*. On donne ce nom à des bassins profonds, dont un bord est échancré et que le barbier place sous le menton des personnes qu'il rase. En effet, il s'agit d'une dénomination impropre, le *plat à barbe* étant creux, alors qu'un plat doit être plat. Si le *plat à barbe* est très ancien, en revanche, sa dénomination est moderne. Ni Richelet ni Furetière ne l'évoquent dans leurs dictionnaires. Ce n'est qu'à la fin du XVIIIe siècle qu'on rencontre cette dénomination dans les inventaires, les syntagmes *bacin à barbier* ou *bassin à barbier* étant jusqu'alors utilisés :

(75) [...] un *bacin à barbier* d'argent blanc, à boillons sur le bort. (Moranvillé 1903. *Invent. de l'orfèvrerie et des joyaux de Louis Ier, duc d'Anjou (1364–1365)*)

(76) [...] ung *bassin à barbier*, ayant unes armes au fond. (Bonaffé. 1878. *Invent. de la duchesse de Valentinois, Charlotte d'Albret 1514*)

En dépit de ces exemples, le mot *plat à barbe* finit par prévaloir, mais c'est seulement en 1755 qu'on rencontre ce mot dans les documents suivants :

(77) [...] un *plat à barbe* contourné d'une forme agréable et de manière qu'il peut aussi servir de plat de dessert. (Aubert 1775. *Journal général de France*, 2 août 1775, corpus Gallica)

(78) [...] un nécessaire d'argent, consistant en une aiguière d'argent à manche de bois, un grand *plat à barbe*. – Un *plat à barbe*, avec six grandes brosses et trois petites. – Cinq *plats à barbe*, fond blanc, lisérés en or, peints en fleurs. (A.A.V.V. 1781 : 71)

Quant à l'usage du synonyme *plat à laver*, il s'agit d'une locution très ancienne apparaissant déjà au XIVe siècle :

(79) [...] II *plats* d'argent blanc *à laver*, et dedans un esmail des armes de madicte Dame. (Auteur inconnu. 1372. *Compte de l'exécution du testament et inventaire de Jehanne d'Évreux, femme de Charles le Bel*)

(80) [...] deux *plas d*'argent *à laver*, pesant VII mars. (Tarbé 1842. *Invent. après décès de Richard Picque, archevêque de Reims (1389)*)

(81) [...] ung *plat* de marbre blanch, faict *en façon de bassin à laver*. (Le Roux de Lincy 1850. *Détail sur la vie privée d'Anne de Bretagne, femme de Charles VIII et de Louis XII, suivis des inventaires des meubles ayant appartenu à cette princesse*)

4.4.2 Les dérivés nominaux *plateau* et *platelet*

Outre les extensions de sens que le mot *plat* a subies dans les domaines de la table et de la toilette, l'exploration de ce champ lexical montre également la présence de deux dérivés morphologiques – *plateau* et *platelet* – qui ont comporté eux aussi des nuances sémantiques très différentes au fil de leur histoire.

La première acception du mot *plateau* est celle de fond des balances en bois et des plats de bois, également ronds, dont on se sert pour présenter les pièces de viandes sur la table et pour porter le pain au four. C'est dans ce sens qu'il faut interpréter l'une des premières occurrences de ce mot apparaissant sous les graphies *platiaus* et *platiaulx* dans les *Règlements sur les arts et métiers de Paris* de Boileau (1879) et dans la "Ballade des nouveaulx mariéz et de leurs mesnage" des *Poésies morales et historiques*, publiées pour la première fois en 1832 par Deschamps, écuyer des rois Charles V et Charles VI :

(82) Touz cil qui vendent henas de madré ou de fust, ou escueles, ou *platiaus*, hors de leurs hotieux, au jour de samedi, doivent denier de tonlieu. / [...] encore faut-il avoir / plas d'estain et *platiaus* / escuelles et sausserons. (Boileau 1879 : 329)

(83) Il vous fault pour vostre mesnage / Entre vous mesnagers nouveaulx / Escuelles, poz, paelles, *platiaulx*. (Deschamps 1832 : 139)

On donne le nom de *plateau* aussi aux ronds en bois placés sous les chandelles pour recueillir le suif : "[...] Vingt pièces de bois empliées autour du chœur pour sur icelles asseoir *platteaux* et crochés pour mettre chandelles de cire le jour dudit service" (La Barre 1729 : 311). En 1694, la première édition du *Dictionnaire de l'Académie* attribue à ce mot une signification nouvelle :

(84) On appelle aussi du mesme nom de *plateau* certains petits plats de la Chine, de bois vernissé, sur lesquels on sert ordinairement le thé, le café, le chocolat. (Académie 1694)

C'est de cette typologie de *plateau* dont il est question dans plusieurs textes de l'époque. Voici quelques exemples :

(85) [...] un *plateau* de la Chine, couleur de feu ; – un *plateau* de la Chine fond noir. (Auteur et date inconnus. *Invent. après décès de Marie-Louise Desmares, épouse de Jean-Baptiste Savigny – 30 août 1751*)

(86) [...] une écritoire sur un *plateau* noir et cornets de porcelaine blanche. (Duvaux 1873 : 40)

(87) [...] encrier et poudrier en argent, sur un *plateau* de nouveau plaque. (Cordey 1939. *Invent. des biens de Mme de Pompadour, rédigé après son décès (1766)*)

(88) [...] *plateau* en laque à quatre pieds, portant une écritoire, un sablier, un paire de ciseaux, un canif, etc. (A.A.V.V. 1781 : 53)

De ces plateaux de bois laqué, le mot passe à désigner aussi ceux de métal et de céramique, qu'on appelait précédemment *soucoupes*. Très à la mode au XVIIIe siècle, le mot *plateau* subit des expansions lexicales qui renvoient aussi bien à la fonction qu'à la typologie d'aliments à servir. C'est le cas de *plateau de cabaret*, *plateau de dessert*, *plateau à dessert* et *plateau à fromage* :

(89) [...] pièce extraordinaire en écaille, piquée et incrustée en or, formant un *plateau de cabaret*, avec boëtes à quadrilles complettes, fiches et jettons piqués en or. [...] des *plateaux à dessert* avec figures et grouppes de biscuit. [...] *plateaux de dessert* en trois parties, avec figures de porcelaine de Saxe. (Dussieux & Eudoxe 1863 : 204–215–221)

(90) [...] un *plateau à fromage* de 72 livres. (Duvaux 1873 : 163)

Quant au diminutif *platelet* qu'on rencontre sous plusieurs orthographes – *platelet*, *platellet*, *platellé* et *platela* –, il a généralement la signification de petit plat. Il apparaît souvent isolé, mais parfois il se combine avec d'autres dénominations. Dans certains cas, il désigne le complément du *chandelier* :

(91) [...] ung chandelier d'argent sur un pié de boys, où sont six petites broches en six *plateletz*, pour mectre six chandelles, et y pendent deux escussons. (Labarte 1879. *Invent. du mobilier de Charles V, roi de France (1338–1380)*)

Cependant, le plus ordinairement, le mot *platelet* désigne une soucoupe qu'on place sur la table et dans laquelle on sert le fruit. Voici quelques mentions de ces plats de taille réduite, empruntées à des comptes et inventaires des XIVe et XVe siècles :

(92) [...] douze *platelléz* d'argent, à fruit, et en chascun des *platelléz*, à ung escusson de troys fleurs de lys ; pesans douze marcs. (Labarte 1879. *Invent. du mobilier de Charles V, roi de France (1338–1380)*)

(93) [...] douzaines de *platelés* d'estain, pesant VI XIII mars, achetéz de lui, pour l'office de fruicterie, à servir de fruit, parmi la sale...(Douët d'Arcq 1865. *Compte de l'hôtel de Charles VI de 1381*)

(94) [...] XXIIIJ *platellés* à fruit, d'argent blanc et doréz, à lui appartenans de son droit, à cause de sondit office de chambellan. (Douët D'Arcq 1874. *XVIIe Compte de Guillaume Brunel, argentier du roi 1387*)

Le mot *platelet* continue d'être d'un usage très courant également pendant tout le XVe siècle. On relève des occurrences dans les documents suivants :

(95) [...] quatre *plateléz* d'argent signéz à un ront, tailléz à trois fleurs de liz, pesant par ledit précédent inventoire IIII mars. Et aussi du nombre de douze autres *platelez* d'argent véréz. (Douët d'Arcq 1864. *Invent. de l'hôtel Saint-Pol, du Louvre et du Petit Séjour, 1420 et 1421*)

(96) [...] Jehan de Montrousti, pour IX XII *plateletz* et un grand plat, pesans IX mars ; pour servir de fruit en salle, achetées de lui [...]. (Douët d'Arcq 1865. *Compte de l'hôtel de la reine Isabeau de Bavière* 1401)

Au XVIe siècle, le mot *platelet* ne désigne plus une pièce de service de table, mais en tant que méronyme, il indique la partie d'un tout, comme dans cet exemple où l'on trouve une salière d'or consistant en un *platelet de cassedoine* :

(97) […] une salière avec ung personnaige tenant sur son dog ung *plattelet* de cassedoine. (Auteur inconnu 1501–1600. *Invent. des joyaux, tapisseries, livres et vaisselle de Charles-Quint à Bruxelles (1536)*)

4.4.3 L'apparition tardive du mot *soupière*

Une autre dénomination qui est apparue tardivement dans le réseau lexical des plats est *soupière*, un mot qui désigne un vase large et profond dans lequel on sert la soupe. Généralement munie d'anses et d'un couvercle, il semble que la soupière ait été un outil de ménage très ancien, presque contemporain de la soupe à laquelle il offre un contenant. Cependant, le mot "soupe" n'a pas eu, jusqu'à la fin du XVIIe siècle, la signification qu'on lui donne aujourd'hui. En principe, la soupe désigne ce qu'on appelle une "trempette", vieille dénomination d'un morceau de pain, de biscuit trempé dans un liquide, et "faire une soupe" est l'équivalent de tremper dans un verre ou une tasse de vin un morceau de pain ou de biscuit. En parlant de Jeanne d'Arc dans les *Chroniques de la pucelle*, Cousinot de Montreuil dit :

(98) On luy avoit faict appareiller à souper bien et honorablement, mais elle fist seulement mettre du vin dans une tasse d'argent, où elle mist la moitié d'eau et cinq ou six *soupes* dedans qu'elle mangea. (Cousinot de Montreuil 1859 : 285)

Il n'est donc pas surprenant de ne trouver aucune trace du mot *soupière* avant le XVIIIe siècle. Le *Compte de l'exécution du testament et inventaire de Jehanne d'Évreux* de 1372 mentionne des *chauderons à mettre potage*, mais à l'époque le mot *potage* s'applique à tous les ragoûts à sauce, en sorte qu'il serait téméraire de ranger les deux *chauderons* cités par ce document dans la catégorie des *soupières* :

(99) […] *chauderons* d'argent blanc *à mettre potaige*. (Auteur inconnu. 1372. *Compte de l'exécution du testament et inventaire de Jehanne d'Évreux, femme de Charles le Bel*)

Dans l'*Inventaire après décès de Claude Gouffier 1571*, il est question de la variante *souppier*, désignant un vase creux dans lequel on sert la soupe :

(100) [...] premièrement, trois escudelliers, trois riettes, cinq paltz, ung *souppier*, trois escuelles destaing, une cymaise. (Wildenstein 1957. *Invent. après décès de Claude Gouffier (1571)*)

Toutefois, l'usage du mot *soupière* reste d'autant plus douteux que Tallemant des Réaux, écrit dans ses *Historiettes* (en parlant de la maréchale de Vitry), qu'à cette époque on mange encore les potages dans des *écuelles* :

(101) Cette extravagante se faisoit servir sept à huit potages dans des *écuelles*, et après on apportoit un poulet d'Inde, deux poulets et une fricassée et, au dessert, un fromage mou et des pommes ou des confitures. (Tallemant des Réaux 1834–1835 : 202)

Au début du XVIIe siècle, le mot *soupière* n'a pas encore fait son apparition dans le vocabulaire des arts de table et les potages continuent de passer directement de la marmite où ils sont confectionnés, au récipient où ils sont mangés. Du reste, ni Richelet, ni Furetière, ni le *Dictionnaire de l'Académie* de 1694 n'ont l'entrée *soupière*. C'est seulement au siècle suivant que les dictionnaires commencent à mentionner ce plat. La définition donnée par les rédacteurs du *Dictionnaire de Trévoux* paraît être encore un peu hésitante et généralisée : "Sorte de plat, plus creux que les plats ordinaires, avec deux anses, dans lequel on sert la soupe" (Trévoux 1738–1742).

On est toujours bien loin de l'époque des soupières aux formes et aux décors charmants de Sèvres, Strasbourg et Rouen, réalisées, entre autres, par l'orfèvre François-Thomas Germain, et qui orneront, quelques années plus tard, les tables de Louis XV et des rois d'Europe. La *soupière* telle qu'elle nous apparaît alors, prend la suite de la dénomination *pot à oille* et s'en rapproche comme aspect et comme destination. Ses flancs s'arrondissent, son couvercle se caractérise par des fleurs et des fruits en relief. Elle marque, en outre, une transformation dans le service de table : l'habitude de se servir soi-même la soupe et de la servir à ses invités. D'où la naissance, à la fin de l'Ancien Régime, de l'hyponyme *soupier à main*, qui coexistera avec la variante féminine *soupière* :

(102) [...] un *soupier* à main. (Morin 1735. *Invent. après décès de la femme de Jacques Verberckt, sculpteur ordinaire des bâtiments du roi, demeurant rue de Cléry*)

(103) [...] un nécessaire portatif où il y a *soupière*, plat à bouilli, plat d'entrée. (Aubert 1782. *Journal général de France*, 16 janvier 1782, corpus Gallica)

(104) [...] une très belle *soupière* ovalle surmontée d'un artichaud, et garnie de doublure. (Aubert 1787. *Journal général de France*, 18 juillet 1787, corpus Gallica)

4.4.4 L'introduction du mot *assiette* dans le vocabulaire de la table

C'est seulement au XVIe siècle que le mot *assiette* prend le sens qu'on lui donne aujourd'hui dans le vocabulaire de la table. Avant cette époque, cette signification n'existe pas : pour les aliments liquides, on emploie le mot *écuelle* et pour les aliments solides le *tranchoir*, une tablette carrée ou ronde, de bois ou de métal, sur laquelle on met une ou plusieurs tranches de pain rassis taillées et qui permet de boire le jus de la pièce découpée (TLFi). Ce n'est pas qu'avant cette époque le mot *assiette* n'existe pas ; depuis le XIVe siècle, il est au contraire d'un usage très courant, mais il est employé dans des acceptions très différentes, aujourd'hui à peu près disparues. Dans la joaillerie, par exemple, il désigne une plaque. C'est ainsi qu'on lit dans l'*Inventaire du château des Baux en 1426* :

(105) [...] ung collier dor à X assietes, la première garnye de VI troches (bouquets), de perles, etc. [...] Six autres *assietes* garnies pareillement comme les quatre ci-dessus, etc. (Bapst 1883. *Invent. du château des Baux en 1426*)

Dans le langage de la table, le mot *assiette* désigne la place que le convive doit occuper, l'ordre observé pour la distribution des places et aussi l'action de s'asseoir. En décrivant la fête donnée au Palais, à Paris, pour l'Entrée solennelle d'Isabeau de Bavière en 1389, Froissart décrit :

(106) L'on s'assit à table, et fut l'*assiette* telle. Pour la haute table du roi, l'évêque de Noyon faisoit le chef, et puis l'évêque de Langres, et puis de lèz le roi l'archevêque de Rouen. (Froissart 1867–1877 : 7)

De son côté, de l'Estoile rapporte que, lorsque Charles le Téméraire réside à Paris avec les autres princes de la Ligue du bien public, chaque fois qu'il reçoit ces derniers :

(107) se mettoient les ducs de Berry et de Bretagne au banc, le comte de Charolois et le duc de Calabre au devant : et portoit ledit Comte honneur à tous, les conviant à l'*assiette*. Aussi le devoit bien à faire d'aucuns et à tous, puisque c'éstoit chez luy. (de l'Estoile 1837 : 18)

Plus tard, au mariage de ce même Charles le Téméraire, devenu duc de Bourgogne, avec Marguerite d'York, Olivier de La Marche décrit dans ses *Mémoires* :

(108) Les tables furent noblement couvertes et aprestées pour disner : et tantost Mme de Bourgogne la mère amena la noble épouse sa belle-fille…et l'*assiette* fut facite telle que cy après ensuyt. L'espouse fut assise au milieu de la table, et auprès d'elle à la maine dextre estoit madicte dame et au bout de la table, etc. (Petitot 1825 : 314)

Au commencement du XVIe siècle, le mot *assiette* conserve encore sa signification primitive, puisqu'on lit dans le *Discours des cérémonies du mariage d'Anne de Foix avec Ladislas VI, roi de Bohême (29 septembre 1502)* : "Pour venir à l'assiette du digner, la table fut longue et n'y eut *assiette* que d'ung costé et aux deulx boutz" (Le Roux de Lincy 1861 : 433). C'est aussi dans ce sens qu'il faut entendre l'ordonnance de Louis XII permettant à "trente taverniers tenans *assiette* à boire et à manger" (Delamare 1673 : 144) de suivre la Cour en qualité de marchands privilégiés.

Dans le langage de la table, le mot *assiette* désigne aussi ce qu'on nomme *service*, parce que tous les plats composant ce service sont assis en même temps sur la table. C'est ainsi que certains menus du *Ménagier de Paris. Traité de morale et d'économie domestique composé vers 1393* (1846) portent des mentions comme celles-ci :

(109) Disner à iour de char, servi de trente un mes à six *assiettes*…Autre disner de char, de vingt quatre mes à six *assiettes*… Première *assiette* ; pastés de veel, menu déhaché à gresse et mouelle de bœuf – pastés de pimparnaux – boudins, saucisses – pipefarce – et pastés norrois de quibus. Seconde *assiette*, etc. (Bruyant 1846 : 92)

Jusqu'à la fin du XVIe siècle, on continue de dire *asseoir un plat*. Ainsi, dans les *Cent nouvelles*, on écrit : "Quant le premier mez fut assis, l'hoste qui avoit secrètement fait faire une robe à sa femme, etc." (Lacroix 1858 : 69). De même, Bonaventure Desperriers dit, en parlant de l'abbé de Saint-Ambroise : "Estant à table, un maistre d'hostel en *assoyant les platz* lui respandit un potage sur une saye de velours qu'il portoit" (Des Périers 1961 : 187). C'est, d'ailleurs, de cette double fonction de marquer à table la place que devaient occuper les convives et d'indiquer la position des plats principaux, que l'ustensile si généralement employé aujourd'hui prend le nom d'*assiette*. Il faut attendre le début du XVIe siècle, sous le règne de François Ier, pour voir apparaître les premières occurrences du mot *assiette* dans ce sens-ci. Dans son *Blason de la cuisine*, Gilles Corrozet mentionne des *plats* au milieu de la vaisselle ordinaire : "En la cuisine on voit pintes voller / Quartes et brocs et vaisselle rouller / Comme grands platz, escuelles et *assiettes*..." (Corrozet 1539 : 24). Ainsi dans l'*Inventaire de Catherine de Médicis en 1589*, on décrit "quarante deux *assietes*" (1589) et dans l'*Inventaire après décès des biens, meubles, joyaux et titres de Gabrielle d'Estrées, duchesse de Beaufort et d'Étampes (avril-mai 1599)*, on mentionne : "[...] ving quatre *assietes* [...] une douzaine et demie de plats d'estaing, deux douzaines d'*assiettes* [...] trente six *assiettes* rondes [...] trente cinq *assietes* d'argent tout blanc, poisant ensemble trente deux marcs" (Hermant 2005).

Jusqu'aux environs de 1650, l'habitude de manger la soupe dans des écuelles persiste et l'assiette plate est la seule qui figure dans les inventaires. Vers 1650 naissent les assiettes creuses que l'on rencontre pour la première fois, dans l'*Inventaire de tous les meubles du cardinal Mazarin dressé en 1653*, sous la dénomination *assiettes à l'italienne* :

> (110) [...] Quinze *assiettes creuses à l'italienne*, vieilles, marquées depuis le n. 1 jusques et y compris le n. 15. – Quinze autres *assiettes creuses à l'italienne*, neufves, marquées depuis le n. 16 jusques et y compris le n. 30. (Aumale 1861. *Invent. de tous les meubles du cardinal Mazarin dressé en 1653*)

C'est donc à ce ministre qu'il faut attribuer l'introduction de ce mot nouveau. D'ailleurs, la preuve que Mazarin a été l'importateur en France des assiettes creuses dites *à l'italienne*, c'est que ces mêmes assiettes portent son nom – *mazarine* ou *assiette à la mazarine* – pendant plus d'un siècle après sa mort :

(111) [...] Un plat, six *mazarines*, une assiette persée, trente neuf autres assiettes. (Rémy & Juillot 1777 : 134)

(112) [...] Dix assiettes *à la mazarine*. (Soulié 1863. *Invent. après décès de Jean-Baptiste Poquelin de Molière*)

4.4.5 Les synonymes de *surtout*

Dans le réseau lexical des noms de plats, on constate aussi la présence de séries synonymiques. C'est le cas d'*ermitage*, *surtout* et *milieu*, trois synonymes qui se succèdent au fil des siècles pour désigner une vaste pièce en forme de plateau employée pour décorer le centre de table.

Dans la *Nouvelle collection des mémoires pour servir à l'histoire de France depuis le XIII*e *siècle jusqu'à la fin du XVIII*e, de l'Estoile raconte qu'au baptême du fils du comte de Tresme, qui a eu lieu à l'église Saint-Germain-l'Auxerrois en 1610, le grand-père de l'enfant, M. de Gesvres, offre au Dauphin et à Mlle de Vendôme qui étaient le parrain et la marraine, un centre de table appelé *ermitage*, ayant la fonction de la décorer :

(113) Collaction magnifique en laquelle y avoit un *ermitage* représenté, qui tenoit une table d'un bout à l'autre, dans lequel se voioient force fleurs, et se cuilloient confitures sèches et dragées exquises de toutes sortes. (de l'Estoile 1837 : 556)

Le mot *ermitage* désigne ici un véritable *surtout* au sens propre du mot. Mais si par ce mot on entend une pièce d'orfèvrerie exécutée spécialement pour tenir le milieu de la table, il s'agit dans ce cas d'un objet plus récent dont le nom est sinon tout à fait nouveau, du moins relativement moderne. Ni dans le dictionnaire de Richelet, ni dans celui de Furetière n'apparaît le mot *surtout*, même s'il est presque contemporain et remonte à la fin du XVIIe siècle. Dangeau nous apprend que, le 18 mars 1694, Louis XIV se sert pour ses déplacements rapides d'un surtout, en guise de table de campagne :

(114) Le roi partit à dix heures de Chantilly et vint dîner à une petite maison près de Verberie ; il fait porter son dîner dans un *surtout* qui suit son carrosse, et

choisit pour dîner une maison seule, où ne l'attend point pour n'être pas accablé de monde. (de Courcillon de Dangeau 1854–1860 : 464)

Dans le tome V, Dangeau donne aussi des détails quant au mécanisme de ce service et aux avantages qu'il présente :

(115) Le roi dîna dans son carrosse, fit mettre le second carrosse auprès de lui. Il a un *surtout* qui va devant, et les officiers le font dîner dans un champ, où il est plus en repos que dans un village où il seroit accablé du peuple. (de Courcillon de Dangeau 1854–1860 : 194)

Par ces descriptions, on peut déduire que dès 1693, le mot *surtout* est déjà d'un usage très courant dans le vocabulaire de table. Toutefois, on ne dispose pas de descriptions précises de cet objet et, fait curieux, l'*Inventaire général du mobilier de la Couronne sous Louis XIV (1663–1715)* ne mentionne pas le mot *surtout* ; très probablement parce qu'il se confond avec le *milieu*, dénomination apparaissant dans le même inventaire. Cela est d'autant plus probable que le *Mercure* d'avril 1698 – dans un article où on trouve des détails intéressants sur un surtout – emploie les deux mots comme étant synonymes :

(116) Il y avoit au milieu de la table un grand *surtout* ou *milieu* de table de vermeil doré. Il y a peu de temps que ces sortes d'ouvrages sont inventéz pour garnir le milieu des tables. Ils y demeurent pendant tout le repas. On en fait de plus plans différens. Ils sont souvent enrichis de figures et portent quantité de choses pour l'usage de la table ; en sort qu'on ne peut rien souhaiter de nécessaire à un repas, que l'on n'y trouve. Ces espèces de machines de nouvelle invention cachent, dans les repas de jour, sous des ornemens utiles, les endroits où l'on met le soir les bougies. Le surtout de Monsieur est de M. de Launay, qui en a fait deux pour le Roi, où l'on voit tout ce que l'invention, l'art et la beauté du travail peuvent fournir pour embellir un ouvrage et pour enrichir l'or et l'argent s'il est permis de parler ainsi. (*Mercure*, avril 1698, corpus OBVIL)

Le *surtout* est ici défini en tant qu'objet de "nouvelle invention", utilisé pour garnir le milieu de la table pendant les repas journaliers alors que le soir il est utilisé pour y mettre les bougies, ce qui est également confirmé par la définition donnée par le *Mercure* d'avril 1700, où on décrit un *milieu* appelé *surtout*, caractérisé par une *girandole* et huit branches : "Un *milieu* de table appelé *surtout*, surmonté de sa girandole d'où il sort huit branches, deux sucriers, deux poisvriers et huits corbeilles, le tout d'argent" (*Mercure*, avril 1700, corpus OBVIL).

4.5 L'histoire du mot *couvert* et ses méronymes

La coutume de couvrir la table est très ancienne. Elle remonte aux XIVᵉ et XVᵉ siècles où par l'expression *couvrir la table* on désigne l'action de tendre une nappe et de placer sur elle tout ce qui est nécessaire au service du repas. Voici quelques exemples : "Les tables furent noblement *couvertes* et aprestées pour le disner" (Petitot 1825 : 314) ; "Et lors ung d'entre eulx *couvrit la table* et mit le banquet dessus, car ilz estoient en lieu pour ce faire" (Littré 1863) ; "Je vous advise et certifie que dès qu'il fut *couvert* pour la dicte dame, elles demandèrent du pain aux officiers et se mussoyent pour manger derrière la tapisserie" (Danjou 1835 : 433).

De cet usage du verbe "couvrir" dérive, au XVIᵉ siècle, l'emploi du substantif *couvert* pour désigner la nappe, les verres, les salières, le surtout, les assiettes et tout ce qui sert à couvrir une table. C'est ainsi qu'il faut comprendre le passage des *Mémoires de la vie de François de Scepeaux, sire de Vieilleville et comte de Duretal, maréchal de France* (1757), cité dans le Littré (1863) :

> (117) Puis ils furent amenéz en la grande salle, qu'ils trouvèrent si richement parée, et le *couvert* de quatre longues tables, si bien ordonné, qu'ils en tombèrent en une inexprimable admiration. (Littré 1863)

Cette nouvelle acception est également repérable dans l'ouvrage *Marie Stuart, son procès et son exécution, après le journal inédit de Bourgoing*, où Chantelauze, parlant de Marie Stuart à Fotheringay, dit : "Le jeudy, le sieur Amyas, Mʳ Barket, et Mʳ Standlin vinrent parler à Sa Majesté estant à table, le *couvert* dessus, comme si elle eus testé preste à disner" (Chantelauze Régis 1876 : 132–133). De même, dans un passage du *Voyage de Chapelle et Bachaumont*, à propos du dîner fait à Blois chez M. Colomb, l'auteur écrit : "Son *couvert* étoit le plus propre du monde : il ne souffroit pas sur sa nappe une seule miette de pain" (Chapelle et al. 1821 : 9).

Le mot *couvert* s'emploie aussi chez les rois et les princes pour indiquer le dîner du prince et de la princesse auquel tout le monde est invité pour les voir. C'est ainsi que Dangeau écrit dans son *Journal* :

(118) Il y eut *couvert* chez Madame la Dauphine, où Madame dîna avec Monsieur le Dauphin et Madame la Dauphine. Elle étoit dans un fauteuil comme eux, mais à côté de la table, ils eurent une grosse cour à leur dîner. (de Courcillon de Dangeau 1854–1860 : 458)

Au XVIIe siècle, le mot *couvert* est employé dans le sens de couverture et, par une habitude assez générale de prendre la partie pour le tout dans le vocabulaire des arts de la table, on l'emploie pour désigner l'assiette, la cuillère, la fourchette, le verre, le couteau, la serviette et tout ce qui sert à marquer la place d'une personne :

(119) [...] un *couvert* de prie-Dieu, orné d'une broderie, etc. (Aumale 1861. *Invent. de tous les meubles du cardinal Mazarin dressé en 1653*)

(120) [...] le *couvert* d'un caquetoire d'un ouvrage fait à l'aiguille ; plus deux autres *couverts* de caquetoire de pane rouge. (Morin 1735. *Invent. après décès de la femme de Jacques Verberckt, sculpteur ordinaire des bâtiments du roi, demeurant rue de Cléry*)

(121) Comment, Rameau, il y a dix mille bonnes tables à Paris, à quinze ou vingt *couverts* chacune, et de ces *couverts*-là, il n'y en a pas un pour toi. (Diderot *1829* : 35)

Au XVIIIe siècle, le sens de ce mot commence à se rétrécir pour bientôt indiquer un étui composé d'un couteau, d'une cuiller et d'une fourchette. Le *Dictionnaire de Trévoux* dit : "On appelle encore *couvert* un étui garni d'une *cuiller*, d'une *fourchette* et d'un *couteau*" (Trévoux 1738–1742). De même, dans l'histoire *La Belle au bois dormant* de Perrault, dans l'*Inventaire de Marie-Josèphe de Saxe, dauphine de France 1731–1767*, on mentionne des *couverts* posés dans des étuis, constitués d'un *couteau*, d'une *cuiller* et d'une *fourchette* :

(122) On mit devant chacune d'elles un *couvert* magnifique, avec un *estui* d'or massif où il y avoit une cuillier, une fourchette, un couteau de fin or, garnis de diamans et de rubis. (Perrault 1990 : 61)

(123) [...] un *couvert* d'or complet dans son *étui* de galucha. (Bapst 1883. *Invent. de Marie-Josèphe de Saxe, dauphine de France 1731–1767*)

4.5.1 Le réseau lexical de *couteau* : de la table à la toilette

Le mot *couteau* a toujours eu une place particulière dans le lexique de la table : il a été utilisé et continue d'être utilisé, au point que s'il fallait classer et décrire toutes les formes lexicales que ce mot a revêtues au fil des siècles, on devrait lui consacrer un livre spécial. Dans cette section, on examinera l'histoire de ce mot et ses désignations qui concernent strictement le mobilier et qui présentent un rapport direct avec le service de table et la toilette.

Le *couteau* se compose de deux parties presque inséparables : le *manche* qu'on tient à la main et la *lame* affilée, ronde ou pointue à son sommet, destinée à trancher ou à piquer et dont on s'est servi jusqu'à la fin du XVIe siècle pour porter les aliments à la bouche. Si les deux parties de cet objet semblent être unies et inséparables dans la production et dans l'usage, l'esprit particulariste du Moyen Âge parvient à les disjoindre et à demander deux corps de métiers différents pour fabriquer les couteaux. Au XIIIe siècle, les couteliers se partagent en deux grandes Communautés : les "Fèvres couteliers" qui fabriquent les *allemelles* – c'est-à-dire les *lames* – et sont contraints à une autorisation pour s'établir dans les ateliers, et les "Couteliers", ou "les faiseurs de manches à coutiaus d'os, et de fust, et d'yvoire, et faiseurs de pignes d'yvoire et emmancheurs de coutiaux" (Boileau 1879 : 40–42) qui ont l'avantage d'exercer un métier libre où chacun peut s'établir sans rien avoir à payer. Toutefois cette séparation ne dure pas très longtemps et, même si on ne dispose pas de documents certains relativement à l'époque où les deux professions se sont réunies, il semble que la fusion ait eu lieu dans la première moitié du XIVe siècle (Boileau 1879 : 40).

Dès les XIVe et XVe siècles, la forme et la couleur des couteaux changent périodiquement selon les époques. Cette tradition continue d'être observée, ce qui est prouvé par les *Comptes de l'hôtel des rois de France au XIVe et XVe siècles* (Douët-d'Arcq 1865), où on peut relever avec exactitude la nomenclature des couteaux au XVIe siècle. De nouvelles dénominations apparaissent pour désigner les différentes typologies de couteaux, telles que *couteau à trancher*, *tranchant*, *petit coustel* et *pare-pain* :

(124) À Pierre Willequin, coustellier, demourant à Paris, pour deniers à lui paiéz qui deubs lui estoient pour les parties qui ensuivent ; c'est assavoir : pour une paire de *cousteaulx à trancher*, garnis de *petit coustel* et de *pare-pain*, engaignéz ainsi qu'il appartient, pour trancher devant le Roy nostre Sire, le premier jour de karesme, et baillés à Regnault d'Angennes, premier escuier tranchant dudit Seigneur pour ce, XII liv. XVI sols parisis. [...] À lui, pour une autre paire de cousteaulx à manches d'ivoire, et garnis d'argent esmaillé aux armes de France, et pour le *parepain* et pour le *petit coustel*, achattée de lui pour trancher devant le Roy nostre dit Seigneur le jour des grands Pasques, et bailliée audit escuier, pour ce XII liv. XVI sols parisis. [...] À lui, pour une autre paire de *cousteaulx à trancher*, garnis de parepain et de *petit coustel* engaingnéz ainsi qu'il appartient, achattés de lui ledit jour, pour trancher devant le Roy nostre dit Seigneur, le jour de la feste de Pentecouste ; pour ce XII liv. XVI sols parisis. (Douët d'Arcq 1865 : 205)

L'hyponyme *couteau à trancher* désigne un grand couteau à très large lame qui doit l'être suffisamment pour que l'écuyer puisse rabattre sur elle la tranche de viande qu'il vient de couper et la présenter ainsi à son seigneur. Parfois l'hyponyme *couteau à trancher* se présente sous la forme elliptique *tranchant* pour désigner un couteau dont se sert l'officier chargé de découper ou de trancher la viande :

(125) Le gentil hôme-servant replie sur tout le couvert la serviête de dessous qui déborde. Il pose aussi les coliers ou porte-assiettes et le *tranchant* ou *couteau.* (Besongne 1684 : 53)

(126) [...] deux grands manches de vermeil pour des *tranchants* faits pour servir à Marly. (Guiffrey 1885–1886. *Invent. général du mobilier de la Couronne sous Louis XIV (1663–1715)*)

Quant au mot composé *pare-pain* et sa variante *partpain*, ils désignent une sorte de couteau de moyenne dimension, généralement arrondi à son extrémité, parfois sans ornementation, employé pour trancher et rendre régulières les tranches de pain sur lesquelles on place la viande. Son usage remonte déjà au XIIe siècle :

(127) [...] Remol, le coutelier, pour un *parepain* acheté de lui pour parer le pain du Roy, XVI sols parisis. (Douët d'Arcq 1865. *Compte de l'hôtel de Charles VI de 1381*)

(128) [...] une paire de couteaulx à trencher, c'est assavoir deux grands, ung petit et le *partpain* de mesme, à manche d'argent doré, rond, à fleurs de lys. (Labarte 1879. *Invent. du mobilier de Charles V, roi de France (1338–1380)*)

Le mot-composé *pare-pain* est également employé pour désigner un couteau qui sert à parer, trancher ou chapeler le pain. Si d'un côté, ce mot apparaît seul en tant qu'hyponyme de couteau, de l'autre, il est fréquemment associé à la variante *couteau à trancher*, l'objet distinctif de l'écuyer tranchant. On peut donc supposer que le pare-pain sert surtout à découper et arrondir les tranches de pain rassies sur lesquelles on place la viande que l'écuyer tranchant sert à table. Voici des exemples :

> (129) Thomas de Fieuviller, pour deux paires de *cousteaux à trencher* devant le Roy à tous les *parepains* garnys de viroles et de cinglets d'argent, dorées et esmaillées aux armes de France. (Douët d'Arcq 1851. *Invent. du garde-meuble de l'argenterie, compte d'Étienne de la Fontaine, 1353*)

> (130) À Pierre Villequin, coustellier, demourant à Paris [...] C'est assavoir pour une paire de *cousteaulx* à trancher, garnis de petit coustel et de *parepain*, engaignéz, ainsi qu'il appartient pour trancher devant le Roy nostre sire [...] À lui, pour une autre paire de *cousteaulx à trancher*, garnis de *parepain* et de petit coustel, engaignéz ainsi qu'il appartient ; achattés de lui ledit jour, pour trancher devant la Royne, à la feste de Penthecouste. (Douët D'Arcq 1874. *XVII*^{e} *Compte de Guillaume Brunel, argentier du roi 1387*)

Au XIVe siècle apparaît un synonyme de *parepain* : il s'agit du mot composé *taille-pain* qui désigne un couteau dont on se sert pour couper le pain surtout dans les couvents et les collèges. À partir du XVIIe siècle, l'usage des écuelles se généralise, les assiettes commencent à faire leur apparition et le mot *parepain* et ses variantes cessent d'être employés dans le vocabulaire en question.

Quant au mot *alemelle* dont on a parlé plus haut, il s'emploie pour indiquer tout instrument tranchant et plus spécialement la lame du couteau. Tout au long du XIVe siècle, il est utilisé en ce sens :

> (131) [...] une gayne d'argent esmailiée où il y a une *alemelle* sans manche. (Auteur inconnu 1601–1700. *Invent. des meubles de Monsieur le duc de Normandie, dauphin de Viennois, fait en l'année 1363*)

> (132) [...] ung coutel à une *allemelle* camuse, qui a le manche d'esmaulx de plite. (Labarte 1879. *Invent. du mobilier de Charles V, roi de France (1338–1380)*)

Le mot *alemelle* garde la signification en accord avec son étymologie jusqu'au XVe siècle, selon laquelle *alamelle* se compose de l'article “la” et de “lamelle”, diminutif de “lame” (Rey 2016). Ce n’est qu’au XVIIe siècle qu’il arrive à signifier le couteau tout entier et à devenir son synonyme. Vers la fin du XVIIIe siècle, ce mot cesse d’être utilisé et disparaît dans le vocabulaire en question.

Les noms des couteaux analysés jusqu’ici concernent exclusivement les domaines de la cuisine et de la table, mais le mot *couteau* s’est également adapté à d’autres usages, tel que celui de la toilette. L’*Inventaire du mobilier de Charles V (1338–1380)* indique que le roi en porte toujours un dans une petite trousse :

> (133) [...] ungs *cousteaulx* à clou, c’est assavoir ung grant, ung petit et ung poinçon, avec les forcettes, qui sont d’argent, et est la gayne estoffée d’or, et la chesne à quoy ils pendent d’argent. (Labarte 1879. *Invent. du mobilier de Charles V, roi de France (1338–1380)*)

Dans l’*Inventaire du château de Vincennes et de Beauté* de 1420, on relève :

> (134) [...] un petit *coustel* garny d’or, dont le manche est de jayet, sans forcetes, pendant à un laz à deux petis boutons de perles. (A.A.V.V. 1854. *Invent. du château de Vincennes et de Beauté, 23 juin 1420*)

Au XVIe siècle, on rencontre dans l’*Inventaire des bijoux Jeanne de Bourdeille* :

> (135) [...] ung estuy de *cousteaulx*, la gêne couverte de veloux noir avec passeman d’argent ; il y a ung perre de *couteaulx*, le manche doré, les sizeaulx de mesmes et les pinsetes. (Montégut 1881. *Invent. des bijoux de Jeanne de Bourdeille, dame de Sainte-Aulaire et de Lanmary, 1595, publié pour la première fois d’après le manuscrit original de la Bibliothèque nationale, par le président de Montégut*)

Au siècle suivant, apparaît le mot *canif* qui substitue le mot général *couteau* dans les soins de propreté. En effet, il s’agit d’une petite lame d’acier pourvue d’un manche, dont on se sert pour tailler les plumes d’oie. Par extension, il désigne aussi un petit couteau de poche, composé d’une ou de plusieurs lames repliables :

> (136) Le *canif* est une espèce de petit couteau à tranchant très fin. Dans les canifs on comprenait les grattoirs et les coupe-corps ; en voici les diverses sortes : le *canif droit* à lame fixe et étroite ; le *canif mécanique* ou *à coulisse* dont la lame

était fixée à un ressort qui glissait dans une rainure pratiqueée à l'intérieur du manche et que l'on manoeuvrait avec le pouce [...]. (Pagé 1896 : 36)

Cité en 1441–1442 sous la forme "quenif", il est très probablement dérivé du francique "knif", tout comme le mot anglais "knife" qui signifie "couteau" (TLFi). Un ancien synonyme de *canif* est le mot *canivet*, appelé aussi *canivel* ou *quenivet* (Durand 1870 : 34), essentiellement employé dans le domaine de la fourniture de bureau :

(137) À Jehannin Bietris, clercl de la panneterie, pour I papier neufs acheté par lui, pour l'office de Panneterie, VIII sols parisis...une escriptouère neufve, garnie de cornet, *canivet* et lax de soye. (Douët d'Arcq 1865. *Compte de l'hôtel de Charles VI de 1381*)

(138) [...] une escriptoire d'or atout avec le cornet et le *canivet* esmailléz de perles par dehors, aux armes de France...pesant ung marc cinq once six estellins. (Labarte 1879. *Invent. du mobilier de Charles V, roi de France (1338–1380)*)

(139) [...] un coustel et un *canivet* en une gayne, dont les manches sont en or. (A.A.V.V. 1854. *Invent. du château de Vincennes et de Beauté, 23 juin 1420*)

Une autre variante lexicale du *couteau* est son diminutif *coutelet* très répandu aux XIIIe et XIVe siècles et qui sert plus spécialement de cure-dents à table, comme ceux qui apparaissent dans l'*Inventaire du mobilier de Charles V (1338–1380)* et dans l'*Inventaire du château de Vincennes et de Beauté* de 1420 :

(140) [...] ung petit *coutelet, à facon de furgette à furger dens* et *à curer oreilles*. (Labarte 1879. *Invent. du mobilier de Charles V, roi de France (1338–1380)*)

(141) [...] un autre petit *coustellet* d'or *en façon de furgettes*. (A.A.V.V. 1854. *Invent. du château de Vincennes et de Beauté, 23 juin 1420*)

Il s'agit d'outils souvent associés aux couteaux qui servent à nettoyer les dents à table ou les oreilles dans la toilette, d'où la naissance des hyponymes *couteau à façon de furgette, couteau à furgier dens* et *couteau à curer oreilles*, ainsi dénommés pour la fonction remplie.

4.5.2 La créativité lexicale autour du mot *couteau* : de la production à la commercialisation

Si la richesse des couteaux utilisés dans la cuisine et dans le service de table permet aux couteliers de faire de considérables fournitures, le nombre de ces objets employés pour les repas des princes ainsi que pour les différents services de la cuisine, montre que cette industrie devient de plus en plus prospère. Les nombreuses occurrences de *couteau* relevées dans les comptes du XVIe siècles montrent l'importance de la corporation des couteliers qui se traduit non seulement par un chiffre d'affaires remarquable mais aussi par un personnel très nombreux. En 1565, Charles IX renouvelle leurs statuts qui seront confirmés en 1586 par Henri III et en 1608 par Henri IV. Ces statuts contiennent une cinquantaine d'articles précisant les droits, les privilèges ainsi que les règlements corporatifs. Grâce à ces privilèges, ils sont les seuls à avoir le droit de fabriquer des instruments de chirurgie et toutes sortes de couteaux de poche ou de table, des serpettes, des canifs, des pinces, des ciseaux et même des instruments d'anatomie. Chaque maître a un poinçon ou une marque pour distinguer les œuvres qui sortent de son atelier, ce qui permet aux couteliers parisiens de tenir à distance les confrères de province sur le marché de la capitale. La marque du maître devient alors généralement l'enseigne de la maison et les deux, l'enseigne et la marque, se transmettent par vente ou par héritage (Altmanova 2013c).

Dans les manuscrits de Delamare relatifs aux *Arts et métiers* (Delamare 1673 : 59), conservés à la Bibliothèque Nationale de France, sont rassemblées les dénominations des enseignes, les noms des produits et des marques de maîtres couteliers de Paris en 1680. Ils y figurent dans l'ordre suivant :

> (142) à l'Étoile, au Pistolet, à la Levrette, à l'Aigle, à la Rose, à la Coupe, à la Larme, à la Couronné, à la Cornemuse, au Chiffre 8, au Fleuret, à la Raquette, à l'Y couronné, à l'E couronné, à l'Érmine, à l'Écharpe, au Compas, au Tiers-poinct couronné, à l'Entonnoir couronné, à la Grenade couronnée, au Trèfle, à la Croix de Malte, à l'Arc turquois, à la Feuille de Persil, à la Perle, à la Hure, à la Tulippe, au Cœur couronné, à l'Ancre de Mer, à l'Église, au 3 couronné, à la Fleur de lys, à l'As de pique, à la Lance, au Batoir, au Carreau couronné, au Pied de biche, au Chiffre 4, à l'N couronné, à la Gerbe, au Dauphin, à la Burette, à la Serpette, au V, à l'L couronné, à la Sie, à la Masse d'Armes, au C couronné, au Chandelier, à la Palme, à la Croix de Lorraine, au Chenet, à l'Épy de bled, au Petit couteau, à la

Besche, à la Grape de raisin, au Flacon, à l'A couronné, à l'I couronné, au Lion, au Foiret, à l'S couronné, au Chiffre 6, à l'Étendard, au Marteau couronné, à l'O couronné, au Verre couronné, à l'Arbaleste, à l'Eüillet couronné, au Coutelas, au 9 couronné, au Cygne, au K couronné, au T couronné, à la Mitre, à l'Éguille, à la Faucille, à la Clef, à la Faulx, à la Flâmette, au Billard boulé, au Guidon, au Coq, au Soleil, à l'Œil, à la Fourchette, à la Trompette. (Delamare 1673: 59)

Chacune de ces dénominations représente la spécialité des maisons. Si on suit les indications du *Livre commode des adresses de Paris pour 1692* de Du Pradel (de Blégny 1878 : 213), les meilleurs ciseaux se trouvent sous le nom *de l'Église* ; les meilleurs couteaux à manche d'argent sous le nom *au Coutelas* ; les meilleures *lancettes* sous le nom *Verre couronné*, les meilleurs *canifs* sous le nom *à la Masse* et *au Pistolet* et les meilleurs instruments de chirurgie se vendent sous la dénomination *Coupe*.

Un autre nom de marque de couteau apparaît dans les *Mémoires* d'Olivier de La Marche qui, en 1452, parle d'un *couteau wibrekin*, une forme arbitraire du mot *vilebrequin* : "Coutelier qui faisoit *couteaux* et *canivets* à la marque de *wibrekin*, qui, en françois, est appelé un forêt à percer vin" (Petitot 1825 : 108). Ce mot apparaît pour la première fois dans le dictionnaire de Richelet défini comme suit : "Terme de Menuisier. C'est un outil de Menuisier, qui est composé de son manche, de sa poignée, et de sa mèche, et dont le Ménuisier se sert pour percer [Vilebrequin perdu.]" (Richelet 1680).

Dans le réseau lexical de *couteau* figurent aussi deux noms propres employés pour désigner les couteaux qui ont pris le nom de leurs inventeurs. C'est le cas de la dénomination *couteau à la Berge* qui a pris le nom du coutelier Berge et qui a joui d'une réputation considérable pendant tout le XVIIIe siècle :

(143) Le *couteau à la Berge* créé par le coutelier dont il portait le nom, avait les deux lames placées sur le même talon tout étant indépendantes l'une de l'autre et pouvant s'ouvrir et se fermer ensemble ou séparément. (Pagé 1896 : 33)

De même, Eustache Dubois, un coutelier de Saint-Étienne, donne son prénom à un couteau à lame unique, mobile et généralement muni d'une virole, encore aujourd'hui désigné sous le nom d'*eustache(s)* :

(144) […] Après avoir visité les produits de l'industrie française, Bonaparte lui demanda ce qu'il trouvait de plus intéressant. 'Voilà, répondit Fox, en montrant un *Eustache*, ce qu'il y a de plus curieux'. Il avait été très étonné de l'extrême bon marché de ces couteaux. (Pagé 1896 : 27)

Dans un acte d'assemblée des maîtres couteliers de Saint-Étienne du 29 juillet 1695, cité par Pagé (1896), apparaissent déjà les noms propres suivants, parmi lesquels celui d'*Eustache* sous la variante orthographique *Hustache* :

(145) *Hustache Dubois*, Marcellin Fayolle, Jean Freycon, Alexandre Viale : maistres costeliers à la garde de la présente année (Pagé 1896 : 93)

(146) […] Après avoir visité les produits de l'industrie française, Bonaparte lui demanda ce qu'il trouvait de plus intéressant. 'Voilà, répondit Fox, en montrant un *Eustache*, ce qu'il y a de plus curieux'. Il avait été très étonné de l'extrême bon marché de ces couteaux. (Pagé 1896 : 27)

Paris n'est pas la seule ville où l'on produit des couteaux : Charles VI se fournit à Melun, Moulins, Cosne, Langres et Châtellerault, des villes très réputées pour la qualité et le niveau de fabrication de ces objets. Cependant, les meilleurs articles n'ont jamais cessé d'être fabriqués et vendus à Paris dans la rue de la Coutellerie qui, suivant un usage ancien, a pris le nom de l'industrie en question. C'est dans cette rue qu'ont été créés de nouveaux noms de couteaux, suite à leur production. Citons les *cousteaux à ymagerie*, c'est-à-dire des couteaux avec des manches sculptés, les *couteaux à la charolaise*, dérivé de Charolles, le nom d'un chef-lieu d'arrondissement du département de Saône-et-Loire, les *couteaux à la capucine*, ainsi appelés parce que les capucins s'en servaient pour préparer leurs repas, les *couteaux à loquet* que l'on peut fermer en soulevant un ressort, les *couteaux à la façon Turquie*, ainsi appelés puisqu'importés d'Orient, les *couteaux en faux*, des couteaux qui semblent être en argent et les *jambettes*, de petits couteaux de poche ainsi appelés parce que composés d'une lame rentrante qui simule le mouvement d'une petite jambe qui se plie.

Quant à la forme, la plus importante modification concerne la courbure arrondie de la lame, une véritable révolution datant du milieu du XVIIe siècle. Grâce aux inventaires, on apprend que lorsque Charles VI eut peur de se blesser avec son couteau, Guillaume Arode, orfèvre de la

Cour, reçut l'ordre d'arrondir toutes les pointes des couteaux de service de table, mais il s'agit d'un événement tout à fait exceptionnel puisque, en cette période historique, le couteau doit rester pointu pour pouvoir piquer et couper la viande, surtout parce que, jusqu'à la fin du XVIe siècle, la fourchette n'est pas encore en usage.

Le premier qui a eu l'idée d'arrondir les couteaux a été le Cardinal de Richelieu qui, suite à une série d'événements, et en particulier celui du chancelier Séguier qui se nettoyait les dents avec un couteau, commande au maître d'hôtel "de faire épointer tous les couteaux", pour éviter de se couper (Tallemant des Réaux 1834–1835 : 39). L'habitude de manger avec la pointe du couteau est finalement détrônée par l'usage de la fourchette. D'où la naissance du syntagme *couteau à découper* qui succède l'ancienne dénomination *couteau à trancher.*

4.5.3 La lexicalisation tardive du mot *fourchette*

Le mot *fourchette* commence à apparaître d'une façon régulière à partir du XVIe siècle, sans plus cesser d'être employé. Jusqu'à la fin du XIVe siècle, on se sert exclusivement des doigts pour manger et le mot *fourchette* est destiné à tout autre usage, tel que celui rempli par la *fourchette curedent*, un objet qui sert à enlever les débris d'aliments coincés entre les dents :

> (147) [...] une *fourchette* avecques un *curedent* d'or. (Guiffrey 1894–1896. *Invent. de Jean, duc de Berry (1401–1416)*)

L'extrême rareté des occurrences de *fourchette* dans les inventaires et comptes de l'époque, suffit à témoigner d'un usage très limité de ce mot jusqu'à cette période, ce qui est confirmé par les poètes et les écrivains du moment. Ni Froissart, ni Monstrelet, ni de l'Estoile ne parlent de fourchettes dans leurs ouvrages ; également *Le Ménagier de Paris. Traité de morale et d'économie domestique composé vers 1393* (1846) ne cite pas un seul mot pour indiquer ou désigner cet objet.

On relève, aux XIVe et XVe siècles, des occurrences de *fourchette* qui désignent des objets servant à tout autre chose qu'à manger pendant les repas et les plus nombreuses sont employées par les cuisiniers du XVe siècle pour cuire les viandes et pour cuisiner des rôties :

(148) [...] *fourchette* pour faires les rosties de fromage pour le Roy. (Labarte 1879. *Invent. du mobilier de Charles V, roi de France (1338–1380)*)

(149) [...] *fourchette* pour prendre la souppe au vin. (Douët d'Arcq 1851. *Comptes de l'argenterie des rois de France au XIV*e *siècle*)

(150) [...] *fourchette* pour manger dragées. (Tuetey 1865. *Invent. des biens de Charlotte de Savoie (1483)*)

(151) [...] *fourchette* mangier meures. (Prost & Prost 1902–1903. *Invent. mobiliers et extraits des comptes des ducs de Bourgogne de la maison de Valois (1363–1477)*)

C'est vers la fin du XVIe siècle que le mot *fourchette* fait son apparition dans le vocabulaire des arts de la table. Son introduction est signalée dans un pamphlet de l'*Isle des hermaphrodites*, publié dans les premières années du XVIIe siècle, où l'auteur dit :

(152) Il y avoit aussi quelques plats de salade [...], elles estoient dans de grands plats esmailléz, qui estoient tous faits par petites niches, ils la prenoient avec des *fourchettes*, car il est deffendu en ce pays-là de toucher la viande avec les mains, quelque difficile à prendre qu'elle soit, et ayment mieux que ce petit instrument fourchu touche à leur bouche, que leurs doigts. Ce service durera un peu plus longtemps que le premier, après lequel on apporta quelques artichaux, asperges, poix, febvres escossées, et lors ce fut un plaisir de les voir manger cecy avec leurs fourchettes ; car ceux qui n'estoient pas du tout si adroits que les autres en laissoient bien autant tomber dans le plat, sur leurs assiettes, et par le chemin qu'ils en mettoient en leurs bouches. (Thomas & Dubois 1996 : 98)

Une révolution capitale dans l'usage de cet objet s'opère grâce au développement extraordinaire dans l'ornementation des cols et des fraises qui, vers la fin du XVIe siècle, explose considérablement. Et comme avec des cols ornementés de fraises, il est impossible de porter les aliments à la bouche avec les doigts, on rallonge les manches des cuillers et pour les mets solides, on recourt finalement à la fourchette.

L'adoption de nouvelles formes de décoration dans les cols, telles que les fraises, représente la cause principale de l'usage du mot *fourchette* dans ce domaine. Dès que les fraises commencent à s'accroître dans la décoration des objets de table, le mot *fourchette* est de plus en plus employé dans les inventaires. Lorsque la mode des fraises décline, la fabrication et l'usage des fourchettes se réduisent. Ces changements attestent à quel point la fourchette s'est introduite très lentement dans une société qui, cependant, prétendait être la plus policée au monde (de Courcillon de Dangeau 1854–1860 : 127).

Vers la fin du XVIIe siècle, on trouve des fourchettes un peu partout dénommées *fourchettes à trois fourchons*, ainsi appelées pour les différencier de la forme ancienne comptant deux dents. La fabrication des fourchettes prend, pendant cette période, un essor considérable : on en fait de toute forme et de toute taille pour le service de la table, le dessert, le hors-d'œuvre, les fruits, etc. Son rôle devient fondamental dans cette période surtout en raison du fait que son usage substitue le *couvert à filet*, très utilisé par la génération précédente, tout en devenant un outil de ménage et un objet de nécessité.

4.5.4 Les variantes orthographiques et lexicales du mot *cuiller*

Le mot *cuiller* désigne un outil de ménage qui se compose de deux parties : un *manche* plus ou moins long et un *cuilleron* de forme concave qui sert à puiser les aliments liquides dans les écuelles, les soupières, les bols, les assiettes, etc. Au fil des siècles, plusieurs sortes de cuillers sont apparues, de différentes formes et dimensions, toujours en fonction de l'usage auquel l'outil est destiné ; et de différentes matières en fonction du rang et du niveau social de la personne qui l'emploie.

Avant d'analyser l'histoire du mot *cuiller*, il faut souligner que sa dénomination et sa graphie n'ont presque pas subi d'évolution au fil des siècles. Les seules discussions concernant la dénomination de *cuiller* apparaissent dans les *Historiettes* de Tallemant à l'article *Malherbe* (Tallemant des Réaux 1834–1835 : 165) à propos de la graphie de ce mot au sujet duquel l'auteur se demande s'il faut l'écrire *cueiller* ou *cueillère*, et dans les *Observations sur la langue française* dans lesquelles Ménage s'interroge à propos de sa prononciation, de son orthographe et de son genre : "doit-on écrire *cueillier* ou *cuiller* ? [...] *cuiller* est-il masculin ou féminin ?" (Ménage 1675–1676 : 395). Concernant le genre, Ménage ne semble pas avoir de doutes : le mot *cuiller* est féminin ; quant à l'orthographe, elle est liée à la prononciation et à la manière d'écrire de l'Anjou et de la Cour de l'époque. À son avis, on doit écrire *cueiller* ou *cuiller*.

En même temps, il paraît qu'Henri IV prétendait qu'on devait écrire *cuillère* avec un 'e' à la fin, ce qui est attesté par l'historien Tallemant : "Le Roi et M. de Bellegarde étoient pour *cueillère* et disoient que ce mot étant féminin devoit avoir une terminaison féminine" (Tallemant des Réaux 1834–1835 : 165). Tallemant conteste avec raison le choix du roi, en soulignant qu'aussi bien les mots *met*, *perdrix*, *mer* et d'autres encore sont féminins, mais pourtant ils ont une terminaison masculine. Cette question suscite la curiosité du Roi qui demande à Malherbe d'intervenir et de proposer son avis. Voici la réponse de Malherbe : "Quelque absolu que vous soyez, vous ne sauriez, sire, ni abolir, ni établir un mot, si l'usage ne l'autorise" (Tallemant des Réaux 1834–1835 : 165). Après cela le mot *cuiller* demeure féminin, sans perdre sa terminaison masculine.

Parmi les variantes lexicales de *cuiller*, figurent dès le Moyen Âge, plusieurs dénominations, telles qu'*espate* – une sorte de cuiller en fer à long manche qui sert à tourner les aliments pendant leur cuisson – *cuillère pour la cuisine* et *cuillère pour faire papin.* Voici quelques exemples :

> (153) […] Jehannin l'espicier, pour œufs à clairifier le sucre et pour deux *espates* de fer. (Douët D'Arcq 1851. *Journal de la dépense du roi Jean en Angleterre, du 1er juillet 1359 au 8 juillet 1360*)

> (154) […] une *cuillière* d'argent blanc, l'une grante, l'autre moyenne, *pour la cuisine.* (Auteur inconnu. 1372. *Compte de l'exécution du testament et inventaire de Jehanne d'Évreux, femme de Charles le Bel*)

> (155) […] une grant *cueillier* d'argent blanc *pour faire papin* (c'est-à-dire de la bouillie). (Labarte 1879. *Invent. du mobilier de Charles V, roi de France (1338–1380)*)

À celles-ci, il faut ajouter aussi la dénomination *cuiller à drageoir*, très utilisée au XIVe siècle, qui s'explique par le fait que les drageoirs contiennent des épices et des confitures. À la différence des bonbons qui sont généralement mis avec d'autres choses dans un drageoir et peuvent se prendre avec les doigts, pour les confitures et les épices on se sert de cuillers dénommées *cuillers à drageoir* ou *louchettes*. Utilisée notamment au XVe siècle, la variante *louchette* désigne une petite louche de forme ronde qui ne dépasse pas la taille des cuillers à café et qui sert surtout à puiser dans les drageoirs et dans les pots :

> (156) […] une petite *louchette* d'or. (Auteur inconnu. 1501–1600. *Invent. original des joyaux, tapisseries, livres et vaisselle de Philippe II, roi d'Espagne, à Bruxelles (1569)*)

Les *louchettes* apparaissent aussi sous les formes *cuiller à espicier* et *cuiller à prendre des épices* dans l'*Inventaire de l'orfèvrerie et des joyaux de Louis Ier, duc d'Anjou (1364–1365)* (Moranvillé 1903) et dans l'*Inventaire des joyaux de la Couronne de 1418* (Douët d'Arcq 1864).

Un autre hyponyme de *cuillère* est *escremoire*. Employé surtout au XVIe siècle, il désigne une cuiller plate et percée de trous pour écrémer le lait :

> (157) […] trois chandeliers à flambeaux […], une escuelle à oreille, un crémeau et une *escremoire*. (Guiffrey 1872. *Invent. de la vaisselle d'or et d'argent du chancelier Duprat et de Babou de la Bourdaisière, trésorier de France, confisquée par le roi en 1536*)

Vers la fin du XVIe siècle, une grande révolution s'accomplit dans l'usage de la cuiller. Les fraises qui entourent le col se développent d'une manière exceptionnelle à tel point qu'on commence à fabriquer des *cuillers à long manche*, pour que les dames puissent porter le potage à leur bouche sans se faire mal. Cette information est confirmée par l'anecdote suivante dans les *Pièces intéressantes pour servir à l'histoire des grands hommes de notre siècle* de Poullin de Fleins :

> (158) M. de Fresne s'étonnoit comment les hommes et les femmes, avec de si grandes fraises, pouvoient manger du potage, sans les gâter, et surtout comment les dames pouvoient être galantes avec leurs grands vertugadins. – La Reine, alors, ne lui répondit rien : mais quelques jours après, ayant une très grande fraise, et de la bouillie à manger, elle se fit apporter une cuiller, qui avoit un fort long manche, de façon qu'elle mangea sa bouillie sans gâter sa fraise. Sur quoi, s'adressant à M. de Fresne : Eh bien ! lui dit-elle en riant, vous voyez bien qu'avec un peu d'intelligence, il y a remède à tout. – Oui ! madame lui répondit le bonhomme ; quant à ce qui touche le haut, me voilà tranquille. (Poullin de Fleins 1785 : 350)

Ainsi, c'est d'un caprice de la mode qu'est née la dénomination *cuiller à long manche*. Cependant, il y a encore beaucoup de personnes qui préfèrent ne pas utiliser la cuiller et la fourchette à table. Les longues oreilles des écuelles du XVIe et du XVIIe siècles montrent comment les gens mangent leur soupe sans recourir à la cuiller et au cuilleron. Or, avec les larges fraises, cela est impossible et presque dangereux, raison pour laquelle la fourchette et la cuiller se substituent aux doigts et l'usage de ces couverts entre définitivement dans les mœurs de la table. C'est ainsi qu'à partir de cette époque les mots *cuiller* et *fourchette* deviennent inséparables, mais il faudra attendre quelques années pour que cette transformation se généralise.

Vers la seconde moitié du XVIIe siècle, l'usage de la dénomination *cuiller à longue manche* se normalise. Il faut attribuer, à la même époque, l'introduction de la dénomination *cuiller à ragoût* dans le vocabulaire des arts de la table. Les mêmes cuillers apparaissent dans l'*Inventaire général du mobilier de la Couronne sous Louis XIV (1663–1715)* (Guiffrey 1885–1886), sous les dénominations *cuillier à longues queues* et *cuillière à dresser les potages* :

(159) […] trois *cuilliers à longues queues* pour dresser les ragoûts et entremets […] une *cuillière à dresser les potages.* (Guiffrey 1885–1886. *Invent. général du mobilier de la Couronne sous Louis XIV (1663–1715)*)

À partir du XVIIIe siècle, on remarque aussi un usage régulier de plusieurs hyponymes de *cuiller à bouche*, notamment dans le domaine des ménages bourgeois. Voici quelques exemples :

(160) […] un bassin, douze cuillers, douze fourchettes, une petite *cuiller à olive*, le tout d'argent blanc. (de la Fosse 1717. *Invent. après décès d'Elisabeth Delafosse, veuve de Jean Forest, peintre du roi (1731)*)

(161) […] une grande *culière à soupe*, deux *culières à ragoût*, une *culière à olives*, six *culières à caffé*, dix *culières à bouche* […]. (Guiffrey 1883 : 386)

(162) […] deux grandes *cuillères à potage* à coquilles…quatre *cuillères à ragoût à coquilles* […] une *cuillère à olives* […] douze *cuillères à coquilles* […] douze *cuillères à café.* (Auteur et date inconnus. *Invent. après décès de Marie-Louise Desmares, épouse de Jean-Baptiste Savigny - 30 août 1751*)

(163) […] seize *cuillères à bouche*, une *cuillière à soupe*, trois *cuillères à ragout*, six *cuillières à caffé*, une *cuillère à moutarde.* (Auteur et date inconnus. *Invent.*

après décès de Marie-Louise Desmares, épouse de Jean-Baptiste Savigny - 30 août 1751)

La dénomination *cuiller à olives* apparaissant dans l'*Inventaire après décès d'Elisabeth Delafosse*, remonte très probablement au XVIIe siècle ; à ce propos, Courtin, l'auteur du *Nouveau traité de la civilité qui se pratique en France parmi les honnestes gens*, imprimé en 1673, affirme : "Il faut se souvenir de ne pas prendre les olives avec la fourchette, mais avec la cuillère ; car il s'ensuit quelquefois un sujet de risée quand cela arrive" (Courtin 1617 : 110).

Le XVIIIe siècle nous gratifie de la dénomination *cuiller à sucre* utilisée dans le service de table, dont on trouve trace dans l'œuvre de Duvaux : "[...] une *cuiller à sucre*, à moulure très bien poussées, en argent doré [...] deux cuillères d'argent, percées pour le sucre, à coquilles et filets" (Duvaux 1873 : 234). C'est vers la même période qu'apparaissent les hyponymes *louche*, *cuiller à soupe*, *cuiller à moutarde* et *cuillère à racler*, ce dernier désignant un petit outil utilisé pour se gratter la langue à table. Toujours à la même époque, apparaissent, dans l'*Inventaire des biens de Mme de Pompadour, rédigé après son décès (1766)*, "deux *cuillères bâtardes*", ainsi appelées pour désigner des cuillers de taille intermédiaire entre les *cuillers à potage* et celles *à café*, qu'on peut comparer à celles qu'on appelle aujourd'hui *cuillers d'entremets*.

Quant à la variante *louche*, il s'agit d'un mot très ancien figurant déjà bien au XIIIe siècle dans le *Livre des métiers* de Boileau et qui désigne une grande cuiller ronde employée pour servir le potage : "[...] faut-il avoir *louches* de bois et *potlouches* [...] un escueillier pour mettre *louches* et escuelles de bois" (Boileau 1879 : 89). Boileau mentionne aussi le mot composé *pot-louche*, une grande cuiller servant à remuer le contenu des récipients pendant la cuisson des aliments. À partir du XVIIIe siècle, les louches commencent à être enregistrées sous plusieurs variantes, telles que *cuillers potagères*, *pucheux* ou *puisoir* (de la forme normanno-picarde de *puiser*), deux variantes diatopiques employées notamment en Normandie désignant une espèce de cuillère dont on se sert pour verser le sirop du rafraîchisseur dans le bec-de-corbin :

(164) [...] un plat, six mazarines, une assiette persée et trante neuf autres assiettes, une *cuillère potagère* et cinq petites cuillères. (Morin 1735. *Invent. après décès de*

la femme de Jacques Verberckt, sculpteur ordinaire des bâtiments du roi, demeurant rue de Cléry)

(165) [...] à l'aide d'une grande cuillère appelée *pucheux*. (Francœur & al. 1832 : 53)

(166) On puise la cuite dans les réchauffoirs au moyen de grandes cuillères hémisphériques en cuivre, de 25 centimètres de diamètre, munies d'un long manche en bois, on les appelle *puisoirs* ou *pucheux*, et on la verse dans des bassins dits becs de corbin. (Blachette 1841 : 234)

5. Vers une cartographie des dynamiques lexicales du vocabulaire des arts de la table

La description des dynamiques lexicales du vocabulaire des arts de la table nécessite obligatoirement la prise en compte de plusieurs aspects culturels et sociaux. Ce vocabulaire reflète une façon de penser, d'appréhender le réel qui le distingue des autres : il structure un vaste domaine de savoirs, organise et fixe les unités de pensées sous-jacentes qui émanent de visions du monde. Pour mieux comprendre l'ensemble des mécanismes mis en jeu dans ce vocabulaire, il convient d'examiner de plus près d'autres mouvements lexicaux, tels que l'apparition et la disparition d'unités lexicales, la migration de termes provenant d'autres domaines spécialisés, les transferts de signification et la naissance de nouvelles dénominations qui accompagnent les innovations dans ce secteur (Humbley 2006).

Dans ce chapitre, on dessinera l'évolution des noms de vases de parure et des accessoires d'éclairage ayant une fonction symbolique et décorative qui s'attache d'abord à la réalité, puis aux mots qui la dénomment (Petit 2009). L'aspect linguistique ne sera pas négligé et les noms d'objets, leurs contextes d'apparition ainsi que les adaptations lexicales réalisées lors de leur vulgarisation seront analysés de manière systématique.

5.1 Phénomènes d'apparition et de disparition lexicales dans le vocabulaire du service de table

Les changements lexicaux du vocabulaire du service de table sont tout d'abord saisissables par l'apparition d'éléments lexicaux nouveaux qui se traduit corollairement par la disparition d'éléments anciens dont les nouveaux prennent la place, c'est-à-dire par une substitution (Darmesteter 1887 ; Humbley 2006 ; Sablayrolles 2010, 2018).

Le phénomène de l'apparition se manifeste essentiellement par l'introduction d'un mot nouveau qui vient enrichir une série lexicale ou la série des emplois d'un mot, sans que le mot ancien ou ses emplois antérieurs ne disparaissent du même coup. Quant au phénomène de vieillissement concomitant, il ne peut être discerné que dans la masse lexicale par l'obsolescence de certains mots ou par la perte de productivité d'un élément au profit d'un autre plus dynamique (Dury & Drouin 2011).

Les facteurs responsables de ces changements sont souvent externes au développement interne du lexique (par exemple, le phénomène de la mode, le recours plus au moins massif à l'emprunt, la perte du référent, la coexistence lexicale avec d'autres mots plus employés que d'autres, etc.) et, par conséquent, difficilement intégrables dans un modèle unifié d'évolution du lexique. Il serait peut-être plus prudent d'adopter une position minimaliste et suivre le point de vue de Marchello-Nizia :

> À l'instar de nombreux spécialistes en lexicologie diachronique, nous emploierons le mot 'lexicalisation' dans un sens bien plus large, pour désigner l'introduction dans le lexique de nouveaux termes, par quelque moyen que ce soit, et à quelque fin que ce soit, en particulier pour répondre à un besoin social. (Marchello-Nizia 2006 : 99)

C'est par la dimension sociale et historique qu'on parvient à la connaissance des mouvements de transformation et de variation continuelle qui animent ce vocabulaire. Pour montrer la complexité du problème, dans cette section, on tracera l'histoire de quelques mots qui se sont succédés au fil des siècles, dont le paramètre social et la suppression du référent déterminent, tout d'abord, divers changements sémantiques ; ensuite si le matériau lexical n'est pas réinvesti dans le discours, la suppression détermine la disparition du mot ancien et l'apparition d'une forme supplétive définitive dans l'usage. Les couples de mots sont les suivants : *buire* et *pot à eau*, *coupe* et *gobelet*, *vinaigrier* et *huilier*, *vaisselet à manger œufs* et *coquetier*, *seau à rafraîchir* et *rafraîchissoir*. Commençons par analyser le premier couple.

5.1.1 De la *buire* au *pot à eau*

Le mot *buire* désigne un vase de dimensions assez vastes utilisé pour porter de l'eau. Le passage suivant de Froissart le prouve :

(167) Chevauchâmes tout un jour par bois et par bruyères, et la nuit ensuivant, environ mie-nuit, je mis une embûche assez près de Thurit, et moi sixième, tant seulement en habit de femmes et *buires* en nos mains, vînmes en une prairie assez près de la ville, et nous muçâmes en une meule de foin. Quand l'heure fut venue, que la porte fut ouverte et que les femmes commençoient à venir à la fontaine, chacun de nous prit sa *buire*, et les emplîmes, puis nous mîmes au retour vers la ville, nos visages enveloppés de couvre-chefs. (Froissart 1867–1877: 351)

De même, les formes anciennes *buye à eaue* et *grande buire à porter l'eau*, qui figurent dans les inventaires des XVe, XVIe et XVIIe siècles, confirment le passage de Froissart :

(168) [...] une *buye à eaue*, semée de fleurs de lys, à armines et dauphins pesans XVIIJ marcs II onces d'argent. (Le Roux de Lincy 1850. *Détail sur la vie privée d'Anne de Bretagne, femme de Charles VIII et de Louis XII, suivis des inventaires des meubles ayant appartenu à cette princesse*)

(169) [...] une *buye à eaue* ayant un souleil auprès du biberon, poysant XVI marc I onces. (Bonaffé. 1878. *Invent. de la duchesse de Valentinois, Charlotte d'Albret 1514*)

(170) [...] un flacon à mettre vinaigre, une *grande buire* d'estain *à porter l'eau.* (D'Huart et al. 1988. *Invent. après décès du maréchal de Turenne 1675*)

Avec la seconde moitié du XVIIe siècle, le mot *buire* – remplacé par le mot *aiguière* – perd son caractère d'utilité, mais il continue d'être employé pour indiquer des vases aux proportions magistrales. À ce propos, l'*Inventaire général du mobilier de la Couronne sous Louis XIV (1663–1715)* mentionne :

(171) [...] deux *grandes buires* d'argent, faites par de Villiers, dont les corps sont cizelés par le milieu, des armes du roy et de plusieurs tritons et figures marines. (Guiffrey 1885–1886. *Invent. général du mobilier de la Couronne sous Louis XIV (1663–1715)*)

Le *Mercure* de février 1679 signale qu'aux fêtes offertes par l'évêque de Strasbourg au Dauphin, fils de Louis XIV, on voit sur le buffet qui orne la salle du repas de grandes Bures et "[...] plus bas, sur la nappe, plusieurs Figures avec de *grands Bures* et de grandes Coupes couvertes de pierreries" (*Mercure,* février 1679, corpus OBVIL). Le narrateur de ces fêtes n'écrit plus *buire* ou *buye* mais *bure*, d'où dérive le diminutif *burette* qui signifie "petite bure", ou mieux "petite buire", un objet nécessaire à la célébration du culte, mais aussi à la parure de la table qui, dans ses dimensions exiguës, conserve soigneusement la forme de la *buire*. Des attestations du diminutif *burette* figurent déjà bien au XIVe siècle dans l'*Inventaire du mobilier de Charles V (1338–1380)* sous la variante orthographique *burecte* :

(172) [...] deux *burectes* d'or, garnies de pierreries et sont les couvescles, en façon de mictres. [...] deux *burectes* d'or, qui servent à la chappelle du grant autel. (Labarte 1879. *Invent. du mobilier de Charles V, roi de France (1338–1380)*)

Aux siècles suivants, la variante orthographique *burecte* continue de coexister avec les formes orthographiques *buirette* et *burette*. On enregistre des occurrences dans l'*Inventaire de l'hôtel Saint-Pol, du Louvre et du Petit Séjour, 1420 et 1421*, dans les *Dépenses secrètes de François Ier* citées dans *Les comptes des Bâtiments du roi (1528–1571)*, dans les *Inventaires du trésor de la cathédrale d'Amiens (1535)* et dans l'*Inventaire général du mobilier de la Couronne sous Louis XIV (1663–1715)* :

(173) [...] deux *burectes* de cristal de roche, avec pied et couvercle en vermeil et les anses formées par des "serpentelles en argent doré". (Douët d'Arcq 1864. *Invent. de l'hôtel Saint-Pol, du Louvre et du Petit Séjour, 1420 et 1421*)

(174) [...] deux *burettes* de cristal, garnies d'or et de pierreryes. (Guiffrey 1887–1880. "Dépenses secrètes de François Ier", *Les comptes des Bâtiments du roi* 1528–1571)

(175) [...] deux *buirettes* d'argent dorées. (Garnier 1850. *Invent. du trésor de la cathédrale d'Amiens (1535)*)

(176) [...] des *burettes* en cristal de roche, en agate d'Allemagne, en or émaillé. (Guiffrey 1885–1886. *Invent. général du mobilier de la Couronne sous Louis XIV (1663–1715)*)

Quant à la variante *buire*, elle perd le trait distinctif des vastes dimensions pour désigner un simple objet d'étagère. Dès 1689, la fabrication en métal précieux des buires est interdite par l'édit royal de mars 1700 et, à partir du XVIIIe siècle, on ne trouve plus de traces de ce mot – si ce n'est que chez les marchands d'objets d'art et dans les ventes de grands cabinets – qui est définitivement remplacé par le mot *aiguière*. Cet emprunt à l'ancien provençal "aiguiera" ("aiga" + suffixe "-eira", francisé "-ière"), attesté depuis le XIVe siècle (Estienne 1896 : 181), est lui-même dérivé du latin populaire "aquaria", un substantif formé à partir de l'adjectif "aquarius" qui signifie "se rapportant à l'eau", dérivé du latin "aqua", "eau". En principe, le mot *aiguière* apparaît sous les variantes orthographiques *éguière* et *esguière* :

(177) [...] une *éguière* d'or, à pié d'estrangue façon... [et] une autre *esguière* d'argent doré, à guise de mot. (Prost & Prost 1902–1903. *Invent. mobiliers et extraits des comptes des ducs de Bourgogne de la maison de Valois (1363–1477)*)

Si Furetière et le *Dictionnaire de l'Académie* de 1694 condamnent cette orthographe, la deuxième édition de Richelet et plusieurs textes de l'époque attestent son usage. Dans l'*Inventaire général du mobilier de la Couronne sous Louis XIV (1663–1715)*, on lit :

(178) [...] une *esguière* couverte en argent vermeil doré...en tout six *esguières*. (Guiffrey 1885–1886. *Invent. général du mobilier de la Couronne sous Louis XIV (1663–1715)*)

Parmi les autres variantes lexicales apparaissent, au XVIe siècle, aussi les formes *ayguadière* et *ayguessier* :

(179) [...] deux *ayguadières*. (Auteur inconnu. 1501–1600. *Invent. original des joyaux, tapisseries, livres et vaisselle de Philippe II, roi d'Espagne, à Bruxelles (1569)*)

(180) [...] Ung *ayguessier*. (Laprade, Jacques. 1962. *Invent. des tentures et des meubles transportés de Pau à Nérac en 1578*)

Comme l'écrit Henri Estienne dans la *Précellence du langage françois*, le mot *aiguière* désigne un vase souvent placé sur les buffets, les dressoirs et les tables, qui contient de l'eau. On en trouve la preuve dans plusieurs ouvrages, tels que *Le ménagier de Paris, traité de morale et d'économie domestique composé vers 1393* de Bruyant et les *Nouvelles récréations et joyeux devis* de Des Périers. Voici quelques exemples :

(181) [...] Herbe vert à mettre sur table, *aiguières* et hanaps à pié, deux dragouers, salières d'argent (Bruyant 1846 : 106)

(182) Quelquefois il s'advisoit de mettre de l'eau en son vin ; mais c'estoit avec la poincte d'un cousteau, lequel il mouilloit dedans l'*aiguière* et lassoit tomber une goutte en son voirre et non plus. (Des Périers 1961 : 201)

Toutefois, le mot *aiguière* ne désigne pas uniquement l'objet destiné à mettre de l'eau ou du vin pour boire, mais il est aussi employé pour indiquer un vase qui renferme l'eau parfumée destinée au lavage des mains. Déjà aux XIIIe et XIVe siècles, circulent des mots désignant des objets employés pour se laver les mains à table ; il s'agit des variantes *brochier* – dont on relève une attestation dans l'*Inventaire après décès de Richard Picque, archevêque de Reims (1389)* (Tarbé 1842) – et *bec d'asne*, un nom donné à l'extrémité d'un vase à large goulot, à peu près de la forme du pot à l'eau, qui sert pour porter l'eau nécessaire à la toilette et aux ablutions :

(183) [...] un *brochier à laver mains* où il fault un pié prisié V sols [...] un *brochier* à II brocherons, prisié IIII sols. (Tarbé 1842. *Invent. après décès de Richard Picque, archevêque de Reims (1389)*)

(184) [...] ung pot à ance, *à becdasne*, et à ou couverscle ung escusson taillié des armes de France, pesant VI marcs VII onces. (Labarte 1879. *Invent. du mobilier de Charles V, roi de France (1338–1380)*)

Au siècle suivant, le mot *bec d'asne* passe à désigner d'une partie le tout et apparaît sous la graphie de *besdasne*, contraction de *bec* et d'*âne*, de l'ancien français "ane", provenant du latin "anas" qui signifie "canard" :

(185) [...] deux *besdasnes* d'arain, pour servir à porter l'eaue des bains de Mme la duchesse de Tourraine. (Douët d'Arcq 1851. *Comptes de l'argenterie des rois de France au XIVe siècle*)

(186) À Thierry Lalemant, chauderonnier, demourant à Paris [...] deux coquemars, deux *bedasnes*, ung bacin à barbier, etc. (de Laborde 1975 : 150)

Après la disparition de *buire* et de *brochier*, le mot *aiguière* est employé au début et à la fin de chaque repas ; généralement, avant de se mettre à table, un page tend le *bassin* – apparaissant également sous l'expansion *bassin à laver* – et un autre incline l'aiguière pour verser de l'eau.

Si le nom désigne l'usage et la fonction de façon presque systématique, il n'en est pas de même pour la forme qui, au fil du temps, a beaucoup changé, provoquant des mutations au niveau dénominatif. En effet, les aiguières les plus anciennes ont les formes les plus insolites et revêtent notamment l'aspect d'animaux. À titre d'exemple, l'*Exécution du testament de Jeanne de Bourgogne de 1353* nous informe que cette princesse a des aiguières en forme de "[...] homme assis sur un *coq*, [de] martinet assis sur un *buisson*, [de] *féline* [et de] *lyon* couronné" (Plancher Urbain 1741 : 161). Quant à sa forme géométrique, l'aiguière est parfois ovale ou en forme de carré, comme dans l'exemple suivant :

(187) [...] une *aiguière carrée*, d'argent doré, esmaillée à veneurs et à bestes sauvages. [...] une *aiguière*, taillée, dorée, *à six carrées* et à troys tuyaulx ou biberon, et est cizellée à bendes et à arbreceaulx. (Labarte 1879. *Invent. du mobilier de Charles V, roi de France (1338–1380)*)

Cependant, le caractère distinctif de l'aiguière est sa rondeur. À ce propos, en parlant de l'aiguière, Furetière dit : "Il faut que son corps soit cylindrique, car s'il est plus enflé en un endroit qu'en un autre, on l'appelle alors *pot à eau*" (Furetière 1690). Cette définition induit à penser à la possibilité d'une imprécision dans l'usage du mot *aiguière*. Déjà au XIVe siècle, le mot *aiguière* se confond avec le syntagme *pot à eau* qui, à son tour, coexiste avec les synonymes *pichet*, *bure* et *cruchon* : "Là-dessus, estoient les écuelles et un *pichet* de terre ; vous appelez celui-ci un *pot à eau*, une *bure* ou un *cruchon*" (Du Fail 1548 : 118). D'ailleurs, dans le prospectus des ouvrages de cristal fabriqués et vendus à la manufacture royale de Bayel, présent dans le *Journal de Verdun* (A.A.V.V. 1841–1850 : 322), le mot *aiguière* continue d'être associé au syntagme *pot à eau* et ne désigne plus un vase en argent, mais en faïence, en cristal ou en verre. Cependant, les deux mots désignent des objets différents. Si Mme de Sévigné nous informe qu'en 1691 on "a fait emprisonner un frotteur savoyard qu'on soupçonne d'avoir mis du poison dans une *aiguière* qui étoit dans la chambre de M. Louvois" (de

Sévigné 1868 : 462), quelques années plus tard Saint-Simon parle d'un empoisonnement au moyen d'un *pot à eau*. Il raconte qu'en 1716 l'abbé d'Effiat jette volontairement du poison "dans un *pot à eau*" (de Courcillon de Dangeau 1854–1860 : 463) destiné à la duchesse d'Orléans, passage qui marque l'évolution au niveau dénominatif de l'*aiguière* au *pot à eau*. En outre, avec l'apparition de la fourchette dans les usages journaliers, on cesse de se laver les mains avec l'*aiguière* avant de se mettre à table et ce mot disparaît complètement du vocabulaire des arts de la table.

5.1.2 De la *coupe* au *gobelet*

Un autre cas d'apparition et de disparition lexicales concerne le mot *coupe* qui désigne un vase de forme circulaire monté sur un pied et qui, en principe, sert à boire. C'est la forme hémisphérique qu'il affecte le plus généralement. Toutefois, aux XIVe et XVe siècles, on fabrique des coupes appelées *coupes triangulaires*, telle que celle qui apparaît dans l'*Inventaire de l'orfèvrerie et des joyaux de Louis Ier, duc d'Anjou (1364–1365)* :

> (188) […] une petite *couppe trianglé,* à girons et à gouderons, semée d'esmaulx par la pate, à trois lions sur le ront. (Moranvillé 1903. *Invent. de l'orfèvrerie et des joyaux de Louis Ier, duc d'Anjou (1364–1365)*)

On en fait également de profondes, telle que celle relevée dans l'*Inventaire du mobilier de Charles V (1338–1380)* :

> (189) […] *couppe qui a le hanap parfond* et à façon de voirre. (Labarte 1879. *Invent. du mobilier de Charles V, roi de France (1338–1380)*)

Au XVIe siècle, l'usage des verres commence à se généraliser et le mot *coupe* cesse peu à peu d'être utilisé pour être bientôt remplacé, dans le lexique du service à boisson, par le mot *gobelet*, un vase d'un emploi plus commode et d'une capacité plus grande. Voici un exemple de cette transformation où le mot *gobelet* sert de syntagme prépositionnel au mot *coupe* :

(190) [...] une *couppe* d'argent doré *façon de gobelet*. (Wildenstein 1957. *Invent. après décès de Claude Gouffier (1571)*)

Sans s'attarder à vérifier si la dénomination *gobelet* vient du latin "cupa" comme démontré par Ménage (1750), du grec "cypellon" ou du celtique "gob" comme croyait Budé (TLFi), on constate que la définition de Furetière correspond à celle du *gobelet* de l'heure actuelle : "Tasse qui sert à boire, qui est ordinairement de figure ronde et sans pié ni anses" (Furetière 1690). Toutefois, si on remonte le temps, il est possible de remarquer qu'aux XIVe et XVe siècles, le mot *gobelet* désigne un objet beaucoup plus luxueux et aux formes très différentes. Il y en a de très simples et unis qui s'emboîtent les uns dans les autres et forment ce qu'on appelle, par analogie de la forme, des *piles de gobelets* :

(191) [...] une *pille* de très petiz *gobeléz* d'argent. (Guiffrey 1894–1896. *Invent. de Jean, duc de Berry (1401–1416)*)

Les *piles de gobelets*, dont les *Inventaires de Jean, duc de Berry (1401–1416)* fournissent plusieurs occurrences, se trouvent mentionnées dans un bon nombre de documents du même genre. En voici quelques exemples :

(192) [...] une très petite *pille de gobelléz* aux armes de Harcourt. (Labarte 1879. *Invent. du mobilier de Charles V, roi de France (1338–1380)*)

(193) [...] une *pile de gobeletz* d'argent en une esguière. (Bruel 1905. *Invent. de meubles et de titres trouvés au château de Josselin à la mort du connétable de Clisson (1407)*)

À côté de ces gobelets unis et simples, d'autres affectent des formes extraordinaires, ce qui donne lieu à de nouvelles dénominations, telles que *goubelet de la façon d'un oef d'autruiche*, *gobelet à la façon d'une lampe*, *gobelet en manière d'un chandellier*, *gobelet en façon de carneaux* :

(194) [...] un *goubelet de la façon d'un oef d'autruiche*. (Lecoy de la Marche 1873 : 188)

(195) [...] un *gobelet* d'or couvert, scizelé *à façon d'une lampe*. [...] un *gobelet en manière d'un chandellier*. (Prost & Prost 1902–1903. *Invent. mobiliers et extraits des comptes des ducs de Bourgogne de la maison de Valois (1363–1477)*)

(196) [...] trois *gobeletz* faictz *en façon de carneaux*. (Deville 1850. *Invent. du mobilier du cardinal d'Amboise Ier, de son manoir archiépiscopal de Rouen – 1508*)

Citons aussi l'expansion lexicale *gobelet à surprise* et son synonyme *gobelet instable*, respectivement employés aux XVIe et XVIIe siècles pour désigner des vases permettant de faire des paris et d'égayer la fin des repas. On relève également les hyponymes *gobelet à moulin*, *gobelet trembleur* et les variantes diatopiques *molenbeker* et *stortenbeker*, ainsi appelées dans les Flandres (TLFi). Le premier est muni d'un petit sifflet où l'on souffle pour mettre en mouvement les ailes du moulin et vider le gobelet ; dans le deuxième, on remplit à la fois le gobelet et la coupette montée sur pivot que la femme tient au-dessus de sa tête.

Un autre hyponyme de *gobelet* est le mot *tripet*, ainsi dénommé pour sa forme ronde qui rappelle, par métonymie, la tripe ou bien le ventre d'un animal. Ce mot figure très fréquemment dans les inventaires du XIVe siècle avant de disparaître complètement dans l'usage. En voici quelques exemples :

(197) [...] un petit gobelet d'or, qu'on appelle *tripet*, et est esmaillé ou fonds aux armes de France. (Auteur inconnu 1601–1700. *Invent. des meubles de Monsieur le duc de Normandie, dauphin de Viennois, fait en l'année 1363*)

(198) [...] ung petit gobelet d'or tout plain, appellé *trippet*, et a sur le couvescle ung esmail rond des armes de Mons. de Valoys, et a sur le fruitelet du couvescle ung petit saphir ; pesant un marc deux onces. – Ung petit goubelet d'or ront, tout plain, appellé *trippet*, et a ung petit fritelet dessus le couvescle à une grosse perle, et par dedens le couvescle a un K couronné taillé ; pesant deux marcs quinze estellins. (Labarte 1879. *Invent. du mobilier de Charles V, roi de France (1338–1380)*)

(199) [...] un gobelet couvert appellé *trippet*, a un saphir sur le fruictelet, dont le couvescle d'icellui a esté rendu, et poise icellui couvescle avec le fruictelet, VII onces V esterlins ; pour le pesant du gobelet non rendu, I marc XVII esterlins obole. (Moranvillé 1903. *Invent. de l'orfèvrerie et des joyaux de Louis Ier, duc d'Anjou (1364–1365)*)

La multiplicité des variations dénominatives de *gobelet* suffit à démontrer non seulement son usage à cette époque, mais aussi que sa forme n'a jamais acquis la régularité et la fixité que Furetière indique comme l'un des caractères essentiels et typiques de cet objet.

L'une des innovations les plus importantes a lieu au XVIIIe siècle avec l'introduction des gobelets en porcelaine : aux *gobelets de Chine* et *du Japon* succèdent ceux *de Saxe* et *de Sèvres* qui servent surtout à boire du lait. D'où la naissance de l'hyponyme *gobelet à lait*, désignant un gobelet produit par Barbin fils, directeur de la manufacture de porcelaine de Villeroy, poussé par la mode du moment des bergeries et des laiteries qui commence à devenir très forte.

Quant aux gobelets en métaux précieux, ils sont plus spécialement utilisés dans les collèges et les lycées sous la dénomination de *timbale* alors que le mot *gobelet* indique dans ce contexte un verre sans pied ou muni d'un pied trapu, écrasé et très bas (TLFi). Parfois il est muni d'une anse, mais le plus souvent il est uni, presque toujours rond, exceptionnellement taillé à l'extérieur à pans. À partir du XVIIIe siècle, le mot *gobelet* n'est plus utilisé pendant les repas des rois et des bourgeois, mais il joue encore son rôle à l'office et sur la table des tavernes où il sert de rince-bouche et, enfin, dans les brasseries où, muni d'une anse, il est remplacé par le mot *chope*, un emprunt au dialecte alsacien "schoppe" qui signifie "verre à bière", et qui correspond d'ailleurs au mot allemand *schoppen*, employé dans les régions viticoles limitrophes de l'Alsace pour indiquer un verre de vin (Grimm 1854).

5.1.3 Du *vinaigrier* à l'*huilier*

Richelet définit le *vinaigrier* comme :

> (200) Une sorte de petit vase de vermeil doré, d'argent, d'étain ou de faïance, où l'on met du vinaigre lorsqu'on en veut servir sur table, et qui est composé d'un corps, d'un couvercle, d'une anse, d'un biberon et d'un pied. (Richelet 1680)

En effet, l'idée de mettre le vinaigre dans un récipient spécial en forme de bouteille est une tradition très ancienne. Cette habitude est déjà adoptée depuis longtemps sur les tables royales comme démontré dans l'*Inventaire des biens, meubles et immeubles, etc., de Ramond de Cussac, chanoine de Saint-André de Bordeaux* (De Climens 1442), où apparaît un *botet per tenir binagre* :

(201) [...] un *botet* de terra *per tenir binagre*. (De Climens 1442. *Invent. des biens, meubles et immeubles, etc., de Ramond de Cussac, chanoine de Saint-André de Bordeaux*)

Mais c'est seulement à partir du XVIe siècle qu'on voit apparaître le *vinaigrier* ou la *vinaigrière* de table avec la dénomination actuelle :

(202) [...] *vinaigrière* d'argent. (Deville 1850. *Invent. du mobilier du cardinal d'Amboise Ier, de son manoir archiépiscopal de Rouen – 1508*)

(203) [...] ung petit *vinaigrier* destaing. (Hermant 2005. *Invent. après décès des biens, meubles, joyaux et titres de Gabrielle d'Estrées, duchesse de Beaufort et d'Étampes (avril-mai 1599)*)

Au XVIIe siècle, le mot *vinaigrier* est employé dans le domaine des ménages les plus bourgeois pour désigner la forme des vases – *en forme de vinaigrier* – et non l'objet en tant que tel, ce qui laisse entrevoir un usage de plus en plus réduit de cet objet sur les tables :

(204) [...] un certain nombre de *vases dits "en forme de vinaigrier"*. [...] *Un vase en forme de vinaigrier*, dont le corps est à godrons, enrichy par le hault d'un ornement d'or esmaillé de diverses couleurs, avec son anse en forme de serpent et son biberon soustenu par un petit enfant, le tout d'argent vermeil doré. [...] un petit vase *en forme de vinaigrier*, taillé à huit pans. [...] un biberon d'or *en forme de vinaigrier*, gravé de festons, rinceaux et autres ornemens... (Guiffrey 1885–1886. *Invent. général du mobilier de la Couronne sous Louis XIV (1663–1715)*)

Au début du XVIIIe siècle, le mot *vinaigrier* disparaît complètement pour se confondre avec la dénomination *huilier* qui en absorbe l'originalité et lui donne son nom. À partir de 1715, le mot *huilier* désigne une burette destinée au vinaigre et très exceptionnellement cette dernière se trouve mentionnée – comme dans le *Catalogue des effets précieux de feue son altesse royale le duc Charles de Lorraine et de Bar* – mais moins à cause de cette particularité et pour son caractère artistique que pour l'importance de l'objet :

(205) [...] un *huilier* et un *vinaigrier* de bronze, dont les pieds, les anses, les becs et les couvercles sont de cuivre doré, les corps de ces *huilier* et *vinaigrier* sont gravés en quelques parties, et portent chacun deux escussons ciseléz. (A.A.V.V. 1781 : 78)

Le mot *huilier* ne semble pas être d'un usage très ancien : probablement parce qu'au début, on avait l'habitude de servir aux convives les salades déjà assaisonnées, d'où l'inutilité de présenter sur la table des flacons de métal renfermant les bases de l'assaisonnement. Il semblerait que le vinaigre ait été le premier à rompre avec cette tradition au XVIe siècle et que l'huile n'a pas tardé à suivre sur la table le liquide acerbe. Dans l'*Inventaire de tous les meubles du cardinal Mazarin dressé en 1653*, on enregistre les locutions *vase pour mettre l'huile* et *vase pour mettre le vinaigre* :

> (206) [...] deux petits *vazes* à six angles, avec leurs manches et couvercles, *un pour mettre l'huile*, l'autre *pour mettre le vinaigre*, marquéz aux armes de Son Eminence. (Aumale 1861. *Invent. de tous les meubles du cardinal Mazarin dressé en 1653*)

Toutefois, l'apparition de l'huile ne provoque pas de grandes surprises chez les savants de l'époque, puisque si Furetière a connu le mot *vinaigrier* et l'a également décrit avec soin comme un petit vase d'usage courant qui tire son nom du contenu, le mot *huilier* semble avoir été complètement ignoré : "Petit pot d'argent ou d'estain ayant un goulet, qu'on sert sur la table plein de vinaigre" (Furetière 1690). Il faut attendre la seconde édition du *Dictionnaire de l'Académie* pour que le mot *huilier* apparaisse dans les dictionnaires de langue française, ainsi défini : "Vase dans lequel on sert l'huile sur la table" (Académie 1718).

Jusqu'à ce moment, le mot *huilier* n'est pas encore apparu sous la forme compliquée, c'est-à-dire sous le nom de *vinaigrier*. Il est tout simplement décrit comme un vase où l'on met de l'huile pour se servir à table et la séparation avec le mot *vinaigrier* persiste si bien que dans l'*Inventaire général du mobilier de la Couronne sous Louis XIV (1663–1715)* (Guiffrey 1885–1886), on recense 36 *huiliers* et 33 *vinaigriers*, dont la disparité des quantités prouve très bien que la jonction des deux dénominations n'a pas encore eu lieu.

Cinquante ans plus tard, la portée conceptuelle du mot *huilier* change et les articles du *Journal* de Lazare Duvaux attestent l'accomplissement de cette nouvelle réforme :

> (207) [...] 28 décembre 1748 – M. de Saint-Martin : un *huilier* de Saxe pour un huilier de porcelaine, avec ses caraffes de cristal doré [...] 30 novembre

1758 – S. M. le roy : un *huilier* de porcelaine de France vert, garni de ses carcasses et porte-bouchon des carraffes en or ciselé et les caraffes en cristal : 1,140 livres. (Duvaux 1873 : 10, 55, 361, 380)

Ainsi, le mot *huilier* ne désigne plus seulement le vase où l'on met l'huile, mais le bateau, la carcasse, l'appareil qui porte à la fois l'huile et le vinaigre. Cette signification persistera tout au long du XVIIIe siècle avant la diffusion du mot composé *porte-huilier*.

5.1.4 Du *vaisselet à manger œufs* au *coquetier*

Le mot *coquetier* désigne un vase dans lequel on sert sur les tables princières les œufs à la coque et dans lequel on mange ces œufs. Bien que cette habitude soit très ancienne, le mot *coquetier* semble avoir eu des difficultés à se lexicaliser. L'une des premières définitions de ce mot remonte au XIVe siècle. Il s'agit d'un bref passage de l'*Inventaire des meubles de Monsieur le duc de Normandie, dauphin de Viennois, fait en l'année 1363*, où l'on parle d'un *vaisselet à mangier œufs* :

(208) […] un *vaisselet* d'argent *à mangier œufs*. (Auteur inconnu 1601–1700. *Invent. des meubles de Monsieur le duc de Normandie, dauphin de Viennois, fait en l'année 1363*)

Ensuite, dans les *Inventaires mobiliers et extraits des comptes des ducs de Bourgogne de la maison de Valois (1363–1477)*, on emploie le mot *engin* pour le définir :

(209) […] un *engin à mettre* et *asseoir les œufs*. (Prost & Prost 1902–1903. *Invent. mobiliers et extraits des comptes des ducs de Bourgogne de la maison de Valois (1363–1477)*)

Dans les *Comptes de l'argenterie des rois de France au XIV*[e] *siècle*, on trouve la description suivante :

(210) […] un *pié rond*, pardessus d'argent doré, *à mettre un œuf* dedens assis sur III petis piez pour madame la duchesse d'Orléans. (Douët d'Arcq 1851. *Comptes de l'argenterie des rois de France au XIV*[e] *siècle*)

La première dénomination se rapprochant du mot *coquetier* apparaît dans l'*Inventaire de la duchesse de Valentinois, Charlotte d'Albret 1514*. Il s'agit du mot *cocatière* accompagné de la locution *à mettre œufs* :

(211) [...] une *cocatière* à mettre trois eufs, sizellé de feuilles à l'entour, et à trois pactes (pattes) à l'entour et garnye de trois armoyries. (Bonaffé. 1878. *Invent. de la duchesse de Valentinois, Charlotte d'Albret 1514*)

Ce n'est que soixante ans plus tard, au XVIe siècle, que le mot *coquetier* apparaît dans la forme qu'il gardera jusqu'à nos jours :

(212) [...] une petitte sallière garnye de son couvercle et de deulx *coquetiers*, le tout d'argent vermeil dorré poisant deulx marcs quatre gros. (Wildenstein 1957. *Invent. après décès de Claude Gouffier (1571)*)

(213) [...] deux petiz *cocquetiers* d'estain. (*Invent. des meubles de Claude Millet, sommelier de paneterie de Mme la duchesse d'Uzais* 1551)

La curiosité et l'admiration pour cet exercice royal n'ont fait qu'accentuer l'usage de ce mot qui, d'ailleurs, s'est fortement répandu dans le vocabulaire en question, surtout pendant le règne de Louis XV en raison du fait que ce roi aimait les œufs à la coque.

5.1.5 Du *seau à rafraîchir* au *rafraîchissoir*

Le mot *seau* indique un vase de forme ronde, largement ouvert au sommet, muni d'une anse arrondie et mobile servant à le porter. Dès ses origines, ce mot est employé pour indiquer aussi des vases qui servent à tirer de l'eau des puits et des citernes :

(214) [...] Gillet Guillaume, pour II *seaulx* de fust neufs, ferrés, achetés de lui pour le puis de Saint-Pol. (Douët d'Arcq 1865. *Compte de l'hôtel de Charles VI de 1381*)

(215) [...] une table de bois de chêne de sept pieds de long, sur son châssis, deux bancelles de pareil bois, des tablettes à vaisselle, deux *seaux*, le tout prisé ensemble, VIII livres. (Soulié 1863. *Invent. après décès de Jean-Baptiste Poquelin de Molière*)

En 1620, les registres de l'hôtel de ville de Paris obligent tous les propriétaires de maisons à acheter chez l'orfèvre Lebrun des seaux en cuir, d'où l'usage de ce mot dans le contexte domestique :

(216) À ceste fin, tous les propriétaires des maisons seront obligés d'achepter dudict Lebrun autant de *seaulx* de cuir qu'ils auront de cheminées en leurs maisons, que ledict Lebrun fera peindre aux armes et devises de chascun propriétaire et resserrer en ung lieu commode des maisons, ou bien enfilés d'ordre dans un baston, pour les prendre plus facillement au besoing, dont les locataires auront le soing, sous peine de remplacer le perduz de leurs propres fraiz et dépens. (Danjou 1835 : 436–437)

Les seaux employés pour les usages domestiques ont une contenance à peu près fixe. C'est pourquoi Furetière affirme que le mot *seau* : "[...] se prend quelquefois pour expliquer la capacité d'un autre vaisseau. Cette baignoire, ce cuvier, cette fontaine, contient tant de seaux" (Furetière 1690). De nombreux inventaires des XVe et XVIe siècles l'attestent :

(217) [...] une fonteine de quatre *seaux* avec son couvercle. (*Invent. des meubles de Claude Millet, sommelier de paneterie de Mme la duchesse d'Uzais* 1551)

(218) [...] une fontayne d'arain, garnye de son couvercle et robinet, tenant trois *seaulx* ou environ. (Hermant 2005. *Invent. après décès des biens, meubles, joyaux et titres de Gabrielle d'Estrées, duchesse de Beaufort et d'Étampes (avril-mai 1599)*)

(219) [...] une fontaine de cuivre rouge, tenant quatre *seaux* ou environ, garnie de son couvercle et robinet, prisée douze livres. (Jonquoy 1833. *Invent. après décès de Ménardeau, Marie-Emmanuel-Jules-Gratien (vicomte de Menardeau) 1657*)

En traversant les âges, la forme du seau ne semble pas se modifier. Au contraire, elle reste si fixe et caractéristique que la dénomination est également employée pour désigner, par analogie, les *vases en forme de seau* :

(220) [...] un *vaze en forme de seau*, à seize pans avec un cercle de mesme pièce. (Guiffrey 1885–1886. *Invent. général du mobilier de la Couronne sous Louis XIV (1663–1715)*)

L'eau tirée des puits et mise dans un seau est naturellement, à sa sortie, d'une grande fraîcheur, d'où l'habitude de mettre les bouteilles de vin à rafraîchir dans ces seaux-là, appelés *seaux à rafraîchir*, un hyponyme qui enrichira le lexique des accessoires de table du mobilier royal. En voici un exemple datant du XVIe siècle :

> (221) [...] grant *cieau à rafreschir* vin. (Bonaffé. 1878. *Invent. de la duchesse de Valentinois, Charlotte d'Albret 1514*)

Mazarin aussi possédait des seaux à rafraîchir. Son inventaire offre la description de deux de ces pièces exceptionnelles qui apparaissent sous la graphie *sceau* :

> (222) [...] un grand *sceau* d'argent de Paris, vermeil doré cizelé, sur lequel est représenté d'un costé une Vénus, tirée dans un chariot par des chevaux marins, et de l'autre un Neptune dans une conque marine – Un autre grand *sceau* pareil, d'argent de Paris, vermeil doré cizelé, sur lequel est représenté d'un costé un Bacchus étant dans un chariot, tiré par deux chevaux marins, et de l'autre, d'autres figures de Dieux, pesant quarante-neuf marcs une once sept gros. (Aumale 1861. *Invent. de tous les meubles du cardinal Mazarin dressé en 1653*)

À partir du XVIIIe siècle, on commence à produire des seaux à rafraîchir plus petits et plus coquets à disposer sur les tables, appelés *seaux à bouteilles*, *seaux à demi-bouteilles* et *seaux à compartiments* où l'on peut mettre plusieurs sortes de liqueurs, appelés aussi *seaux à liqueurs* :

> (223) 17 juillet 1754 Président Ogier : deux grands *seaux à bouteilles* en blanc, à oiseaux colorés, 288 livres. – Mme de Pompadour : quatre grands *seaux à bouteilles*, fleurs, 576 livres. – 7 juin 1754 M. Fabus : Deux *seaux* de Vincennes *à demi-bouteilles*, à 96 livres, 192 livres. – Mme Brissard : Deux *seaux à demi-bouteilles* en bleu céleste, 480 livres. – 28 décembre 1756 M. de Villeroy : Deux *seaux à liqueurs*, ovales, en bleu céleste, peint à oiseaux, 240 livres. – 3 janvier 1759 M. Trouard fils : Un *seau à compartimens pour les liqueurs*, 240 livres. (Duvaux 1873 : 209, 266, 203, 305, 306, 384)

Très intéressant est l'hyponyme *seau à verres* désignant une petite soucoupe profonde, généralement de porcelaine, quelquefois de métal, dans laquelle on pose les verres pour ne pas tacher la nappe. C'est dans les *Mémoires du duc de Luynes sur la Cour de Louis XV (1735–1758)* qu'il est d'abord fait mention de ces sortes de *seaux* :

> (224) Tout le monde, le Roi même est servi par des garçons bleus ou garçon du château ; mais le service est facile, car chacun a son verre dans un *seau à verres*

devant soi, et l'eau et le vin sont sur la table. Le sieu Lazure, qui a soin ici des cabinets, sert sur table comme il fait à Versailles. (Dussieux & Eudoxe 1863 : 195)

De même, dans le *Livre journal* de Lazare Duvaux, on relève des occurrences de *seaux à verre* dont l'usage coïncide avec l'admission des verres sur la table :

(225) 2 juillet 1753 – Duc des Deux-Ponts : dix-huit *seaux à verres*, porcelaine de Vincennes, peints à paysages, camayeux pourpres, 540 livres – 11 janviers 1754 – Comtesse de Forcalquier : Deux *seaux à verres*, à paysage, 72 livres. – 17 juillet 1754 Mme de Pompadour : un *seau à verres* de porcelaine de Vincennes, à paysage en pourpre, 36 livres – 5 janvier 1758 M. Machart : deux *seaux à verres*, à fleurs, de 42 livres. (Duvaux 1873 : 163, 189, 209, 346)

Aux XVe et XVIe siècles, d'autres dénominations coexistent avec la variante *seau à rafraîchir*. Il s'agit des variantes *refredoer* – ancienne graphie de *rafraîchissoir* – *cuvecte à mettre rafraischir* et *cuve à reffreschir* selon les graphies des époques :

(226) [...] un *refredoer* à vin. (Guiffrey 1894–1896. *Invent. de Jean, duc de Berry (1401–1416)*)

(227) [...] une *cuvecte à mettre rafraischir* le vin, à deux grans ances tenues par des hommes et femmes sauvaiges, et à lyons par le dessoubz. (Le Roux de Lincy 1850. *Détail sur la vie privée d'Anne de Bretagne, femme de Charles VIII et de Louis XII, suivis des inventaires des meubles ayant appartenu à cette princesse*)

(228) [...] une *cuve* de cuivre *à reffreschir* vin, ayant deux grands esmeaulx. (Bonaffé. 1878. *Invent. de la duchesse de Valentinois, Charlotte d'Albret 1514*)

Aux XVIe et XVIIe siècles, la forme *rafraîchissoir* n'est pas très en usage ; ni Richelet ni Furetière ne la mentionnent dans leurs dictionnaires, mais deux occurrences figurent dans deux inventaires de 1578 et 1653 :

(229) [...] deux *rafraîchissoirs* de cuyvre. (Laprade, Jacques. 1962. *Invent. des tentures et des meubles transportés de Pau à Nérac en 1578*)

(230) [...] ung timbre, autrement *rafraîchissoir* de cuivre jaulne, avecq son soubastement de bois de nouhier. (Aumale 1861. *Invent. de tous les meubles du cardinal Mazarin dressé en 1653*)

Il faut arriver au XVIIIe siècle pour que le mot *rafraîchissoir* s'établisse tout d'abord dans la nomenclature des ouvrages fabriqués à la manufacture royale de cristaux de Bayel où apparaissent des "[...] cuvettes, *rafraîchissoirs*, seaux de table et autres" (A.A.V.V. 1841–1850 : 322) et aussi dans les dictionnaires, tel que le *Dictionnaire de Trévoux* qui a été le premier à proposer l'entrée *rafraîchissoir* :

> (231) Vase où l'on fait rafraîchir des liqueurs. Au lieu de la glace que l'on ne trouve pas toujours, et dont l'usage ne convient pas à toutes sortes d'estomacs, et qui périt l'usage même qu'on en fait, on peut employer des sels qui, jetés dans le *rafraîchissoir*, mettent l'eau presque au degré du froid de la glace. On peut tirer ce service du sel marin, et encore mieux du sel ammoniac. (Trévoux 1738–1742)

5.2 Quelques cas de migration lexicale : les termes des embarcations maritimes dans la nomenclature des vases

Dès leur mise en circulation, les mots appartenant au vaste champ lexical des arts de la table sont sujets à la variation qui, comme on a pu observer, s'articule dans le temps et dans l'espace. D'autres mouvements lexicaux, telle que la déterminologisation (Meyer & Macintosh 2000) qui correspond au passage d'une partie de la terminologie d'un domaine spécialisé vers la langue générale, sont également présents dans le vocabulaire en question. On retrouve plusieurs mentions de ce phénomène chez différents auteurs où il prend des dénominations différentes : banalisation lexicale chez Guilbert (1975) et Galisson (1978), déspécialisation chez Gouadec (1990), déterminologisation, migration ou même dilution chez Meyer et Macintosh (1999) ou encore dédomanialisation (Rastier & Valette 2009). Il n'est pas encore certain que ces étiquettes soient totalement équivalentes, mais on retrouve dans ces études l'idée que, lorsque la connaissance spécialisée passe dans un domaine général de la langue, ce phénomène s'accompagne de manifestations linguistiques particulières : transfert de signification, néologismes d'emploi, changement au niveau sémantique, etc.

C'est dans la requête de ces traces de déspécialisation et de leur interprétation historico-philologique sur le fonctionnement des termes maritimes passés dans la nomenclature des objets de parure pour la table, que s'inscrit une partie de cette étude. Dans le corpus de référence, on constate la présence de huit unités lexicales spécialisées désignant les noms des embarcations maritimes qui passent dans la langue générale pour s'installer dans le lexique en question. Ces dénominations, configurées en fonction de l'époque et de l'usage, révèlent un autre aspect fascinant de l'évolution du vocabulaire des objets de parure pour la table.

En corrélation avec le domaine des embarcations maritimes, se présente d'emblée l'unité lexicale *gondole*, un petit vase long et étroit qui sert à boire et qui est ainsi appelé par analogie de la forme à la barque longue et plate en usage à Venise. La première définition de ce mot est offerte par Furetière : "Petit vaisseau à boire long et estroit, et sans pieds ni anses, ainsi nommé à cause de la ressemblance qu'il a avec les gondoles de Venise" (Furetière 1690). L'habitude de nommer *gondole* un vase oblongue, n'est pas antérieure à la fin du XVIe siècle ; l'une des premières occurrences de *gondole* apparaît dans l'*Inventaire de Catherine de Médicis en 1589* mentionnant le passage de Henri III à Venise et, tout de suite, dans deux inventaires de 1610 et 1633 :

(232) [...] une *gondolle* grande et une *gondolle* petite, etc. (Bonaffé 1874. *Invent. des meubles de Catherine de Médicis en 1589*)

(233) [...] une *gondolle* d'argent pesant demy-marc, à XXI livres le marc, cy X liv. X sols. (Guiffrey 1915. *Invent. après décès de Jérôme Francken dressé le 16 juillet 1610*)

(234) [...] une écuelle, une *gondole* [...] le tout d'argent, etc. (Soulié 1863. *Invent. après décès de Jean-Baptiste Poquelin de Molière*)

On enregistre un bon nombre d'occurrences du mot *gondole* aussi dans l'*Inventaire général du mobilier de la Couronne sous Louis XIV (1663–1715)*. Reproduisons, à titre d'exemple, la description de trois gondoles qui s'éloigne sensiblement de la définition donnée par Furetière. La première gondole, en lapis, est définie comme :

(235) […] une *gondolle* de lapis, taillée de deux coquilles aux costéz, portée sur un pied de mesme lapis à balustre, garny d'or en deux endroits, émaillé de différentes couleurs, avec son couvercle, aussy de lapis, garny autour d'un petit cercle d'or émaillé de noir, et au-dessus un petit vase de mesme lapis, d'où sort un petit bouquet de pierres, haulte, compris le couvercle de 5 pouces, longue de 6 pouces sur 3 pouces et demi de large. (Guiffrey 1885–1886. *Invent. général du mobilier de la Couronne sous Louis XIV (1663–1715)*)

Celle en jaspe d'Orient est définie comme une *tasse en forme de gondole* et celle en agate onyx est ovale :

(236) […] une tasse, *en forme de gondolle*, de jaspe d'Orient, portée sur un pied à balustre, garny d'un cercle d'or esmaillé de plusieurs couleurs, avec son couvercle de mesme, aussy garny d'or ésmaillé, – haulte de cinq pouces, longue de six pouces. (Guiffrey 1885–1886. *Invent. général du mobilier de la Couronne sous Louis XIV (1663–1715)*)

(237) […] ovalle, de plusieurs couleurs, garny par le bord d'un cercle d'or esmaillé de vert et enrichy de petits ornemens esmailléz de blanc et autres couleurs, porté sur un pied à balustre, d'agathe d'Allemagne, enrichy de feuilles d'or esmaillées, qui soustiennent ledit vaze, avec un petit cercle à jour doré, le tout porté sur une patte d'agathe-noix, liée d'un cercle d'or, cizelé de feuilles esmaillées de vert et de blanc, gravé par-dessous d'une figure qui tient une clef et un ange qui ramasse des fleurs, le tout ensemble hault de 5 pouces, long dans son ovalle de 5 pouces 1 ligne et large de 3 pouces. (Guiffrey 1885–1886. *Invent. général du mobilier de la Couronne sous Louis XIV (1663–1715)*)

Le mot *gondole* acquiert ici un sens nouveau, beaucoup plus étendu par rapport à celui qui lui est donné par Furetière dans son dictionnaire ; il s'applique à tout vase de parement ayant une forme ovale et pas uniquement à un vaisseau à boire. Au XVIIIe siècle, les deux acceptions du mot *gondole* continuent de coexister, même si ce mot cesse peu à peu d'être utilisé :

(238) […] une petite *gondole* d'argent d'Allemagne. (Guiffrey 1885–1886. *Invent. général du mobilier de la Couronne sous Louis XIV (1663–1715)*)

(239) […] une tasse à oreille et trois *gondolles* d'argent, poinçon de Paris. (de la Fosse 1717. *Invent. après décès d'Elisabeth Delafosse, veuve de Jean Forest, peintre du roi (1731)*)

Lorsque ce mot apparaît dans les inventaires, c'est moins pour désigner un vase de forme spéciale que pour établir une analogie entre un objet et une forme allongée, arrondie à ses extrémités qui se rapproche plus ou moins de celle de la gondole définie par Furetière. C'est ainsi, par exemple, que Lazare Duvaux mentionne, le 27 janvier 1750, dans son *Livre-journal* : "[...] un cabaret *en gondole*, à anse vernie, avec deux gobelets à contours et soucoupe de Saxe peints à oiseaux" (Duvaux 1873 : 109). De même, figure dans l'*Inventaire après décès d'Elisabeth Delafosse, veuve de Jean Forest, peintre du roi (1731)*, un *porte-huilier en gondole* :

> (240) [...] un *porte-huilier en gondole*, garni de ses bouchons. (de la Fosse 1717. *Invent. après décès d'Elisabeth Delafosse, veuve de Jean Forest, peintre du roi (1731)*)

Avec le dernier quart du XVIIIe siècle, ce mot cesse définitivement d'être employé dans le vocabulaire en question pour réapparaître au début du XIXe siècle, non pas pour désigner un vase à boire, mais un récipient à hors-d'œuvre. Dans ce cas aussi, la *gondole* perd sa dénomination à cause du changement de la forme de l'objet, faisant place à une nouvelle dénomination relevant toujours du domaine des embarcations maritimes : *bateau*. Sous la dénomination de *bateau*, on désigne une soucoupe de faïence, de porcelaine ou de verre, de forme allongée qui sert généralement à contenir les hors-d'œuvre. Le *bateau* est ainsi appelé parce qu'il simule un petit bateau avec son batelier à l'arrière, parfois garni de petits récipients destinés à recevoir du sel, du poivre ou des épices : "16 décembre 1751 – A Mme de Briolley : un *bateau* de Vincennes et deux tinettes, 84 livres. – 28 décembre 1751 – A M. de Boulogne : deux *bateaux* de Vincennes avec deux tinettes couvertes dans chacun, 168 livres" (Duvaux 1873 : 106, 109).

Le transfert de signification qui a été constaté pour les lexèmes *gondole* et *bateau* s'étend secondairement à d'autres lexèmes qui appartiennent à la même aire de signification. Le premier lexème est *navire*, employé pour désigner des vases de pure ornementation. L'une des premières attestations de ce mot apparaît au féminin dans le *Détail sur la vie privée d'Anne de Bretagne, femme de Charles VIII et de Louis XII, suivis des inventaires des meubles ayant appartenu à cette princesse* (Le Roux de Lincy 1850) pour indiquer un vase d'ornementation.

À l'époque de la Renaissance, le mot *navire* indique aussi un objet de pure distraction ou un simple jouet destiné aux enfants, tel que le *navire à la hollandaise* (Héroard 1868 : 317) offert au Dauphin âgé de huit ans.

L'usage du mot *navire* devient moins fréquent à cause de l'introduction du synonyme *nef* qui est de plus en plus utilisé dans le vocabulaire des arts de la table. Le Littré définit le mot *nef* comme un "synonyme poétique de *navire*" (Littré 1863). Il s'agit d'un mot ordinaire, ainsi appelé par analogie aux bateaux de toute taille et de tout aspect, dont les formes élégantes ont séduit les orfèvres qui, pour les usages les plus profanes, les imitent. D'où l'origine de la nef qui orne la table royale pour serrer et contenir les épices, mais aussi pour concourir à la sécurité des princes contre les assaisonnements. C'est surtout aux XVIIe et XVIIIe siècles que les vases sont désignés sous le nom de *nef* ou accompagnés du syntagme *en forme de nef* pour leur ressemblance avec un navire ou un vaisseau :

(241) [...] une tasse *de forme de nef* d'argent d'Italie – Une autre tasse *en forme de nef* d'argent – Une autre tasse *en forme de nef* à six godrons d'argent d'Espagne. (Aumale 1861. *Invent. de tous les meubles du cardinal Mazarin dressé en 1653*)

Un autre lexème qui s'affirme et se trouve entièrement affranchi des liens avec la zone de signification originelle des embarcations, est *navette*, utilisé au XIVe siècle pour désigner des vases de forme très allongée dans lesquels on met l'encens que le prêtre jette sur les braises de l'encensoir. À cette époque les navettes sont presque obligatoires et omniprésentes dans le mobilier de toute chapelle seigneuriale et ecclésiastique. Voici quelques exemples :

(242) [...] une *navette* à mettre encens, séant sur un pié. (Moranvillé 1903. *Invent. de l'orfèvrerie et des joyaux de Louis Ier, duc d'Anjou (1364–1365)*)

(243) [...] une *navecte* d'argent verée, à mettre l'encens. (Douët d'Arcq 1864. *Invent. de l'hôtel Saint-Pol, du Louvre et du Petit Séjour, 1420 et 1421*)

Cette dénomination s'applique aussi à certains vases destinés à des usages plus profanes, par exemple pour désigner des salières, des encriers, des vases à boire, etc. La raison en est que le mot *navette*, pris dans le sens de *nacelle* ou de petit *navire*, convient à tout récipient de forme allongée rappelant plus ou moins l'aspect d'une embarcation.

C'est ainsi qu'on lit dans l'*Inventaire du garde-meuble de l'argenterie, compte d'Étienne de la Fontaine, 1353* :

(244) [...] de l'inventoire Guillaume de Monstereul, pour une *navette* de cristal, garnie d'argent, dorée et esmailliée, à faire salière. (Douët d'Arcq 1851. *Invent. du garde-meuble de l'argenterie, compte d'Étienne de la Fontaine, 1353*)

Parfois la navette a aussi la forme d'un vaisseau. Dans ce cas, il s'agit d'un objet d'art de haute valeur et d'une importance capitale, utilisé jusqu'à la fin de la monarchie sur la table du roi et qui porte plus ordinairement le nom de *nef*, même si sous le règne de Charles VI on l'appelle encore *navette* :

(245) [...] *navette* d'argent doré de Mme la Royne. (Douët D'Arcq 1874. *XVIIe Compte de Guillaume Brunel, argentier du roi 1387*)

À partir du règne suivant, le sens original réapparaît et le mot *navette* indique uniquement le petit meuble ecclésiastique figurant encore aujourd'hui parmi les objets consacrés au culte.

Quant à la variante *nacelle* qui, anciennement, désignait une petite embarcation à rames, elle n'est pas très en usage dans les textes anciens. On ne l'a rencontrée que dans des textes du XVIIIe siècle pour indiquer par analogie la forme des vases. Voici quelques exemples :

(246) [...] deux vases d'albâtre *en forme de nacelle*. (Cordey 1939. *Invent. des biens de Mme de Pompadour, rédigé après son décès (1766)*)

(247) [...] porphyre verd : un vase couvert *en nacelle*. (Rémy & Juillot 1777 : 6)

(248) [...] porphyre rouge : un très beau vase de porphyre couvert, *forme de nacelle*, profilé à gorges et moulures, etc. (Le Brun 1791 : 179)

Un autre terme maritime employé dans le vocabulaire en question est *nautile*, un nom donné à une sorte de vase fait avec une conque marine polie et montée, le plus souvent, sur un pied d'argent ou de vermeil. Une occurrence apparaît au XVIIe siècle dans l'*Inventaire de tous les meubles du cardinal Mazarin dressé en 1653*, sous la graphie *notille* :

(249) […] une *notille* garnie d'argent qui est cassée, prisée à sa juste valleur, XL livres. (Aumale 1861. *Invent. de tous les meubles du cardinal Mazarin dressé en 1653*)

Le mot *conque* aussi a été donné à des ustensiles de ménage rappelant de près ou de loin la forme d'une conque. Suivant Carpentier (1766), la *conque* aurait été, au XVIe siècle, une grande terrine servant aux usages religieux et notamment aux cérémonies du lavement des pieds. On enregistre deux occurrences dans le *Catalogue de Randon de Boisset* et dans l'*Inventaire des biens, meubles et immeubles, etc., de Ramond de Cussac, chanoine de Saint-André de Bordeaux*, sous les anciennes graphies *conque* et *conga* :

(250) […] deux vases couverts, en forme de *conque*, surmontés d'une gorge méplatte et ornés de chaque côté de deux serpents entrelacés, etc. (Rémy & Juillot 1777 : 13)

(251) […] una *conga* cuberta…un broc pour tener oli, etc. (De Climens 1442. *Invent. des biens, meubles et immeubles, etc., de Ramond de Cussac, chanoine de Saint-André de Bordeaux*)

5.3 Variation dénominative autour du mot *chandelier* : entre invention et usage

Le vocabulaire des accessoires d'éclairage constitue un terrain d'enquête favorable pour illustrer le phénomène de la variation dénominative qui ne réside pas uniquement dans la volonté d'innovation linguistique des locuteurs, mais aussi dans le mouvement même du monde. Les noms des accessoires d'éclairage font leur entrée dans la langue dès l'instant qu'ils existent ou même dès que l'inventeur ou le promoteur en conçoit l'existence. On verra qu'il ne suffit pas de mettre en lumière la relation entre le système de la langue et la réalité du référent ; ce dernier s'impose dans le vocabulaire pour faire face à l'évolution du monde et à la dénomination des inventions, comme un véritable néologisme. C'est cette forme de créativité lexicale, appelée néologie dénominative

(Guilbert 1975 ; Humbley 2018b ; Sablayrolles 2018) qu'on s'apprête ici à analyser. Son trait caractéristique est que la forme esthétique du mot n'entrave pas sa diffusion puisque c'est la chose diffusée qui emporte avec elle son nom.

Prenant comme point de départ le mot *chandelier*, on étudiera les différentes façons de le nommer au fil des siècles.

Le mot *chandelier* qui tire son nom de la chandelle à laquelle il sert de support, désigne un ustensile de ménage nommé plus généralement *flambeau*. Ce mot a joué un rôle important dans le vocabulaire des arts de la table et cela s'explique pour plusieurs raisons. Dans les époques où la bougie de cire est presque inconnue et où l'on est encore habitué à la lumière des torches de résine, la chandelle constitue un mode d'éclairage fort estimé et jouit d'une très bonne considération. Bien mieux, quand la cire commence à devenir plus abondante et d'un usage plus journalier, on continue, par la force de l'habitude, de l'appeler *chandelle* ou *chandelle de cire*. Le 1er septembre 1715, lorsque Dangeau consigne dans son *Journal* la mort de Louis XIV, il écrit : "Le roi est mort ce matin, à huit heures un quart et demi, et il a rendu l'âme sans aucun effort, comme une *chandelle* qui s'éteint" (de Courcillon de Dangeau 1854–1860 : 136). Quelques années plus tard, Lefèvre, en relisant le manuscrit, remplace le mot *chandelle*, qui depuis quelques années avait cessé d'être distingué, par le terme plus noble de *bougie* (Bokobza Kahan 2015 : 633–644). On ne s'étonnera donc pas de rencontrer le mot *chandelier* appliqué à toute sorte de *flambeau* : ce qu'on nomme *candélabre*, *lustre*, *bras* et *applique* a été désigné, pendant plus de quatre cents ans, sous la dénomination uniforme et hyperonymique de *chandelier* qui se diversifie selon la fonction et la forme.

Déjà bien aux XIVe et XVe siècles figurent des expansions lexicales du mot *chandelier*, telles que *chandelier à mectre bougye*, *chandelier à bougies*, *chandelier à trois têtes de lion*, *chandelier à manière d'éléphant*, *chandelier à pommeaux de cristal*, *chandelier à feuillages de marguerites*, *chandelier à divers personnages* et *chandelier à ouvrage d'Espagne* :

(252) […] ung *chandelier* d'argent *à mectre bougye*. (Tuetey 1865. *Invent. des biens de Charlotte de Savoie (1483)*)

(253) [...] deux *chandeliers à bougies* et une ceringe d'argent. (Guiffrey 1872. *Invent. de la vaisselle d'or et d'argent du chancelier Duprat et de Babou de la Bourdaisière, trésorier de France, confisquée par le roi en 1536*)

(254) [...] trois *chandeliers à mestre bougie*. (Bonaffé 1874. *Invent. des meubles de Catherine de Médicis en 1589*)

(255) [...] un *chandelier à troys testes de lyon* ensemble et ung liz dessus. – un *chandelier à manière d'un oliphant* portant un chastel, assiz sur une terrasse esmaillée de vert. (Labarte 1879. *Invent. du mobilier de Charles V, roi de France (1338 1380)*)

(256) [...] *chandeliers* d'argent *à pommeaux de cristal* et avec piéz et platines de gest(jais). (Guiffrey 1894–1896. *Invent. de Jean, duc de Berry (1401–1416)*)

(257) [...] des *chandeliers à feuillages de marguerites* et foilles de chaisne – *à divers personnaiges*, – à mettre bougies, bien œuvré de croix de saint André, avec petites fleurs dedans lesdites croix, – trectéz *à ouvraige d'Espaigne*. (Michelant 1870. *Invent. des vaisselles, joyaux, tapisseries, peintures, livres et manuscrits de Marguerite d'Autriche, régente et gouvernante des Pays Bas (1523)*)

Le XVIIe siècle n'est pas moins ingénieux que les siècles précédents en termes de productivité lexicale : il suffit de consulter l'*Inventaire général du mobilier de la Couronne sous Louis XIV (1663–1715)* (Guiffrey 1885–1886) pour voir que le mot *chandelier* présente, à cette époque aussi, de nouvelles extensions lexicales. C'est le cas des chandeliers dénommés *chandelier à huit branches*, *chandelier à pyramides* et *chandelier à la financière*, ce dernier ainsi appelé parce que destiné uniquement aux personnes qui s'occupent des grandes affaires d'argent et des biens appartenant au roi :

(258) [...] des *chandeliers à huit branches* portées par des thermes d'oyseaux, sur le corps desqueles il y a huit testes d'enfans – des *chandeliers à pyramides* portéz chacun sur un pied carré. – quatre petits *chandeliers à la financière*, portéz sur des piedz à balustres, hauts de cinq pouces, gravéz des armes du Roy. (Guiffrey 1885–1886. *Invent. général du mobilier de la Couronne sous Louis XIV (1663–1715)*)

Parmi les autres dénominations des chandeliers à mettre à table figure aussi le *chandelier primitif*, dont l'adjectif en désigne une typologie ancienne très utile, mais qui a un grand inconvénient : lorsque la chandelle de cire s'approche de sa fin, elle devient tellement basse qu'elle éclaire d'une façon insuffisante les objets et les personnes à l'entour. D'où l'invention du *binet*, un petit objet rond légèrement concave, percé par le milieu et soudé à une douille dans laquelle est engagée la base de la chandelle ou de la bougie et qui forme la partie supérieure d'un flambeau. Comme dans le principe, le binet se meut dans la tige du chandelier et permet ainsi de faire consommer entièrement la chandelle. D'où l'expression *faire binet* qui signifie "brûler la chandelle". Ainsi établi, le chandelier constitue un progrès sensible sur le modèle primitif. Néanmoins, le problème ne semble être résolu qu'à moitié car si l'on a évité d'avoir la chandelle trop près de son support, lorsqu'on commence à l'allumer, elle se trouve trop élevée. Ainsi naissent des chandeliers dont la tige est un peu plus courte, appelés *bassets* ou *chandeliers bas* :

(259) [...] deux *chandeliers bas*, d'argent doréz, esmailléz aux armes de France – deux petits *chandeliers basséz*, à broche. (Labarte 1879. *Invent. du mobilier de Charles V, roi de France (1338–1380)*)

La solution ne devient complète que lorsqu'on substitue la *broche* – qui s'introduit dans le pied de la chandelle – avec la *bobèche*, un petit cercle de métal chargé de recevoir la cire de la bougie et de l'arrêter dans sa course. Le mot *bobèche* est très ancien et son usage remonte déjà bien au XVe siècle : il est employé pour désigner la petite cavité du chandelier qui sert à maintenir la partie inférieure de la chandelle ou de la bougie. Dire qu'un objet d'éclairage a *deux*, *trois* ou *quatre bobèches* signifie qu'il compte autant de branches et peut recevoir autant de luminaires. C'est ainsi qu'il faut interpréter les exemples suivants :

(260) [...] ung chandelier de verre cristallin qui a la *bobèche* de pers dorée. – deux chandeliers de léton panduz à la cheminée, chascun à deux *bobèches*. (Lecoy de la Marche 1873. *Invent. du château d'Angers fait en 1471–1472*)

(261) [...] cinq *placques* garnies de leurs *bobèches* aussy d'argent. (Hermant 2005. *Invent. après décès des biens, meubles, joyaux et titres de Gabrielle d'Estrées, duchesse de Beaufort et d'Étampes (avril-mai 1599)*)

Toutefois, après l'introduction de la *bobèche*, l'ancienne dénomination *chandelier en façon de cuvette* continue d'être employée dans le vocabulaire de la table :

(262) [...] troys *chandeliers* d'argent *en façon de cuvette* et deux autres chandeliers à pié, poisant le tout..., etc. (Tuetey 1865. *Invent. des biens de Charlotte de Savoie (1483)*)

(263) [...] troys *chandeliers*, dont l'un est *à cuvecte* et deux à boubesche. (Le Roux de Lincy 1850. *Détail sur la vie privée d'Anne de Bretagne, femme de Charles VIII et de Louis XII, suivis des inventaires des meubles ayant appartenu à cette princesse*)

(264) [...] trois chandeliers à flambeaux, trois à verges, quatre *chandelliers à cuvettes*. (Guiffrey 1872. *Invent. de la vaisselle d'or et d'argent du chancelier Duprat et de Babou de la Bourdaisière, trésorier de France, confisquée par le roi en 1536*)

Le XVIe siècle et la première moitié du XVIIe sont moins fertiles en innovations que la période précédente. La seule nouveauté qu'on rencontre vers la fin du XVIe siècle consiste dans l'apparition du *chandelier à la romaine*, une sorte de flambeau qui affecte la forme d'une colonne. Cette qualification se trouve sans doute motivée pour le style de la forme du chandelier qui est vraisemblablement de forme classique et diffère des formes et des contours de l'époque antérieure.

Cinquante ans plus tard, sous l'ébauchoir de Meissonnier, le chandelier participe au grand mouvement qui entraîne tous les arts de l'ameublement vers les contorsions de la rocaille pour devenir, sous Louis XVI, élégant, sobre, fin et modeste. Dès que le décorateur s'égare, le bon sens public le remet dans sa voie et ce n'est pas sans un plaisir qu'on lit dans le *Mercure* de décembre 1754, des objurgations dans le goût de celle-ci : "Nous leur serions fort obligés s'ils vouloient bien se souvenir qu'un chandelier doit être perpendiculaire et non tortué, comme si quelqu'un l'avoit forcé" (*Mercure*, décembre 1754, corpus OBVIL).

Tout en créant ces beaux modèles, l'art des XVIIe et XVIIIe siècles vise un autre but : il cherche le confort qui introduit dans la fabrication des chandeliers un certain nombre de transformations. La première est l'adaptation à la tige de la bougie de l'*écran*, un objet nouveau qui sert à protéger les yeux, généralement fait d'une lame d'ivoire ou d'ébène :

(265) [...] Plus un *petit chandelier* avec son *écran* d'ébène vert. (Soulié 1863. *Invent. après décès de Jean-Baptiste Poquelin de Molière*)

Vers la même époque apparaît le *chandelier à huile*, inventé par M. l'abbé de Preigney et approuvé par l'Académie Royale des Sciences. Toutefois, cette invention n'est pas si récente puisque le *chandelier à huile* est déjà connu au XVe siècle sous la dénomination à patron toponymique *chandelier façon d'Allemagne* ou *à l'œuvre d'Allemagne.* Une mention qui se rencontre souvent, à la suite des objets de table, pour indiquer leur provenance ou qu'ils ont été faits à la façon et sur le modèle des ouvrages allemands. Il figure dans l'*Inventaire des meubles de Catherine de Médicis en 1589* prouvant que même à l'époque de la Renaissance, ces flambeaux n'avaient pas cessé d'être en honneur :

> (266) […] deux *chandeliers* de cuivre, *façon d'Allemagne*, a chascun desquelz y a six mèches. (Bonaffé 1874. *Invent. des meubles de Catherine de Médicis en 1589*)

Après le *chandelier à huile*, vient le *chandelier économique* inventé par Monsieur Gacoin, serrurier à Saint-Malo, dont le mécanisme intérieur permet de faire remonter le fond de la bobèche, de façon à pouvoir brûler la chandelle ou la bougie jusqu'au bout.

5.3.1 Les dénominations des chandeliers suspendus : entre substituts épisodiques et changements lexicaux

Les dénominations examinées en haut désignent principalement des chandeliers employés à table. On propose maintenant d'établir, par quelques exemples, que le mot *chandelier* a également servi à désigner des chandeliers suspendus dont les premières mentions figurent dans l'*Inventaire du mobilier de Charles V (1338–1380)* et dans les *Chroniques* de le Fèvre de Saint-Rémy sous les dénominations *chandelier en façon de plaz à pendre* et *chandelier croisié* :

> (267) […] douze *chandeliers* d'argent blanc *en façon de plaz, à pendre* aux chappelles, aux bonnes festes. (Labarte 1879. *Invent. du mobilier de Charles V, roi de France (1338–1380)*)

> (268) […] au milieu de la salle y avoit *chandeliers croisiéz* de fust, *pendans*, emplis de torchins de chire, que faisoit moult bel veoir ardoir par nuyt. (Le Fèvre de Saint-Rémy 1876–1881 : 161)

Le *chandelier en façon de plaz à pendre* est ainsi appelé parce qu'il consiste dans une cuvette de métal suspendue par des chaînes d'où jaillissent une ou plusieurs broches destinées à recevoir les chandelles, les bougies ou les torches de cire qui, fixées sur ces broches, laissent découler l'excédent de leur cire ou de leur suif dans la grande cuvette placée dessous.

La variante *chandelier croisié* ou *chandelier croisé* désigne, par analogie de la forme, un lustre de bois à quatre branches unies en forme de croix. Parfois, elle apparaît aussi sous la forme elliptique *croisées* :

(269) À Jacques Cadot, menuysier, neuf *croisées* de boys à mectre chandelles aux chambres, XVIII sols IX deniers tournois. (Douët D'Arcq 1865. *Comptes de l'hôtel des rois de France aux XIV*e *et XV*e *siècles*)

(270) [...] ils aussi ont envoyé quérir l'espicier de la ville, auquel ils ont commandé de tenir prest grande quantité de flambeaux blancs, pour mettre dans les chandeliers et *croisées*, qui seront au plancher de grandes salles, chambres, galeries et bureau dudit hostel de ville...et aussi envoyé quérir le menuisier de la ville, pour travailler de son mestier à ce qui sera nécessaire, faire tous les dits chandeliers et *croisées* de bois. [...] trente-deux *croisées* de chandeliers, dedans lesquels il y avoit cent vingt-huit flambeaux qui furent changés et renouvelés deux fois en toute la nuit. (Barrière 1828 : 338, 341)

Au XVIe siècle une autre variante lexicale circule dans le vocabulaire en question. Il s'agit du syntagme *chandelier fasson de croustalle* ou *chandelier de croutelle*, ainsi appelé pour la substance dont on fabrique les lustres et les chandeliers et qui n'est autre que du bois placé à la couche extérieure du chandelier :

(271) [...] ung *chandellier* de salle à quatre branches suspandu en la salle, *fasson de croustalle*, faict au tour et figuré de plusieurs coulleurs. (Bonaffé 1874. *Invent. des meubles de Catherine de Médicis en 1589*)

(272) [...] unze boëtes dans lesquelles y a en chascune ung *chandelier de croutelle*. (Bonaffé 1874. *Invent. des meubles de Catherine de Médicis en 1589*)

Soixante ans plus tard apparaît, dans l'*Inventaire après décès de Ménardeau, Marie-Emmanuel-Jules-Gratien (vicomte de Menardeau)*

1657 (Jonquoy 1833), le syntagme *chandelier de cristal* qui, à partir du XVIIIe siècle, coexistera avec la dénomination *lustre* :

(273) [...] ung *chandelier de christal.* (Jonquoy 1833. *Invent. après décès de Ménardeau, Marie-Emmanuel-Jules-Gratien (vicomte de Menardeau) 1657*)

(274) [...] toute pleine...de bijoux, de meubles, d'étoffes, de toutes les jolies choses qui viennent de la Chine, de *chandeliers de cristal,* de miroirs, etc. – Cordons d'argent et soie couleur de feu, garnis de boutons d'or et d'argent par les bouts, servant à suspendre des *chandeliers de cristal.* (Aumale 1861. *Invent. de tous les meubles du cardinal Mazarin dressé en 1653*)

Dans son *Histoire du mobilier* (Jacquemart 1876 : 126), Albert Jacquemart fait remonter la confection des premiers lustres à Jean Scalkin, qui aurait exécuté un accessoire d'éclairage de ce genre en 1468, ce qui reporte assez loin l'invention des lustres. Si l'on désigne sous le nom de *lustre* un chandelier suspendu et si la suspension suffit à valoir ce nom aux objets d'éclairage, il faut convenir que l'origine du mot remonte à une époque très lointaine. En effet, déjà bien au XIVe siècle figurent des mots qui indiquent des chandeliers pendants.

Bien mieux, en admettant même qu'il faille plusieurs branches pour constituer un vrai lustre, le "bel chandelier pendant, en telle manière que douze petites lampes y puissent être, et un cierge au milieu de l'honneur des treize apôtres" (de Laborde 1975 : 354) semble se conformer au programme énoncé. Il reste donc à savoir si le mot *lustre,* dans son principe, a bien désigné un chandelier suspendu et s'est appliqué à tous les accessoires de ce genre.

Tout d'abord, il convient de remarquer que le mot *lustre* est d'un emploi relativement récent et qu'il n'apparaît pas avant le XVIIe siècle. En outre, il ne semble pas, à cette époque, avoir été appliqué exclusivement à des luminaires suspendus au plafond. Richelet le définit ainsi : "Sorte de chandelier de cristal dont on se sert dans les assemblées et dans les représentations" (Richelet 1680). Furetière, de son côté, écrit :

(275) LUSTRE, chandelier de cristal qu'on suspend au plancher, ou des plaques de miroir où il y a des branches de chandeliers attachées qu'on applique contre la muraille pour esclairer un lieu où il y a quelque notable assemblée ou quelque cérémonie. (Furetière 1690)

Dans son *Dictionnaire étymologique*, Ménage se borne à cette définition : "Sorte de chandelier de cristal" (Ménage 1750). Enfin Sobry, dans son œuvre *Architecture*, va plus loin encore :

> (276) Le candélabre s'élève sur une seule tige au-dessus de la hauteur moyenne d'un homme et sert à porter des grouppes de flambeaux. On met sur le candélabre des lustres garnis de lames de crystal, qui réfléchissent et multiplient la lumière. Évitez, autant qu'il se pourra, de pendre avec des cordons des lustres aux voûtes. Tout ce qui pend est défectueux ; il faut à tout meuble un point d'appui sur le sol... (Sobry 1776 : 182)

Ces définitions sont confirmées par d'autres non moins précieuses. Ainsi, le *Mercure* de juillet de 1678, rendant compte de la réception faite à Caen par M. de Matignon à la grande duchesse de Toscane, écrit : "Pour en marquer la somptuosité, c'est assez dire que le buffet estoit garni d'une infinité de bassins, de *lustres*, de flambeaux et de vases de vermeille doré" (*Mercure*, juillet 1678, corpus OBVIL). Un siècle plus tard, à la vente de M. Houdin, conseiller rapporteur du point d'honneur de 1782, figurent : "[...] deux guéridons (dorés) en or moulu, sur lesquels sont deux *lustres* de face" (Davillier 1877 : 45). Ainsi, avec Furetière, on est en présence de lustres qu'on applique contre la muraille ; avec Sobry, de lustres qu'on place sur des *torchères* ; avec le *Mercure*, de lustres qu'on met sur des buffets et avec la vente de M. Houdin, de lustres posés sur des *guéridons*. On peut donc conclure que, jusqu'à la fin du XVIIIe siècle, la qualité constitutive du lustre n'a pas été comme le croyait Jacquemart et comme l'affirme Littré (1863) d'être suspendu au plafond ou plancher. Quel était donc son caractère distinctif ? Pour le découvrir, il faut remonter à l'origine même du mot *lustre*. Le *Dictionnaire de l'Académie* de 1694 dit : "L'éclat de quelque chose de poli, de luisant, de lissé et d'uni" (Académie 1694). C'est avec ce sens très précis que le mot *lustre* figure dans le *Dictionnaire français-latin* de Robert Estienne (1549) et dans le *Balet comique de la Royne faict aux nopces de M. le duc de Joyeuse* de 1582 de Balthazar de Beaujoyeulx :

> (277) Le bois estoit voilé d'un rideau faict avec tant d'artifice, qu'au lieu de servir d'empeschement et obscurité à la chose, servoit au contraire de lustre pour représenter plus naïfvement le dedans de tout le contenu au pourpris de ce bocage. [...] Ce jardin dans lequel estoyent cent flambeaux de cire blanche, rendant telle lueur

> et lustre que les yeux de l'assistance en demeuroyent tous esblouys. (de Beaujoyeulx 1582 : 56)

Étant donné que l'apparition du mot *lustre* est en retard de trois siècles sur celle du mot *croisée* et des autres noms de chandeliers suspendus et qu'elle coïncide précisément avec l'époque où l'on commence à faire usage des *chandeliers de cristal*, ce rapprochement amène à conclure que l'éclat de ces nouveaux objets d'éclairage – ornés de pendeloques ou garnis de plaques réfléchissantes – a eu beaucoup plus d'influence sur la dénomination que sur leur disposition isolée et la façon dont ils étaient accrochés au plafond. L'émerveillement que produit l'adjonction du cristal aux chandeliers suspendus se traduit, d'ailleurs, dans une foule de documents. Le *Mercure* de mars 1678, racontant le récit de la fête galante offerte par M. de Verduron, viguier général de Montpellier, à Mlle de Portales, écrit : "On le conduisit ensuite dans un cabinet richement paré. Douze *lustres* de cristal l'éclairoient, et trois des meilleurs musiciens de la province y chantèrent" (*Mercure*, juillet 1678, corpus OBVIL). Le même recueil offre une précieuse description de la galerie du jeu à Versailles qui était éclairée aux deux bouts de deux *lustres* à huit branches :

> (278) Un *lustre* de cristaux de roche à dix branches de fonte dorée, ayant une couronne enrichie de plusieurs cristaux de roche et de Milan, le dessous garni de campanes de boules et pièces de cristaux de Milan, avec une grosse poire taillée en coste au milieu. (*Mercure*, décembre 1682, corpus OBVIL)

Le *Mercure* indique encore qu'en février 1700, à un bal donné à la duchesse de Bourgogne, la salle était illuminée par des "torchères magnifiques sur lesquelles il y avoit des girandoles, outre dix *lustres suspendus*" (*Mercure*, février 1700, corpus OBVIL). Pour les gens du XVIIe et XVIIIe siècle, les chandeliers de cristal ont donc un certain éclat ou, pour parler comme l'Académie, un lustre suffisant pour qu'on leur applique ce nom.

Ajoutons qu'entre temps, l'habitude de suspendre isolément les chandeliers de cristal amène insensiblement le public à donner spécialement le nom de *lustre* aux appareils d'éclairage fixés au plafond. C'est ainsi que La Bruyère, dans ses *Caractères*, dit à propos de Ménalque :

(279) Il entre à l'appartement et passe sous un *lustre* où sa perruque s'accroche et demeure suspendue : tous les courtisans regardent et rient ; Ménalque regarde aussi et rit plus haut que les autres ; il cherche des yeux, dans toute l'assemblée, où est celui qui montre ses oreilles et à qui il manque une perruque. (La Bruyère 1880 : 221)

De même, le *Mercure* de mai 1759 offre à la sagacité de ses lecteurs cette transparente énigme : "Mon sort est d'être pendu. / Quand on me touche, je grelotte ; / Je passe les hivers tout nu / Et les étés en redingote" (*Mercure*, mai 1759, corpus OBVIL). Une fois de plus, l'usage modifie si bien le sens du mot en question, qu'il en voile l'origine aux yeux les plus perspicaces.

5.3.2 Nouvelles acceptions du mot *chandelier :* de l'*applique* à la *branche*

Le mot *chandelier* est également employé dans l'acception d'*applique* généralement attribuée à tous les objets qui s'appliquent contre la muraille et y demeurent suspendus. Il y a, par exemple, des *bénitiers-appliques* et des *miroirs-appliques* et, prononcé seul, ce mot sert plus spécialement à désigner des flambeaux accrochés contre la muraille (TLFi). L'usage de cette acception remonte à une date très lointaine. Dans les inventaires *de la Ménitré 10 octobre 1471* et *du château d'Angers fait en 1471–1472*, on voit figurer des chandeliers appliqués aux murs ainsi définis *chandeliers qui s'attachent contre les murailles* et *chandelier à pendre contre ung mur* :

(280) [...] douze *chandeliers* de ferblanc, *qui s'attachent contre les murailles*, dont les aucuns ont trois bobèches et l'autres n'en ont que deux. (Lecoy de la Marche 1873. *Invent. de la Ménitré 10 octobre 1471*)

(281) [...] ung petit *chandelier* de liton, *à pendre contre ung mur*, à deux bobèches. – Deux *lanternes en faczon de chandellier* qui sont de feilles de léton à créneaux, et sont *pour pendre contre ung mur*. (Lecoy de la Marche 1873. *Invent. du château d'Angers fait en 1471–1472*)

Au XVe siècle, les chandeliers appliques deviennent très communs, mais pas plus au XVIe siècle que postérieurement, on ne leur donne le nom d'*appliques* : on les appelle *bras* à cause de leur figure primitive qui est un bras tendu paraissant sortir de la muraille et tenant la lumière dans son poing fermé. Lorsque le bras se rattache à une applique de métal ou de glace, pour le décrire, on dit qu'il est en forme de plaque ou on lui donne simplement le nom de *plaque*. C'est ainsi que dans l'*Inventaire après décès des biens, meubles, joyaux et titres de Gabrielle d'Estrées, duchesse de Beaufort et d'Étampes (avril-mai 1599)*, on lit :

(282) [...] cinq *plaques* garnies de leurs bobèches aussy d'argent, prisées...228 escus. (Hermant 2005. *Invent. après décès des biens, meubles, joyaux et titres de Gabrielle d'Estrées, duchesse de Beaufort et d'Étampes (avril-mai 1599)*)

Quatre-vingts ans plus tard, on s'exprime de la même manière. En décrivant le mobilier de l'appartement de Mademoiselle au Palais-Royal, à l'occasion de son mariage avec le roi d'Espagne, le *Mercure* de septembre 1679 parle d'un "[...] grand miroir d'argent, avec des *bras* tout autour *en forme de plaques*, aussi d'argent" (*Mercure*, septembre 1679, corpus OBVIL). Au XVIIIe siècle, le mot *plaque* cesse d'être en usage et est définitivement remplacé par le mot *bras*. Toutefois, pas plus au XVIIIe siècle qu'au XVIIe siècle, le mot *bras* n'est employé pour désigner des flambeaux, mais comme l'affirment les auteurs du Trévoux : "On appelle *bras*, les chandeliers qu'on applique contre les murailles" (Trévoux 1738–1742).

Toutefois, pour que cet objet d'éclairage prenne la dénomination de *bras*, il faudra qu'un artiste ait l'idée de faire tenir le flambeau par un poing attaché au bras, saillant lui-même de la muraille[4]. Ces mêmes objets abondent dans l'*Inventaire de tous les meubles du cardinal Mazarin dressé en 1653* :

(283) Dix *bras* en carton doréz avec leurs bobesches de fer blanc – deux *bras* de bois peints en blanc et bleu, avec leurs bobesches de cuivre doré, attachéz au devant de l'alcoove – six autres *bras* doréz sortans de la teste d'un luon, avec leurs bobesches de fer blanc. (Aumale 1861. *Invent. de tous les meubles du cardinal Mazarin dressé en 1653*)

---

4 La plupart des bras sont attribués à Bernard Palissy (Havard 1891–1897).

Une fois le branle donné, le goût des bras se répand et son nom demeure à toutes les lumières accrochées à la muraille ou apposées de chaque côté de la cheminée, qu'elles aient ou non la forme d'un bras. L'*Inventaire général du mobilier de la Couronne sous Louis XIV (1663–1715)* (Guiffrey 1885–1886) décrit ces objets d'éclairage, en les nombrant par douzaines :

(284) Douze *bras* d'argent, façon de Robertet, ciseléz chacun d'un grand cartouche avec grains et feuillages renverséz, d'où sort un therme de maure d'ebeine qui porte la bobcsche ; douze autres sortans d'une rose cizelée de feuillages, environnéz d'un feston de feuilles et audelà d'un feston de cartouches, et autres ornements arquéz aux armes du roy, etc. (Guiffrey 1885–1886. *Invent. général du mobilier de la Couronne sous Louis XIV (1663–1715)*)

Cependant, en dépit des édits et des déclarations royales qui en défendent la fabrication, le XVIIIe siècle ne demeure pas moins l'époque par excellence de ce genre de flambeaux. Toutefois, leur efflorescence comporte deux périodes distinctes. Pendant la première moitié de ce siècle, les bras font corps avec la cheminée : le rôle du bras est de rattacher le foyer à la partie qui le surmonte, d'accompagner la glace et de tenir lieu du *candélabre* qui n'a pas encore fait son apparition : "Les *bras* et les feux de la cheminée sont de la dernière magnificence. Il n'y en a point de plus beaux ni d'un plus grand volume chez les princes" (A.A.V.V. 1841–1850 : 416). Avec la seconde moitié du XVIIIe siècle, les *bras* perdent leur importance comme volume, mais rattrapent largement en élégance et en délicatesse. C'est aussi le temps où leur dénomination circule le plus.

Un autre lexème employé pour indiquer les bras de lumière qui semblent sortir du corps principal d'un lustre ou d'un candélabre est la variante *branche*. Les exemples suivants démontrent l'époque à laquelle ce mot est passé du vocabulaire de l'histoire naturelle dans le langage du mobilier :

(285) [...] trente-deux *branches* d'argent touttes unies en consoles à deux bobesches chascune. (Guiffrey 1885–1886. *Invent. général du mobilier de la Couronne sous Louis XIV (1663–1715)*)

(286) [...] un lustre de cristaux de roche, à dix *branches* de fonte doré. (*Mercure*, mai 1687, corpus OBVIL)

(287) [...] 21 octobres 1754, à M. le prince de Soubise : une paire de bras à double *branches*, en cuivre verni, composés composés de branchages imitant la nature, ornés de très belles fleurs de Vincennes, 740 livres. – 17 janvier 1755, à Mme Calabre : trois *branches* de jacinthe en fleurs de Vincennes, montées sur des tiges, 66 livres. (Duvaux 1873 : 220, 232)

5.4 La variante *candélabre* : entre coexistence et confusion lexicale

Candélabre est un mot d'origine provençale emprunté au latin "candelabrum", dérivé de "candela" ("chandelle"), qui désigne un objet d'éclairage destiné à recevoir et à porter des lumières et des chandelles, d'où sa dénomination. Aux XIIe et XIIIe siècles, on écrivait *chandelabre* ; telle est du moins la plus ancienne graphie que le Littré (1863) donne de ce mot et qui est empruntée aux *Quatre livres des rois* de Le Roux de Lincy et aux *Œuvres complètes* de Rutebeuf : "E dunad [il donna] le peis [poids] de la merveilleuse vaissele que de or que de argent, e des *chandelabres* e des luminaries e des tables" (Le Roux de Lincy 1841 : 244) ; "Je ne di pas s'il fust à point Que plains li *chandelabres* fust Ou li granz chandeliers de fust" (Jubinal 1839 : 307). Cette forme orthographique semble avoir persisté jusqu'à la fin du XVIe siècle. On la rencontre dans l'*Inventaire des meubles de Catherine de Médicis en 1589*, où l'on cite :

(288) [...] six *chandelabres*, deux bas et deux haultz, léton. (Bonaffé 1874. *Invent. des meubles de Catherine de Médicis en 1589*)

Si le doute n'est pas permis sur l'origine du mot *candélabre*, la variété des formes acquises au fil des siècles pose de nombreux problèmes au niveau dénominatif. Déjà dans les exemples précédents, on a remarqué la confusion volontaire qui règne dans ce domaine par rapport à l'usage des mots *chandelier* et *candélabre*. D'autres exemples vont la rendre encore plus sensible. On enregistre dans l'*Inventaire de l'orfèvrerie et des joyaux de Louis Ier, duc d'Anjou (1364–1365)* et dans l'*Inventaire du mobilier de Charles V (1338–1380)* les dénominations *chandelier à mettre chandoiles de bougie* et *chandelier à mectre troys chandeiles* :

(289) [...] un *chandelier* d'argent, tout blanc, séant sur III pates et est le pié tout ront à plusieurs souages et dessus à une longue broche ronde à mettre un cierge et en ladite broche a comme IIII dens *à mettre chandoiles de bougie*. (Moranvillé 1903. *Invent. de l'orfèvrerie et des joyaux de Louis Ier, duc d'Anjou (1364–1365)*)

(290) [...] ung *chandelier* d'argent doré, à pié ront, et ung pommeau carré doré ; et y peut-on *mectre troys chandeiles*. (Labarte 1879. *Invent. du mobilier de Charles V, roi de France (1338–1380)*)

C'est seulement en 1535 qu'apparaît le mot *candélabre* distingué du mot *chandelier*, celui figurant sous la variante orthographique *candelier* :

(291) [...] Au chœur sont quatre moiens *candélabres* et deux *candeliers* de cuivre, lesquels ont mect aucune fois sus le grant autel. (Garnier 1850. *Invent. du trésor de la cathédrale d'Amiens (1535)*)

Toutefois, la confusion persiste encore longtemps et on continue d'appeler *chandelier* le candélabre à deux ou plusieurs branches. Sans vouloir remonter à une époque très lointaine, Richelet le définit comme "un grand *chandelier de salle* qui a plusieurs branches" (Richelet 1680). Furetière en donne une définition presque analogue, mais ce qu'on entend au XVIIIe siècle par un "chandelier de salle", comme du reste, par un chandelier de cristal, c'est un *lustre*, comme on l'a indiqué auparavant. C'est bien ainsi que le définissent les rédacteurs du *Dictionnaire de Trévoux* qui écrivent : "CANDÉLABRE, grand chandelier à plusieurs branches, que l'on pend au milieu d'une salle" (Trévoux 1738–1742). D'autre part, Sobry, contemporain de cette définition, affirme dans son œuvre *Architecture* que le : "[...] *candélabre* s'élève sur une seule tige au-dessus de la hauteur moyenne d'un homme, et sert à porter des groupes de flambeaux [...]" (Sobry 1776 : 98). Ensuite, il ajoute : "[...] on met sur un *candélabre* des lustres garnis de lames de cristal, qui réfléchissent et multiplient la lumière" (Sobry 1776 : 98).

Toutefois, ce que Sobry qualifie *candélabre* s'appelle *torchère* dans le vocabulaire en question. Dans les *Mémoires* d'Olivier de La Marche, on lit que, pendant le mariage de Charles le Téméraire avec Marguerite d'York en 1468, on construit une grande salle de réception et que "ladicite sale fut aidée de *candélabres* de bois, peints de blanc et de bleu [et que] ès deux bouts de ladicte salle pendoient deux *chandeliers moult soubtivement faicts*" (Petitot 1825 : 313). Le mot *candélabre* renvoie ici à la notion de *torchère* qui s'oppose complètement aux définitions données par Richelet, Furetière et Sobry qui le rapprochent du *lustre*. De même, les *Inventaires du trésor de la cathédrale d'Amiens (1535)* portent une mention, elle aussi, digne d'intérêt :

> (292) [...] trois grandz *candélabres*, au milieu desquelz sont des ymages d'anges. – au chœur sont quatre moiens *candélabres* et deux *candeliers* de cuivre, lesquels ont mect aucunefois sus le grant autel. (Garnier 1850. *Inventaires du trésor de la cathédrale d'Amiens (1535)*)

Cette fois-ci, le sens du mot *candélabre* semble se rapprocher singulièrement de ce qu'on désigne réellement sous ce même nom. Il en est de même pour la dépense comprise dans les *Funérailles de Claude de France* de 1575 :

> (293) À François Petit et Giles Collesson, menuisiers, la somme de soixante francs, pour leurs peines et salaires d'avoir dressé et assemblé deux grands *candélabres*, èz église des Cordeliers et de Sainct-Georges, pour servir aux funérailles et enterrement de feue Madame. (d'Henry 1891 : 259)

Ces exemples fournissent la preuve qu'au XVIIe siècle le mot *candélabre* n'a pas la même signification qu'au XVIe siècle. En outre, dans l'ordonnance du 14 novembre 1689, publiée dans le numéro de décembre 1689 du *Mercure*, qui énumère les outils dont la fabrication en argent est interdite, apparaissent des *chandeliers à branches*, des *torchères*, des *girandoles*, des *bras*, des *plaques*, mais le *candélabre* n'est pas du tout nommé : "[...] chandeliers à branches, torchères, girandoles, bras, plaques" (*Mercure*, décembre 1689, corpus OBVIL).

Par ces quelques citations, on remarque que le mot *candélabre* s'est appliqué, selon les époques historiques, à des objets d'éclairage de formes très différentes ; il faut donc faire attention à ne pas lui attribuer, dans la lecture de textes anciens, une signification assez précise et, si on l'emploie dans le sens archaïque, de n'en faire qu'un usage prudent et restreint. Ce qu'on nomme *candélabre* est un chandelier de hautes dimensions, muni de plusieurs branches. Lorsqu'il est de cristaux taillés et affecte une forme pyramidale, on l'appelle plus généralement *girandole* ; lorsqu'il est bas sur pied et ne comporte que deux branches, on le désigne plus spécialement sous la dénomination de *flambeau*, un petit candélabre à deux ou trois branches, placé aux extrémités d'une table à manger, quand cette dernière est d'une certaine étendue.

5.4.1 Les variantes lexicales *girandole* et *flambeau*

Le mot *girandole* désigne un candélabre de forme spéciale, souvent orné de pendeloques en cristal. Cette dénomination qui vient de l'italien "girandola," dérivée elle-même du latin "girare", a été d'abord donnée à une pièce d'artifice ronde garnie de fusées. Par analogie, on a attribué le même nom à un chandelier orné d'un grand nombre de bras, combinés de telle façon que les lumières groupées forment une sorte de cône brillant, aussi arrondi que possible à la base.

Le mot *girandole* apparaît dans le vocabulaire des objets de table quand on commence à diviser la lumière et à substituer les *torches* de cire et les *flambeaux de table* ou *de poing* qui donnent une flamme unique. Cette révolution s'opère dans la seconde moitié du XVIIe siècle et les premières occurrences de *girandole* apparaissent dans le mobilier royal vers 1660. Le *Mercure* écrit qu'en 1673, à l'occasion de la prise de Maëstricht et en l'honneur de Louis XIV, M. de Boisfranc donne une grande fête dans sa maison de Saint-Ouen où apparaissent des guéridons remplis de *girandoles* :

> (294) Chacun ne fut pas plus tôt levé de table qu'on apperceut au bout du salon un théâtre brillant, et dont la décoration n'estoit que de vazes garnis de fleurs et de guéridons doréz rempliz de *girandolles*. (*Mercure*, 1673, corpus OBVIL)

Ce mot continue d'être en usage également au XVIIIe siècle. Dans son *Journal*, Barbier signale "de grandes *girandoles* qui [...] portoient trente-deux bougies dans la longueur. Tout cela allumé devoit faire un grand effet" (Barbier 1857–1866 : 138). En outre, il n'est presque pas d'inventaires ou de catalogues dans lesquels on ne rencontre le mot *girandole* :

(295) [...] *girandoles* de cristal de roche, montées en bronze doré. (Cordey 1939. *Invent. des biens de Mme de Pompadour, rédigé après son décès (1766)*)

(296) [...] deux vases garnis de bronzes dorés et surmontées de *girandoles* qui se haussaient et se baissaient à l'aide d'un ressort. (A.A.V.V. 1781 : 82)

(297) Il y avoit sur tous les pilastres, des *demi-girandoles* à cinq branches d'argent. Ces *girandoles* s'attachent, et ont été nouvellement inventées par M. Bérain. (*Mercure*, février 1700, corpus OBVIL)

Vers la fin du XVIIIe siècle, les girandoles commencent à être fabriquées en porcelaine, mode qui restera en vogue pendant une trentaine d'années au moins. Toutefois, à cause de leur extrême fragilité, Granchez, le bijoutier de la reine décide, en 1774, de ne mettre en vente que des girandoles de bronze doré. Le mot devient donc de plus en plus rare jusqu'à être remplacé dans l'usage par son hyperonyme *candélabre*.

Quant à la variante *flambeau*, dérivée elle-même de "flambe" (synonyme de "flamme"), sa première définition apparaît dans le dictionnaire de Richelet : "Plusieurs mèches longues d'environ trois piéz, jointes ensemble et plongées un certain nombre de fois dans de la cire chaude et fondue, qu'on laisse après égoutter et refroidir" (Richelet 1680). Son étymologie est confirmée, au XIVe siècle, par les documents suivants qui mentionnent les variantes lexicales *flambe* et *oriflambe* :

(298) [...] quatre grans estandars, sur chascun desquels avoit un grant fusil et la pierre qui y appartient avec plusieurs *flambes* et estincelles selon la devise de Monseigneur. (Prost & Prost 1902–1903. *Invent. mobiliers et extraits des comptes des ducs de Bourgogne de la maison de Valois (1363–1477)*)

(299) Le seul roy de France porte singulièrement l'*oriflambe* en bataille ; c'est assavoir ung glaive tout doré, où est attachie une banière vermeille, laquelle ilz ont accoustumé de venir prendre et querre en l'Eglise de Monseigneur Saint Denis en grant solennité et dévotion. L'*oriflambe* est une banière vermeille à cinq franges, bordée de houpes de vert ; si doit estre portée plus haulte et par-dessus les banières royaux. (de Metz 1855 : 43, 45)

Les origines de ce mot semblent être donc certaines, contrairement à son sens qui a beaucoup changé au cours de l'histoire. *Le Ménagier de Paris. Traité de morale et d'économie domestique composé vers 1393*

(1846) décrit les *flambeaux* comme des objets utilisés pour éclairer ou allumer une chambre, souvent fournis par les apothicaires :

> (300) Au cirier furent prinses torches et *flambeaux* à trois sols la livre et à deux sols six deniers de reprinse [...] les mises extraordinaires pour les nopces de Jehan du Chesne les *flambeaux* et les torches. (Bruyant 1846 : 122, 124)

alors qu'Olivier de La Marche affirme qu'à la cour de Charles le Téméraire, c'est le fruitier qui est chargé de cette fonction :

> (301) [...] et à la fin du mois, l'on compte au fruitier bastons-luminons, pour les torses et *flambeaux* qu'il a despendu en iceluy mois, et ce selon la quantité de sa despence : il a en garde les chandeliers d'argent, à mettre les flambeaux, et doit asseoir lesdits flambeaux à la table du prince. (Petitot 1825 : 524–525)

Le mot *flambeau*, pris dans le sens de *cierge* ou de *torche*, demeure en usage jusqu'au milieu du XVIIIe siècle, ce qui est confirmé par l'usage qui en est fait dans le *Mercure* de janvier 1752 où on écrit : "À six heures, la maison de M. le Consul fut illuminée de gros *flambeaux de cire*" (*Mercure*, janvier 1752, corpus OBVIL).

Indépendamment de ces luminaires qu'aujourd'hui on appelle *flambeaux de salle* ou tout simplement *flambeaux*, il existe déjà bien au XVIIIe siècle de nombreuses dénominations permettant de distinguer l'énorme variété des flambeaux : c'est le cas de *flambeaux de poing* et *flambeaux de table*. Ces derniers, appelés aussi *flambeaux de chambre*, consistent dans une espèce de bougie carrée, de forme pyramidale et dont les angles sont souvent adoucis. Les *flambeaux de table* se distinguent des *flambeaux de salle* et des *flambeaux de poing* parce qu'ils n'ont qu'une seule mèche. Selon Savary, ils se fabriquent à la cuiller comme les bougies rondes :

> (302) avec cette différence qu'aux *flambeaux de table*, les quarrés ont été formés par le moyen de l'outil de buis, que les ciriers appellent cochois, et que les bougies ordinaires n'ont été simplement qu'arrondies en les roulant sur une table. (Savary 1741 : 259)

Quant aux *flambeaux de poing*, ils sont à plusieurs mèches, carrés et se distinguent des *flambeaux de table* parce qu'ils sont plus gros et sont portés par les pages :

(303) [...] ils sont composés de quatre mèches, à peu près grosses comme le pouce et longues d'environ trois piés, qui se nomment les bras du flambeau [...] On les appelle *flambeaux de poing*, parce que, lorsqu'ils sont allumés, les pages et les valets de pié les portent ordinairement au poing. (Savary 1741 : 449)

(304) Tous les soirs, sitot que la nuit approche, deux pages de la chambre se rendent à l'antichambre du Roy et, au moment que le roi en sort pour entrer dans la salle des gardes, outre les deux grosses bougies carrées allumées qui sont dans des flambeaux de vermeil doré, que l'huissier de chambre porte devant Sa Majesté, deux pages de la chambre, un page de la grande et un page de la petite écurie, portent encore tous quatre chacun un grand *flambeau de poing* de cire blanche marchans toujours devant le Roy quelque part qu'il aille. (Trabouillet 1708 : 305)

Si les *flambeaux de poing* se portent à la main, les *flambeaux de salle* et *de table* se plantent dans des appareils spéciaux qui consistent dans une cuvette ronde ou carrée, au milieu de laquelle se dresse une broche, dont le tout est nommé *chandelier à mettre flambeaux*. Ce n'est qu'au XVe siècle qu'on voit apparaître ce genre de porte-lumière, dont l'origine est à rechercher dans l'accident causé par les flambeaux au bal où Charles VI, déguisé en sauvage, voit ses compagnons brûler. Quoi qu'il en soit, c'est seulement en 1420 que l'on rencontre l'une des premières occurrences de *chandelier à mettre flambeaux* dans l'*Inventaire du château de Vincennes et de Beauté* de 1420 :

(305) [...] ou retrait de la chambre, a esté trouvé V *chandelliers* à l'œuvre de Dammas, *à mectre flameaux*, dont il en a deux grans et les III autres moyens. (A.A.V.V. 1854. *Invent. du château de Vincennes et de Beauté, 23 juin 1420*)

L'usage de la dénomination *chandelier à mettre flambeaux* continue pendant tout le XVIe siècle. Dans l'*Inventaire de la duchesse de Valentinois, Charlotte d'Albret 1514* figurent :

(306) [...] deux grans *chandeliers à flambeaux* en façon de tourelles, dont le pied est garni de bourc cizellé tout alentour, avec ung contour rapportant à viz, garniz de trois colletz doubles, doréz. (Bonaffé. 1878. *Invent. de la duchesse de Valentinois, Charlotte d'Albret 1514*)

Au XVIIe siècle, le langage commence à se raffiner et le mot *chandelier* apparaît un peu grossier, raison pour laquelle on le supprime et, sous prétexte que le flambeau est de cire, on donne son nom à tous les chandeliers destinés à porter non seulement des flambeaux de salle, de table ou de chambre, mais aussi des chandelles de cire et des bougies. Ce n'est qu'au début du XIXe siècle que la dénomination *flambeau* commence à être employée pour indiquer toutes sortes de chandelier, bien qu'elle ne soit réservée de préférence pour ceux en métal et de haute taille. Quand les flambeaux ont des dimensions plus réduites ou de formes spéciales, le mot *flambeau* est accompagné d'un autre mot désignant la destination, habitude remontant au XVIIe siècle et qu'on a déjà rencontrée avec les dénominations *flambeau de poing*, *flambeau de table* et *flambeau de main*, c'est-à-dire spécialement faits pour être portés à la main.

5.4.2 La *torchère* et le *guéridon :* deux mots aux multiples facettes

Le mot *torchère* désigne un mot nouveau dans le vocabulaire des objets mobiliers : il apparaît pour la première fois dans le *Dictionnaire de l'Académie* de 1694. Cependant, vingt ans avant que l'usage de ce mot ne fût consacré par l'Académie, il était déjà employé. Quant à son origine, on est amené à la chercher dans les variantes *torsier*, *torchier*, *torchière*, *torchouer* et dans le mot *torche* (DMF).

Étant donné que le mot *torche* ne désigne qu'une sorte de cierge, une chandelle ou une bougie plus grosse que les autres, faite de plusieurs chandelles ou bougies tordues, la *torchère* se trouve être, par conséquent, un grand chandelier sensiblement plus gros et plus robuste que le chandelier ordinaire. C'est du reste, ce qu'on sait grâce aux descriptions du *torsier* figurant dans l'*Inventaire de l'orfèvrerie et des joyaux de Louis Ier, duc d'Anjou (1364–1365)* et celle des *torchiers* mentionnés dans l'*Inventaire des vaisselles, joyaux, tapisseries, peintures, livres et manuscrits de Marguerite d'Autriche, régente et gouvernante des Pays Bas (1523)*. C'est au XVe siècle qu'apparaît une description très détaillée du mot *torchère* dans l'*Inventaire de tous les meubles du cardinal Mazarin dressé en 1653* :

> (307) Deux torchères d'argent blanc façon d'Italie, ornées de feuillages, roulleaux, grains, cartouches avec chérabins, les bobesches soutenues au milieu d'une couronne estant sur la platine, lesdites torchères composées de six pièces, chacune pesante, sçavoir : La première, qui est le pied en triangle porté sur trois pieds de griffon, pesant reante marcs une once ; la deuxiesme, un vaze rond, cizelé de

feuillages, pesant deux marcs cinq onces ; la troisiesme, portant trois roulleaux en saillie, sur chacune desquelz est assis un ange portant un escu des armes de S. E., pesant once marcs une once quatre gros ; la quatriesme, un demy balustre, orné de feuillages et godrons, portant la platine de la bobesche, pesant deux marcs six onces quatre gros ; la cinquiesme, la platine de la bobesche cizelée par-dessous à godrons, sur laquelle est une couronne cizelée de feuillages à jour, pesante cinq marcs sept onces cinq gros ; la sixiesme, la bobesche ordnée de moulures tournées au tour, pesante deux marcs. Ladite torchère (c'est-à-dire la première des deux) pesante en tout cinquante-quatre marcs cinq onces cinq gros, ayant un estui de cuir noir. La première pièce de l'autre torchère, qui est le pied, pesant trante-un marcs ; la seconde qui est le vaze, deux marcs six onces quatre gros ; la troisiesme, qui sont les roulleaux, neuf marcs cinq onces ; la quatriesme, un demi-balustre, deux marcs six onces sept gros ; la cinquième, la platine, six marcs deux onces quatre gros ; la sixiesme, la bobesche, deux marcs deux gros. Toute ladite torchère, pesante ensemble cinquante marcs cinq onces, ayant un estuy de cuir noir. (Aumale 1861. *Invent. de tous les meubles du cardinal Mazarin dressé en 1653*)

Les torchères ne comportent qu'une bobèche chacune et, par conséquent, ne peuvent recevoir qu'un seul flambeau. Vers la fin du XVIIe siècle, cet objet se transforme radicalement : au lieu de ne porter qu'une torche ou un flambeau de dimensions considérables, il en supporte plusieurs, ce qui est confirmé par la définition donnée par Furetière : "Grands chandeliers où l'on met de gros flambeaux de cire, aussi gros que des torches" (Furetière 1690). De *chandelier*, il devient d'abord *candélabre*, puis de *candélabre*, il devient *guéridon*.

Cette transformation marque une modification de même nature dans le mode d'éclairage : au lieu de produire la lumière en augmentant l'importance du foyer, on multiplie le nombre de foyers lumineux ; toute une révolution s'opère. Le *candélabre à pied* ou *sans pied* se substitue à la *torchère*, tout en conservant sa dénomination. Cette transformation ressort du texte suivant, emprunté à l'*Inventaire général du mobilier de la Couronne sous Louis XIV (1663–1715)* :

(308) Une grandissime *torchère* à cinq bobesches, faite par Ballin, dont le corps est un balustre posé sur une corniche, aux quatre coins de laquelle il y a quatre petittes lampes à l'antique, ladite corniche portée par quatre satyrs, le tout sur un pied d'estal ayant quatre lions aisléz aux quatre coins, poséz sur une grande base de fleurs de lys par-dessus, haulte de 8 pieds 4 pouces. (Guiffrey 1885–1886. *Invent. général du mobilier de la Couronne sous Louis XIV (1663–1715)*)

Plus tard, la *torchère* acquiert l'acception de *guéridon* sur lequel on pose des *chandeliers*, des *candélabres* ou des *girandoles*. Dans la description que le *Mercure* de décembre 1682 donne de la galerie du jeu à Versailles, on voit figurer "quatre *torchères* dorées, portant dans les angles de grands *chandeliers* d'argent" (*Mercure*, décembre 1682, corpus OBVIL). Dans le récit des fêtes données à Versailles en 1708, la veille du jour des Rois, le *Mercure* dit encore : "Le premier escalier estoit illuminé par un grand nombre de *girandoles* posées sur de grands *guéridons*, que l'on nomme *torchères*" (*Mercure*, janvier 1708, corpus OBVIL). Enfin, Barbier, dans son *Journal*, en décrivant les splendeurs de Versailles, parle "de grandes *torchères*, qui sont de grandes *girandoles* qui prennent du bas, et qui portent trente-deux bougies dans la longueur" (Barbier 1857–1866 : 138). Du reste, le *Dictionnaire de l'Académie* de 1694, comme ayant été le premier à donner une définition du mot *torchère*, décrit cet objet comme "une espèce de guéridon fort eslevé, sur lequel on met un flambeau, une girandole, des bougies, dans les sales des palais, des grandes maisons" (Académie 1694). Furetière définit le *guéridon* en tant que :

> (309) meuble de chambre qui sert à porter des flambeaux, des vases, etc. Il est composé d'un pilier ou colonne de bois ou d'argent entre deux pièces rondes, l'un par en bas, pour le soutenir, et l'autre par en haut, pour porter ce qu'on met dessus. (Furetière 1690)

Vu que ce petit meuble ne remonte pas au-delà du XVIIe siècle, on peut se rattacher entièrement à la définition donnée par Furetière. Également les auteurs de la première édition du *Dictionnaire de l'Académie* sont d'accord avec Furetière ; au surplus, ils insistent sur le rôle à "soutenir les chandeliers, les flambeaux" (Académie 1694) et Richelet affirme qu'à son époque les *guéridons* servent surtout à "accompagner quelque belle table, ou quelque beau cabinet" (Richelet 1680).

Plus précisément, c'est vers 1650 que le mot *guéridon* commence à figurer dans les documents anciens. Dans sa *Muze historique*, Loret mentionne des *guéridons* parmi les cadeaux de prix dont M. de Lamothe-Houdancourt comble sa femme pour la consoler de son départ. Il dit que son mari dépense 200,000 livres "en *guéridons* façon d'ébeine" (Loret 1857–1891 : 129). En juin 1651, le mot *guéridon* est employé aussi à l'occasion de la fête organisée par Mme de Chaulnes à Anne d'Autriche. Loret écrit que cette dame fait arranger :

> (310) […] des *Mores* et non pas blonds, / Faits *en forme de guéridon*, / Chacun portant dessus sa teste / Un grand plat de viande preste, / Et deux autres entre leurs mains, / Les uns remplis de massepaius, / Et les autres de marmelades. (Loret 1857–1891 : 129)

La dénomination *guéridon en forme de Mores* est très à la mode au XVIIe siècle. On la rencontre aussi dans l'*Inventaire après décès d'Anne d'Autriche et le mobilier du Louvre* sous la variante *guéridon à figure de Maures* :

> (311) Deux *guéridons à figure de Maures*, d'argent vernis de noir. […] Six *guéridons* de bois, représentant deux d'iceux *des Mores*, deux autres des jeunes Bacus et deux autres des Nimpges, doréz, prisés ensemble six cens livres. (Cordey 1930. *Invent. après décès d'Anne d'Autriche et le mobilier du Louvre*)

Ces premiers guéridons affectent l'apparence de petits personnages, surtout de Mores, c'est-à-dire de noirs ou de sauvages, parce qu'à cette époque la qualification de More a une signification moins précise, et par conséquent plus étendue qu'aujourd'hui. Ce modèle dénominatif persiste jusqu'à la fin du XVIIe siècle, puisqu'on trouve dans l'*Inventaire général du mobilier de la Couronne sous Louis XIV (1663–1715)* deux *guéridons* en argent "*à figure de Maures*, un homme et une femme" (Guiffrey 1885–1886).

Si l'on considère l'étymologie, le nom *guéridon* aurait d'abord été celui d'un personnage de farce, un paysan des confins du Poitou s'exprimant par sentences et importé en Europe par les Provençaux. Il devient le héros de chansons et son nom est mis au refrain. Ce terme, probablement né d'un refrain formé de "o gué" et "laridon" (TLFi), est utilisé dans les chansons satiriques pour désigner la personne dont on se moque. Vers la même époque, on prend l'habitude d'appeler tous les petits Mores, qui alors servent de grooms, du nom original de *guéridon.* Quand un sculpteur ingénieux a l'idée de combiner ces petites tablettes portées par une figure humaine, comme la physionomie étrange et le riche costume de ces jeunes serviteurs sont très décoratifs, il imagine de les mettre à contribution, en leur faisant soutenir un plateau sur leur tête, ce qui rentre dans leurs attributions. Ainsi la désignation *guéridon* de ce petit objet dont le pied a souvent une forme humaine, notamment celle d'un Maure, est peut-être due à l'image du personnage isolé qui tient un flambeau alors que les autres s'embrassent dans la danse du branle de la torche au cours de laquelle on chante ce refrain.

Comme on l'a déjà dit, Richelet affirme qu'à son époque le mot *guéridon* accompagne souvent les mots *table* et *cabinet*. Dans de nombreux documents figurent des cabinets, des tables et des *guéridons* marchant ensemble. Voici quelques exemples :

> (312) [...] un cabinet de la Chine à deux volets, posé sur son pié de bois sculté et doré, ensemble deux *guéridons* de bois sculté et doré, prisés III cens livres. (D'Huart et al. 1988. *Invent. après décès du maréchal de Turenne 1675*)

> (313) [...] toutes ces tables dans la description qu'il nous donne des salons de jeu de Versailles, sont couvertes de velours vert galonné d'or, et garnies de flambeaux d'argent à tous les angles, posez sur de petits *guéridons*. (*Mercure*, décembre 1682, corpus OBVIL)

Les *guéridons*, chargés de girandoles ou de flambeaux, sont placés aux angles des tables à jouer pour éclairer les joueurs. Indépendamment des guéridons de jeu, on en dispose aussi devant les croisées à côté des cheminées près des portes et on les charge de lumières. D'où la naissance de la *torchère* qui n'est qu'un guéridon surmonté d'une girandole et faisant corps avec elle :

> (314) Aux festes données par le Roy à Versailles, la veille de la feste des Roys, le premier des escaliers estoit illuminé par un grand nombre de girandoles, posées sur de grands *guéridons* que l'on nomme *torchères*. (*Mercure*, janvier 1708, corpus OBVIL)

L'union de ces deux objets mobiliers superposés, arrivant à n'en former qu'un seul, n'a pas seulement doté le mobilier d'un objet nouveau, mais a également changé le sens du mot *guéridon* lui-même. Il ne désigne plus un objet chargé de porter un luminaire ou un vase, mais il commence à être utilisé dans l'acception de petite table, telle que celle qui apparaît dans *l'Inventaire après décès de Marie-Louise Desmares, épouse de Jean-Baptiste Savigny - 30 août 1751* :

(315) […] *guéridons* à chapeaux, ou petites tables en façon d'Anglaise. (Auteur et date inconnus. *Invent. après décès de Marie-Louise Desmares, épouse de Jean-Baptiste Savigny - 30 août 1751*)

Toutefois, ce n'est qu'en 1769 qu'on voit le *guéridon* remplir le rôle de table, comme démontré par le *Mercure* de juillet de cette année, dont la description dit : "Cette table se compose d'un dormant et de quatre servantes ou *guéridons* jusqu'à devenir une table à écrire" (*Mercure*, juillet 1769, corpus OBVIL). Ainsi, après avoir été tour à tour *torchère* et *servante*, le petit objet mobilier est amené à se transformer en table à écrire.

6. Conclusion

6.1 La constitution du vocabulaire des arts de la table

L'objectif principal de cette étude a été de discerner, à travers la constitution et le traitement semi-automatique d'un corpus textuel hétérogène, comment à la création d'une réalité sociale et culturelle nouvelle répond la formation d'un réseau lexical nouveau. Les observations sur l'origine et l'histoire du vocabulaire des arts de la table, qu'on se propose d'apporter dans ce chapitre conclusif, se concentreront en particulier sur deux aspects fondamentaux : le profit que les sciences linguistiques peuvent tirer de l'approche sociolexicale et historico-philologique et la proposition d'un reclassement des phénomènes linguistiques sous un point de vue différent, celui des procédés de formation lexicale.

La méthode de la lexicologie sociale et historique en combinaison avec l'usage d'outils informatiques ne présente pas seulement un intérêt pragmatique : elle peut être considérée comme un instrument efficace d'enquête lexicale susceptible de jouer un rôle important dans les sciences linguistiques. Son originalité découle du fait que les disciplines auxquelles elle peut s'appliquer (histoire du vocabulaire, histoire de la langue, lexicographie historique, étymologie sociale, etc.), élaborent elles-mêmes une nouvelle matière dont les caractéristiques sont déterminées sans tenir compte des frontières théoriques dessinées auparavant entre les sciences linguistiques et les sciences humaines et sociales (Sauvageot 1935). La lexicologie sociale et historique offre non un objet nouveau, mais un point de vue particulier auquel ne peut convenir qu'une méthode hybride qui, s'appuyant sur les rapports entre vocabulaire et milieu social, peut échapper aux défauts des méthodes abstraites des sciences voisines.

Au cours de la longue période étudiée, on a pu remarquer que les deux sous-domaines – celui des objets utilisés pour le repas et celui des objets de décoration de la table – s'organisent par l'accumulation de données extralinguistiques tirées des traditions, des coutumes, des modes et des tendances artistiques. Le vocabulaire, qui est le plan linguistique des nouvelles expériences humaines et socioculturelles, est formé d'un grand réseau d'unités lexicales nouvelles et anciennes, désignant des concepts nouveaux qui apparaissent et disparaissent. Il ne naît pas directement d'une réalité objective, mais de l'intervention des hommes qui en est la cause directe ; pour exprimer leurs idées, leurs tendances et leurs mœurs, les hommes ont recours à un ensemble de mots auxquels ils confèrent la valeur signifiante d'une expérience sociale et historique nouvelle.

La distribution des lexèmes constituant l'ensemble lexical du vocabulaire des arts de la table, n'est pas régie, mais impulsée par les changements dont la progression s'organise diachroniquement selon les lois de l'histoire. C'est pour cette raison que la formation de ce vocabulaire a été étudiée dans une perspective historique. Le choix d'une période longue a permis de mettre en lumière le processus de constitution et d'organisation des éléments de ce vocabulaire. La segmentation du processus historique par des coupures temporelles synchroniques s'est révélée une méthode efficace pour saisir les rapports intralinguistiques qui régissent ce vocabulaire caractérisé par la mouvance des relations de ses éléments constituants (relations lexicales de synonymie, d'inclusion, d'hypéronymie, d'hyponymie, d'holonymie et de méronymie). En d'autres termes, les processus linguistiques qui déterminent le statut des unités lexicales ne pouvaient pas être analysés dans l'ignorance des mutations et des évolutions concernant le domaine des arts et, plus spécifiquement, des arts de la table.

6.1.1 Instabilité sémantique et variation lexicale

Vu dans son ensemble, le vocabulaire des arts de la table présente un nombre relativement stable de mots appartenant à la langue générale ; autour de ces mots se range une quantité importante de mots de second ordre qui désignent l'évolution des objets, dont la cristallisation est souvent entravée par la fugacité des choses qu'elles désignent.

En retranchant la partie éphémère de ce vocabulaire, l'on s'aperçoit vite que son immutabilité n'est qu'une abstraction et que les mots relativement stables sont rares. Les plus stables sont les hypéronymes tels que *cafetière*, *coupe*, *couteau*, *fourchette*, *plat*, *service*, *vase*, *vaisseau*, etc. Par contre, les mots qui désignent des objets comportant une forme et un emploi précis (*bol à punch*, *bouilly*, *chique*, *coquemar*, etc.) et qui dessinent les modes du domaine de la table (*eustaches*, *jambettes*, *mazarines*, *Service des médailles*, etc.) sont largement redevables de l'évolution de la société, de ses mœurs et de sa façon de vivre.

Le point de vue idéaliste de la linguistique a entraîné beaucoup de linguistes à minimiser le rôle des conditions matérielles dans l'évolution du langage, à avancer l'idée discutable d'un "contrat social" et à prétendre que les phénomènes linguistiques se développent indépendamment du contexte social. Les résultats obtenus dans cette étude démontrent le contraire : la lexicologie ne peut pas être isolée des aspects sociaux et on ne peut pas expliquer le vocabulaire sans recourir au milieu humain qui le détermine. À chaque époque se développe une nouvelle situation sociale qui suscite un nouveau phénomène lexical. Les faits sociaux ont bien l'aspect des choses, mais ce sont des choses vues, senties et comprises par l'homme. La lexicologie envisage la réalité sociale dont le vocabulaire est le reflet à la fois objectif, dans le cas des réalités indépendantes de l'individu, et subjectif, en fonction des personnes vivant dans un milieu concret et dans des conditions sociales, économiques, politiques et esthétiques. La réalité qui se manifeste lors des changements peut être appréhendée de manière différente pour chacun d'eux : il ne s'agit plus de classer de manière arbitraire les faits du vocabulaire, mais de rechercher, à chaque époque, le ou les facteurs dominants en fonction desquels les faits sociaux et lexicaux se coordonnent.

Les transformations qui se produisent dans les objets ne s'affirment pas toujours de manière évidente dans le vocabulaire des arts de la table. Pour comprendre la signification des mots, il a fallu s'adresser à la réalité spatiale, temporelle et historique, souvent méconnue à cause de l'importance décernée *a priori* aux mots. Seules les coupures temporelles et la comparaison des données dans le corpus de référence ont permis de se rendre compte de l'évolution sémantique des mots, après une évolution sociétale. Ces changements lexicaux passifs se produisent principalement pour deux motivations :

1) la forme de l'objet de table est soumise, au moment de l'apparition du mot, à un changement perpétuel qui s'accentue au fil des

années, de sorte que le mot peut apparaître comme le référent d'une réalité nouvelle. Ainsi, par exemple, au XVIe siècle, le mot *buffet* perd le sens de meuble de rangement pour désigner, par métonymie, la vaisselle ;

2) la forme de l'objet de table reste invariable, mais les changements se produisent dans la fonction qu'il est destiné à remplir. Ainsi, le mot *bec d'asne* qui au début du XIVe siècle désigne l'extrémité d'un vase servant pour porter l'eau, indique au siècle suivant l'objet entier. Il en va de même du mot *huilier* qui, appliqué à un petit pot destiné à contenir et servir de l'huile à table, voit son sens se généraliser (appareil qui porte à la fois l'huile et le vinaigre) au XVIIIe siècle à la suite de la disparition du mot *vinaigrier*. La liste de ces changements de sens pourrait être allongée à l'infini pour prendre conscience du caractère conservateur de la langue qui constitue, malgré tout, une source d'enrichissement indirecte du vocabulaire des arts de la table.

Une conclusion identique sur la nature du rapport entre le mot et son contenu sémantique découle de la constatation qu'un même objet peut être désigné par plusieurs synonymes (*cabaret*, *déjeuner* ; *coquemar*, *échauffoir* ; *surtout*, *ermitage*, *milieu*, etc.), ce qui est une des caractéristiques principales du foisonnement néologique transitoire dans le vocabulaire des arts de la table.

6.1.2 Innovation et vitalité lexicales

L'aspect innovateur du vocabulaire des arts de la table n'est pas moins important que son caractère conservateur et les mots nouveaux que la langue crée soit pour répondre à l'apparition d'une chose vraiment nouvelle, soit pour qualifier un aspect nouveau dans la forme ou dans la fonction de l'objet, témoignent d'une force créatrice permanente.

Parmi les mots nouveaux qui ont contribué à la constitution du vocabulaire des arts de la table, on peut mentionner les noms propres (*couteau à la Berge*, *eustache* ou *hustache*, *vase Duplessis*, *cafetière Lemare*, *cafetière de Crépaux*, *cafetière Grandin*, etc.), les noms de marques et de produits (*à la Croix de Lorraine, au Chenet, à l'Épy de bled, au Petit couteau, à la Besche, à la Grape de raisin*, *couteau wibrekin*, *vaisselle de la Bouche*, *vaisselle de la Cuisine*, etc.) et les emprunts. Quant aux emprunts, leur nombre reste relativement peu important : ils sont disproportionnés par rapport à l'influence réelle exercée par un tel peuple ou tel état de civilisation sur les arts de la table française et la langue se contente, dans la plupart des cas, de recourir au procédé de qualification qui ne fait qu'indiquer l'origine étrangère de l'objet en question (*bouille anglaise*, *bouilloire forme anglaise*, *tasse à la polonaise*, *vase à la hollandaise*, *assiette à l'italienne*, etc.).

Parmi les emprunts aux langues étrangères, l'apport de l'anglais est le plus appréciable. On rencontre des mots d'origine anglaise francisés, tels que *bol à punch*, *bouilly*, *warm-pan*, etc. Les emprunts aux autres langues sont également nombreux : les emprunts aux langues orientales (*bandège*), à l'espagnol (*chique*), au dialecte alsacien (*chope*), à l'arabe (*tasse*), à l'ancien provençal (*aiguière*) et au flamand (*molenbeker* et *stortenbeker*). On signale également le processus de vulgarisation du vocabulaire des embarcations maritimes (*nacelle*, *nautile*, *navette*, *navire* et *nef*), de l'histoire naturelle et de l'anatomie (*branche* et *bras*). De même la reprise d'archaïsmes représente un emprunt fait à un état de langue disparu. Ainsi apparaissent les formes anciennes *aciete*, *assiete*, *boëte à thé*, *boulouer*, *burecte*, *buye*, *conga*, *cocatière*, *cousteau*, *cuvecte*, *éguière*, *éschauffaire*, *éschauffoir*, *esguière*, *notille*, *partpain*, *platela*, *platellet*, *platiaulx*, *quenivet*, *refredoer*, *vasciel*, *vaissellement*, *vastz*, *vaze*, *vaisselet*, etc.

Un autre procédé employé pour la création de mots nouveaux est celui de la dérivation, représenté par un bon nombre de suffixes d'origine populaire et savante. Les plus fréquents sont représentés par le suffixe participial *-é*, comme dans *boulé*, *croisé*, *coupé*, *couronné*, *monté(e)*, *superposé*, etc., les suffixes nominaux *-on* dans *chauderon*, *guidon*, etc., et *-age* dans *ermitage*. Dans la catégorie des suffixes nominaux, on retrouve des dérivés désignant un contenant ou un support avec le suffixe *-ier* qui exprime un rapport de contenant à contenu (*bénitier*, *chandelier*, *coquetier*, *huilier*, *médaillier*, *souppier*, *torchier*, *vinaigrier*, etc.) et des dérivés ayant un sens instrumental avec le suffixe au féminin *-ière*. C'est le cas d'*aiguière*, *cafetière*, *chocolatière*, *cocatière*, *éguière*, *soupière*, *théière*, *vinaigrière*, etc., qui désignent des appareils permettant la réalisation d'un produit. Les suffixes en *-oir* et *-oire* dans *batoir*, *bouilloire* (et la forme ancienne *boulouer*), *entonnoir*, *rafraîchissoir* (et la forme ancienne *refredoer*), *tranchoir*, etc., donnent lieu à des créations nouvelles et à des mots à moitié techniques. Le vocabulaire des arts de la table manifeste également un goût prononcé pour les suffixes qui donnent le plus souvent une valeur diminutive au nom comme dans *bouillotte* (N+suff. *-otte*), ou qui expriment la petitesse comme dans *basset*, *coutelet*, *gobelet*, *pistolet*, *platelet*, *vaisselet*, etc. (N+suff. *-et*) et *burette*, *jambette*, *lancette*, *louchette*, *navette*, *raquette*, etc. (N+suff. *-ette*).

Un autre procédé de formation est celui de la composition, consistant à fusionner deux unités de sens dans une unité de forme, à savoir l'action à laquelle l'objet qu'on veut désigner est destiné, et l'objet sur lequel l'action en question doit s'exercer. Les exemples de ce procédé de formation, sans être trop nombreux, ne manquent pas : *demi-tasse*, *miroir-applique*, *pare-pain*, *porte-huilier*, *pot-louche* et *tasse-bourse*.

Une nouvelle unité lexicale s'insère dans le vocabulaire des arts de la table non seulement par sa référence à la réalité extralinguistique et par le rapport de causalité qui les relie, mais aussi en tant qu'élément de la langue. Les créations lexicales de forme sont des signes arbitraires dans le sens que le créateur du mot n'est pas uniquement contraint dans le choix de la forme linguistique par une nécessite interne de la réalité extralinguistique ; le choix de la forme linguistique est aussi déterminé par un modèle morphologique existant dans la langue. Par exemple, la morphologie des mots *théière* (base *thé* + suff. *-ière*) ou *soupière* (base *soup(e)* + suff. *-ière*) est conforme à un type de nom en usage. C'est l'accumulation de ces typologies dans le temps qui engendre par le moyen de l'analogie, même en dehors de toute motivation étymologique explicite, la formation des mots selon un modèle préexistant qui rend la communication linguistique possible. Si les créateurs peuvent utiliser n'importe quel groupement de syllabes pour désigner des objets nouveaux, le moment historique et le milieu social les amènent à recourir à des mots qui rendent plus facile leur usage et leur compréhension. La dimension historique s'impose donc dans l'étude de la constitution du vocabulaire des arts de la table non seulement sur le plan sémantique ouvert sur le monde artistique, culturel et social, mais aussi sur le plan formel et dénominatif.

Un aperçu sur l'ensemble des procédés formels de création lexicale permet de remarquer que si les néologismes de forme ont plus de chance de durer dans le temps, il en va tout autrement lorsqu'il s'agit d'innovations au niveau sémantique. Face à des objets nouveaux ou à des aspects des objets nouvellement apparus ou de leurs rapports mutuels, l'homme est contraint de les dénommer ou de les définir pour les rendre compréhensibles à son entourage, qu'il s'agisse de qualifications plus ou moins appropriées ou d'expressions uniquement comprises des autres interlocuteurs. Si les créations lexicales formelles fixent des noms à ceux-ci par une sorte de procédé de qualification prise dans un sens très large, les innovations de sens obtenues par des procédés indirects sont tributaires du phénomène de la qualification, et leur apport dans le vocabulaire des arts de la table est en même temps un des facteurs les plus essentiels et les plus caractéristiques. La qualification la plus simple consiste à ajouter un trait complémentaire nouveau à un objet connu, ce qui donne lieu à des locutions. Celles-ci peuvent être considérées comme des unités polylexicales nouvelles qui désignent des objets de table bien précis. Dans tout ce qu'il y a d'instable et d'éphémère, le vocabulaire des arts de la table est composé en grande partie de ces locutions telles que *guéridon en forme de More*, *couteau à la charolaise*, *assiette à l'italienne*, ou *chandelier à l'œuvre d'Allemagne*, considérées comme des unités de sens nouvelles, tandis que leur reconnaissance en tant que mots simples par la langue commune dépend exclusivement de leur durée et de l'extension de leur usage. Quant à leur constitution, ces locutions peuvent être composées :

1) d'un nom et d'un adjectif (*cafetière portative*, *chandelier bas*, *chandelier primitif*, *chandelier économique*, *coupe triangulaire*, *cuillère bâtarde*, *gobelet instable*, *lustre suspendu*, *plat artificiel*, *vaisselle plate*, etc.) ;

2) d'un nom et de son déterminant qui n'est pas un adjectif, mais un nom attaché au déterminé par des relations de dépendance et introduit par un mot-outil quelconque qui marque ce lien : *de*, *à*, *à le*, *à la*, *en*, *pour*, *forme*, *genre*, *façon*, *manière*, etc. (*boîte à thé*, *boîte à infusion*, *bouilloire de garde-robe*, *cafetière à filtre*, *cafetière à double circulation*, *cafetière à la Dubelloy*, *chandelier à manière d'éléphant*, *couteau à la façon Turquie*, *couteau à la capucine*, *couteau en faux*, *cuillière pour faire papin*, *chandelier en forme de guéridon*, *vase en gondole*, *gobelet de Chine*, *gobelet à surprise*, *gobelet en manière d'un chandelier*, etc.) ;

3) d'appositions de deux noms dont le mot-outil qui en établissait les rapports a été supprimé (*cafetières Diligences*, *couteau wibrekin*, *fourchette curedent*, *gobelet trembleur*, *vase Duplessis*, etc.) ;

4) d'un substantif avec un autre mot qui complète le sens de celui-ci (*miroirs-appliques*, *demi-tasse*, *pare-pain*, *taille-pain*, etc.).

Avant de se lexicaliser et de devenir des mots simples, ces locutions sont encore très souples et ne représentent qu'un stade de l'évolution dans ce vocabulaire. Elles suivent alors trois chemins différents :

1) la locution peut se décomposer, si l'objet qu'elle représente tend à disparaître assez vite (*seau à rafraîchir*, *vaisselet à manger œufs*, etc.) ;

2) la locution peut se figer, se lexicaliser et constituer ce qu'on appelle un composé par juxtaposition (*chandelier à la financière*, *vaisselle plate*, *vaisselle montée*, etc.) ;

3) la locution meurt à cause de l'omission d'un des deux mots qui la composent et se traduit en métaphore, analogie ou métonymie, tout en rapportant le sens contenu originairement dans celle-ci sur un seul élément qui devient un dérivé impropre (*assiette à la mazarine* > *mazarine*, *couteau Eustache* > *eustache*, *couteaux jambettes* ou *lames jambettes* > *jambettes*).

6.1.3 Résonances entre langue générale et la langue de spécialité

Un dernier aspect qu'il faut mettre en lumière est le lien entre langue générale et langue de spécialité. Plusieurs questions se posent : y a-t-il une relation de dépendance entre les deux dans la recherche des dénominations, nécessaire au renouvellement continuel du vocabulaire des arts de la table ? Lequel des deux est le premier ? Y a-t-il réellement deux systèmes ?

Le vocabulaire des arts de la table, qui est le reflet d'une activité sociale, contient un nombre considérable de possibilités dénominatives dont il peut tirer profit. À titre d'exemple, la catégorie des juxtaposés du type Nom+Nom n'emploie que des formes déjà existantes dans le vocabulaire (*tasse cœur*). De même, les emprunts aux vocabulaires techniques fournissent du matériau pour les besoins dénominatifs. Le *moussoir* pris au vocabulaire de la cuisine, le *bras* et la *main* au vocabulaire de l'anatomie et la *navette* au vocabulaire des embarcations maritimes sont des exemples qu'on pourrait multiplier. Cependant, de façon générale, c'est aussi la langue générale qui offre un bon pourcentage de mots pour la dénomination des objets de table. Il ne faut pas oublier que l'acte de dénomination dépend du milieu créateur dans lequel ce vocabulaire se constitue. Ce milieu se compose aussi bien d'artistes qui se consacrent à la production des objets de table que de commerçants et d'usagers provenant de différents groupes socioculturels. Ce qui contribue à donner au vocabulaire des arts de la table son caractère particulier et inhabituel, c'est surtout le fait qu'il sert non seulement d'instrument de communication au service d'un groupe social, mais aussi comme un moyen de diffusion linguistique et culturelle, ce qui fausse le véritable caractère du mot par son assujettissement à la nécessité d'attirer le public. Le grand public qui accepte passivement ce vocabulaire – et qui, dans une certaine mesure, l'adopte assez facilement – est constitué par une multitude de locuteurs qui comprend à la fois la société royale, la Cour, les bourgeois et les personnes simples. Tous ont cependant un trait commun qui consiste dans l'intérêt qu'ils portent aux objets de la table.

Les arts de la table ont réussi à pénétrer tous les domaines de la société – cercles artistique, culturel, politique, théâtral, littéraire jusqu'à la langue elle-même. Il va donc de soi que son vocabulaire s'approprie tous les mots pour ses besoins de dénomination, qu'il s'agisse de mots fournis par le fonds commun de la langue générale ou par les lexiques voisins. Cela explique son double caractère : d'une part, il s'est constitué de mots empruntés aux autres langues de spécialité ; d'autre part, étant destiné à un vast public et s'appliquant à tous les phénomènes de la vie sociale, il recourt à un nombre considérable de mots appartenant à la langue générale.

Références bibliographiques

Études théoriques

Adam, Jean-Michel / Revaz, Françoise. 1989. Aspects de la structuration du texte descriptif : les marqueurs d'énumération et de reformulation. *Langue française*. 81, 58–98.

Altmanova, Jana / Centrella, Maria / Russo, Katherine (eds) 2018. *Terminology & Discourse / Terminologie et discours*. Bern : Peter Lang.

Altmanova, Jana / Zollo, Silvia D. 2017. Néologismes et nécrologismes dans le vocabulaire technique. Le cas de la terminologie des outils d'orfèvre. *Neologica. Revue internationale de néologie*. 11, 65–81.

Altmanova, Jana / Zollo, Silvia D. (eds) 2019. *Neologica. Revue internationale de néologie. "La néologie à l'ère de l'informatique et de la révolution numérique"*. 13.

Altmanova, Jana, 2013a. Les métiers de l'orfèvre à travers les dictionnaires. *Études de linguistique appliquée – ELA, "Parlers de métiers Hommage à Gabrielle Quemada"*. 171, 307–320.

Altmanova, Jana. 2013b. Décrire un bijou: analyse des didascalies des boucles d'oreilles. In Diglio, Carolina / Altmanova, Jana (eds) *L'art de l'orfèvrerie : parcours linguistiques et culturels*. Paris : Hermann, 37–53.

Altmanova, Jana. 2013c. *Du nom déposé au nom commun. Néologie et lexicologie en discours*. Milano : Educatt.

Améro, Justin. 1878. *L'anglomanie dans le français et les barbarismes anglais usités en France*. t. I. Paris : rue Bronchant.

Anthony, Laurence. 2011. *AntConc (Windows, Macintosh OS X, and Linux), fichier de documentation*. Open Access : <http://www.antlab.sci.waseda.ac.jp/software/README_AntConc3.2.4.pdf>.

Baldensperger, Fernand. 1924. *Le mouvement des idées dans l'émigration (1789–1815)*. Paris : Plon-Nourrit.

Baldinger, Kurt. 1959. L'étymologie hier et aujourd'hui. *Cahiers de l'association internationale des études françaises*. 11, 233–264.

Baldinger, Kurt. 1964. Sémasiologie et onomasiologie. *Revue de Linguistique romane*. 111/112, 249–272.

Barthes, Roland. 1957. Histoire et sociologie du vêtement. Quelques observations méthodologiques. *Annales*. 12/3, 430–441.

Barthes, Roland. 1964. Rhétorique de l'image. *Communications*. 4, 40–51.

Barthes, Roland. 1967. *Le système de la mode*. Paris : Seuil.

Barthes, Roland. 1985. *L'aventure sémiologique*. Paris : Seuil.

Barthes, Roland. 2007. *Mythologies*. Paris : Seuil.

Béjoint, Henri / Thoiron, Philippe. 2000. *Le sens en terminologie*. Lyon : Presses Universitaires de Lyon.

Bertrand, Olivier / Gerner, Hiltrud / Stumpf, Béatrice (eds) 2007. *Lexiques scientifiques et techniques : constitution et approche historique*. Palaiseau : Éditions de l'École Polytechnique.

Bertrand, Olivier. 2014. *Sciences et savoirs sous Charles V*. Paris : Honoré Champion.

Biber, Douglas. 1990. Methodological issues regarding corpus-based analyses of linguistic variation. *Literary and Linguistic Computing*. 5/4, 257–270.

Bonadonna, Maria Francesca. 2016. *Le vêtement d'extérieur dans la terminologie française de la mode*. Paris : L'Harmattan.

Bonnaffé, Édouard. 1920. *L'anglicisme et l'angloaméricanisme dans la langue française*. Paris : Delagrave.

Branca-Rosoff, Sonia / Guilhaumou, Jacques. 1998. De société à socialisme : l'invention néologique et son contexte discursif. *Langage et société*. 83/84, 39–77.

Bréal, Michel. 1897. *Essai de sémantique. Science des significations*. Paris : Hachette.

Bruneau, Charles. 1948. L'époque romantique. In Brunot, Ferdinand (ed.) *Histoire de la langue française des origines à nos jours*. t. XII. Paris : Armand Colin.

Bruneau, Charles. 1953. L'époque réaliste. In Brunot, Ferdinand (ed.) *Histoire de la langue française des origines à nos jours*. t. XIII. Paris : Armand Colin.

Brunot, Ferdinand. 1920. *Dictionnaire des anglicismes*. Paris : Delagrave.

Brunot, Ferdinand. 1928. *Les mots témoins de l'Histoire*. Paris : Firmin Didot.

Brunot, Ferdinand. 1930. *Histoire de la langue française. Le XVIIIe siècle. Le mouvement des idées et les vocabulaires techniques.* t. VI/1. Paris : Armand Colin.

Brunot, Ferdinand. 1933. *Histoire de la langue française des origines à 1900.* t. I-II et III. Paris : Armand Colin.

Brunot, Ferdinand. 1934. L'aviation et la langue. *Gnôme et Rhône journal.* 40, 1–2.

Buchi, Éva. 2005. Le projet TLFI-Étym (projet de révision sélective des notices étymologiques du Trésor de la langue française informatisé). *Estudis romànics.* 27, 569–571.

Cabré Castellví, María Teresa. 1999. *Terminology. Theory, methods and applications.* Amsterdam : John Benjamins.

Cadiot, Pierre / Lebas, Franck. 2003. La constitution extrinsèque du référent. *Langages.* 150, 3–8.

Cadiot, Pierre. 1997. Propriétés extrinsèques en sémantique lexicale. *Journal of french language studies.* 7/2, 127–146.

Cahen, Jacques-Gabriel. 1970. *Le vocabulaire de Racine.* Genève : Slatkine.

Candel, Danielle / Gaudin, François (eds) 2006. *Aspects diachroniques du vocabulaire.* Mont-Saint-Aignan : Publications des Universités De Rouen et du Havre.

Celotti, Nadine. 2002. La culture dans les dictionnaires bilingues : où, comment, laquelle ?, *Études de linguistique appliquée – ELA*, 128/4, 2002, 455–466.

Cerquiglini, Bernard. 1991. *La naissance du français.* Paris : P.U.F.

Charaudeau, Patrick. 2009. Dis-moi quel est ton corpus, je te dirai quelle est ta problématique. *Corpus.* 8, 37–66.

Chastang, Pierre. 2008. L'archéologie du texte médiéval. Autour de travaux récents sur l'écrit au Moyen Âge. *Annales. Histoire, Sciences sociales.* 63/2, 245–269.

Chaurand, Jacques. 1999. *Nouvelle histoire de la langue française.* Paris : Seuil.

Combettes, Bernard / Guillot, Céline / Oppermann-Marsaux, Évelyne / Prévost, Sophie / Rodríguez Somolinos, Amalia (eds) 2010. *Le changement en français. Études de linguistique diachronique.* Bern : Peter Lang.

Combettes, Bernard / Marchello-Nizia, Christiane. 2008. La périodisation en linguistique : problèmes théoriques et méthodologiques.

Congrès Mondial de Linguistique Française. Open Access : <https://doi.org/10.1051/cmlf08322>.

Combettes, Bernard / Marchello-Nizia, Christiane. 2010. La périodisation en linguistique historique : le cas du français préclassique. In Combettes, Bernard / Guillot, Céline / Oppermann-Marsaux, Évelyne / Prévost, Sophie / Rodríguez Somolinos, Amalia (eds) *Le changement en français. Études de linguistique diachronique*. Bern : Peter Lang, 131–143.

Condamines, Anne / Rebeyrolle, Josette / Soubeille, Annie. 2004. Variation de la terminologie dans le temps : une méthode linguistique pour mesurer l'évolution de la connaissance en corpus. *Proceeding of the Euralex International Congress*. Lorient : Presses de l'Université de Lorient, 547–557.

Condamines, Anne. 2005. *Sémantique et corpus*. Paris : Hermès/Lavoisier.

Condamines, Anne / Dehaut, Nathalie / Picton, Aurélie. 2012. Rôle du temps et de la pluridisciplinarité dans la néologie sémantique en contexte scientifique. Études outillées en corpus. *Cahiers de Lexicologie*. 101, 161–184.

Coseriu, Eugenio. 1958. *Sincronía, diacronía e historia : el problema del cambio lingüístico*. Montevideo : Universidad de la República. Traduction en ligne par Verjans, Thomas (2007). Open Access : <http://www.revue-texto.net/1996-2007/Parutions/Livres-E/Coseriu_SDH/Sommaire.html>.

Coseriu, Eugenio. 1964. Pour une sémantique diachronique structurale. *Travaux de linguistique et de littérature*. Strasbourg et Paris : Klincksieck. II, 139–186.

Cottez, Henri. 1980. *Dictionnaire des structures du vocabulaire savant. Éléments et modèles de formation*. Paris : Le Robert.

Cressot, Marcel. 1938. *La phrase et le vocabulaire de J. K. Huysmans. Contribution à l'histoire de la langue française pendant le premier quart du XIX*e *siècle*. Paris : Droz.

Darmesteter, Arsène. 1877. *De la création actuelle de mots nouveaux dans la langue française*. Paris : Vieweg.

Darmesteter, Arsène. 1887. *La vie des mots étudiée dans leurs significations*. Paris : Delagrave.

Darmesteter, Arsène. 1894. *Traité de la formation des mots composés dans la langue française*. Paris : E. Bouillon.

De Bessé, Bruno. 2000. Le domaine. In Béjoint, Henri / Thoiron, Philippe (eds) *Le sens en terminologie*. Lyon : Presses Universitaires de Lyon, 182–197.

de Schaetzen, Caroline (ed.) 1989. *Terminologie diachronique. Actes du colloque organisé à Bruxelles les 25 et 26 mars 1988*. Paris : Cilf.

Delavigne, Valérie. 2001. *Les mots du nucléaire. Contribution socioterminologique à une analyse des discours de vulgarisation*. Thèse de doctorat : Université de Rouen.

Delavigne, Valérie. 2006. La formation du vocabulaire de la physique : quelques jalons. In Candel, Danielle / Gaudin, François (eds) *Aspects diachroniques du vocabulaire*. Mont Saint-Aignan : Publications des Universités de Rouen et du Havre. 89–107.

Delboulle, Achille. 1880. *Matériaux pour servir à l'historique du français*. Paris : Honoré Champion.

Depecker, Loïc. 2013. Aperçus sur l'imaginaire des métiers. *Études de linguistique appliquée – ELA, "Parlers de métiers Hommage à Gabrielle Quemada"*. 171, 297–305.

Diglio, Carolina / Altmanova, Jana (eds) 2011. *Dictionnaires et terminologie des arts et métiers*. Fasano/Paris : Schena/Alain Baudry et Cie.

Diglio, Carolina / Altmanova, Jana (eds) 2013. *L'art de l'orfèvrerie : parcours linguistiques et culturels*. Paris : Hermann.

Ducos, Joëlle. 2007. Néologie lexicale et culture savante : traduire les savoirs. In Bertrand, Olivier / Gerner, Hiltrud / Stumpf, Béatrice (eds) *Lexiques scientifiques et techniques. Constitution et approche historique*. Palaiseau : Éditions de l'École Polytechnique, 249–254.

Ducos, Joëlle. 2012. *Sciences et langues au Moyen Âge*. Heidelberg : Winter.

Dury, Pascaline. 1997. *Étude comparative et diachronique de l'évolution de dix dénominations fondamentales du domaine de l'écologie en anglais et en français*. Thèse de doctorat : Université Lumière Lyon II.

Dury, Pascaline / Picton, Aurélie. 2009. Terminologie et diachronie : vers une réconciliation théorique et méthodologique ? *Revue française de linguistique appliquée*. 14/2, 31–41.

Dury, Pascaline / Drouin, Patrick. 2011. When termes disappear from a specialized lexicon : a semi-automatic investigation into necrology. *Icame Journal*. 35, 19–33.

Duval, Frédéric. 2006. Pour la révision des mots de civilisation romaine du Trésor de la langue française (informatisé). *Actes du Séminaire de méthodologie en étymologie et histoire du lexique*. Nancy : ATILF CNRS Université de Nancy 2/UHP. Open Access : <http://www.atilf.fr/atilf/seminaires/Seminaire_Duval_2006-11.pdf>.

Forner, Werner / Thörle, Britta (eds) 2016. *Manuel des langues de spécialité*. Berlin/Boston : De Gruyter.

Frassi, Paolo / Humbley, John / Zanola, Maria T. 2018. L'Histoire d'une maison et l'Histoire d'un hôtel de ville et d'une cathédrale de Viollet-le-Duc : représentation fictionnelle et documentation terminologique. In Oppici, Patrizia / Pietri, Susi (eds) *L'architecture du texte, l'architecture dans le texte*. Macerata : Edizioni Università di Macerata, 435–458.

Frassi, Paolo / Tallarico, Giovanni (eds) 2017. *Autrement dit : définir, reformuler, gloser. Hommage à Pierluigi Luigas*. Paris : Hermann.

Freixa, Judith. 2006. Causes of denominative variation in terminology : a typology proposal. *Terminology*. 12/1, 51–77.

Fuchs, Maximilien. 1973. *Lexique du Journal des Goncourt. Contribution à l'histoire de la langue française pendant la seconde moitié du XIXe siècle*. Genève : Slatkine.

Galisson, Robert. 1978. *Recherches de lexicologie descriptive, la banalisation lexicale*. Paris: Nathan.

Galisson, Robert. 1991. *De la langue à la culture par les mots*. Paris : Clé Internationale.

Galisson, Robert. 1995. Les palimpsestes verbaux : des actualiseurs et révélateurs culturels remarquables pour publics étrangers. *Études de linguistique appliquée – ELA*. 97, 104–128.

Galisson, Robert. 1999. La pragmatique lexiculturelle pour accéder autrement à une autre culture, par un autre lexique. *Mélange CRAPEL*. 25, 27–72.

Gardette, Pierre. 1958. Deux étymologies lyonnaises : revollion et couramiau. In Keller, Hans E. (ed.) *Etymologica. Walther von Wartburg zum siebzigsten Geburtstag*. Tübingen : Niemeyer, 281–290.

Gardiner, Alan. 1954. *The theory of proper names. A controversial essay*. Londres : Oxford University Press.
Gaudin, François. 1995. Champs, clôtures et domaines : des langues de spécialités à la culture scientifique. *Meta*. 40/2, 229–237.
Gaudin, François. 2014. *La lexicographie militante. Dictionnaires du XVIIIe au XXe siècle*. Paris : Honoré Champion.
Gautier, Jean-Maurice. 1947. *Chateaubriand. De l'essai à l'itinéraire, étude du vocabulaire*. Thèse de doctorat : Université de Paris.
Gérard, Christophe / Kabatek, Johannes (eds) 2012. *Cahiers de lexicologie. "Néologie sémantique et analyse de corpus"*. 1/100.
Gilliéron, Jules. 1919. *La faillite de l'étymologie phonétique*. Neuveville : Beerstecher.
Gledhill, Christopher / Pecman, Mojca. 2018. On alternating pre-modified and post-modified nominals such as aspirin synthesis vs. synthesis of aspirin: rhetorical and cognitive packing in English science writing. *Fachsprache*. 1/2. 26–48.
Gohin, Ferdinand. 1970. *Les transformations de la langue française pendant la deuxième moitié du XVIIIe siècle (1740–1789)*. Genève : Slatkine.
Goosse, André. 1966. Matériaux pour l'histoire du vocabulaire. *Revue belge de philologie et d'histoire*. 44/3, 977–990.
Gouadec, Daniel. 1990. *Terminologie : constitution des données*. Paris: AFNOR.
Greimas, Algirdas J. / Matoré, Georges. 1947. Notes lexicologiques. *Le français moderne*. 15, 129–142.
Greimas, Algirdas J. / Matoré, Georges. 1948. La méthode en lexicologie. *Romanische Forschungen*. 66, 411–419.
Greimas, Algirdas J. 1949. Notes lexicologiques. *Le français moderne*. 17, 281–306.
Greimas, Algirdas J. 1952. Nouvelles datations. *Le français moderne*. 20, 298–308.
Greimas, Algirdas J. 1955. Nouvelles datations. *Le français moderne*. 23, 137–142.
Greimas, Algirdas J. 1956a. Remarques pour servir à l'histoire des mots : guinche, grimer, grincher, gouin, nansouk. *Le français moderne*. 24, 103–108.

Greimas, Algirdas J. 1956b. L'actualité du saussurisme. *Le français moderne*. 24, 191–203.

Greimas, Algirdas J. 1958. Histoire et linguistique. *Annales*. I, 110–114.

Greimas, Algirdas J. 2000. *La mode en 1830. Langage et société : écrits de jeunesse*. Paris : P.U.F.

Grimaldi, Claudio. 2017. *Discours et terminologie dans la presse scientifique française (1699–1740). La construction des lexiques de la botanique et de la chimie*. Oxford : Peter Lang.

Grunig, Blanche-Noëlle / Grunig, Roland. 1985. *La fuite du sens*. Paris : Hatier-Credif.

Grzega, Joachim. 2002. Some aspects of modern diachronic onomasiology. *Linguistics*. 40/5, 1021–1045.

Guilbert, Louis. 1965. *La formation du vocabulaire de l'aviation. Glossaire de l'aviation de 1861 à 1891. Le processus de formation du vocabulaire de l'aviation à travers les textes et les relevés lexicographiques*. Paris : Larousse.

Guilbert, Louis. 1975. *La créativité lexicale*. Paris: Larousse.

Guilhaumou, Jacques / Maldidier, Denise / Robin, Régine. 1994. *Discours et archive : expérimentations en analyse du discours*. Liège : Mardaga.

Guilhaumou, Jacques. 2006. *Discours et événement. L'histoire langagière des concepts*. Besançon : Presses Universitaires de Franche-Comté.

Guiraud, Pierre. 1967. *L'étymologie*. Paris : P.U.F.

Habert, Benoît. 2000. Des corpus représentatifs : de quoi, pourquoi, comment ? *Cahiers de l'Université de Perpignan*. 31, 11–58.

Heiden, Serge / Guillot, Céline. 2003. Capitalisation des savoirs par le Web : une application de la TEI pour l'encodage et l'exploitation des textes de la Base de Français Médiéval. In Kunstmann, Pierre / Martineau, France / Forget, Danielle. (eds) *Ancien et moyen français sur le web. Enjeux méthodologiques et analyse du discours*. Ottawa : Les Éditions de David, 77–92.

Heiden, Serge / Lavrentiev, Alexei. 2004. Ressources électroniques pour l'étude des textes médiévaux : approches et outils. *Revue française de linguistique appliquée*. 9, 99–118.

Helgorsky, Françoise. 1981. Les méthodes en histoire de la langue française. Évolution et stagnation. *Le français moderne*. 49/2, 119–144.

Henrot Sostero, Geneviève. 2008. Le nom propre modifié de 'Bergotte'. Un éventail de métonymies. *Poétiques*. 4/156, 453–472.

Henrot Sostero, Geneviève. 2011. *Pragmatique de l'anthroponymie dans À la recherche du temps perdu de Marcel Proust*. Paris : Honoré Champion.

Himy-Piéri, Laure / Macé, Stéphane. 2010. *Stylistique de l'archaïsme*. Bordeaux : Presses Universitaires de Bordeaux.

Hjelmslev, Louis T. 1975. *Résumé of a Theory of Language. Travaux du Cercle linguistique de Copenhague*. Copenhague : Nordisk Sprog-og Kulturforlag.

Hollyman, Kenneth J. 1957. *Le développement du vocabulaire féodal en France pendant le haut Moyen Âge. Étude sémantique*. Genève/ Paris : Droz et Minard.

Honeste, Marie-Luce. 2005. La théorie des schémas conceptuels intégrés : un prolongement de la théorie guillaumienne ? *Langue française*. 53, 34–47.

Humbley, John / Budin, Gerhard / Laurén, Christer (eds) 2018. *Languages for Special Purposes. An International Handbook*. Berlin : De Gruyter.

Humbley, John. 1994. Quelques aspects de la datation de termes techniques: le cas de l'enregistrement et de la reproduction sonores. *Meta*. 39/4, 701–715.

Humbley, John. 2003. La néologie en terminologie. In Sablayrolles, Jean-François (ed.) *L'innovation lexicale*. Paris : Honoré Champion, 261–278.

Humbley, John. 2006. La néologie : interface entre ancien et nouveau. In Greenstein, Rosalind (ed.) *Langues et cultures : une histoire d'interface*. Paris : Publications de la Sorbonne, 91–103.

Humbley, John. 2009. La terminologie française du commerce électronique, ou comment faire du neuf avec de l'ancien. In *Terminologie et plurilinguisme dans l'économie internationale*. Open Access : <http://unilat.org/Library/Handlers/File.ashx?id=09850e3c-875c-4fb7-be6c-ae5cc6cdc5e0)>.

Humbley, John. 2011. Vers une méthode de terminologie rétrospective. *Langages*. 183/3, 51–62.

Humbley, John. 2018a. LSP in French. In Humbley, John / Budin, Gerhard / Laurén, Christer (eds) *Languages for Special Purposes. An International Handbook.* Berlin : De Gruyter, 209–224.

Humbley, John. 2018b. *La néologie terminologique*. Limoges : Lambert Lucas.

Humbley, John. 2019. Requiem pour le xénisme terminologique. In Kacprzak, Alicja / Mudrochová, Radka / Sablayrolles, Jean-François (eds) *L'emprunt en question(s)*. Limoges : Lambert Lucas, 33–46.

Jacquet-Pfau, Christine / Sablayrolles, Jean-François / Pruvost, Jean (eds) 2005. *Mais que font les linguistes ?* Paris : L'Harmattan.

Jacquet-Pfau, Christine. 2006. Naissance d'un projet lexicographique à la fin du XIXe siècle : La Grande Encyclopédie, par une Société de savants et de gens de lettres. *Cahiers de lexicologie*. 88/1, 97–111.

Jakobson, Roman. 1963. *Essais de linguistique générale*. t. I. Paris : Éditions de Minuit.

Jenset, Gard B. / McGillivray, Barbara 2017. *Quantitative Historical Linguistics : A Corpus Framework.* Oxford/New York : Oxford University Press.

Jonasson, Kerstin. 1994. *Le nom propre ; constructions et interprétations*. Louvain-La-Neuve : Duculot.

Kacprzak, Alicja / Mudrochová, Radka / Sablayrolles, Jean-François (eds) 2019. *L'emprunt en question(s)*. Limoges : Lambert Lucas.

Kenzie, Mac F. 1939. *Les relations de l'Angleterre et de la France d'après le vocabulaire*. Paris : Droz.

Kleiber, Georges. 1981. *Problèmes de référence : descriptions définies et noms propres*. Paris : Klincksieck.

Kleiber, Georges. 1997. Sens, référence et existence : que faire de l'extralinguistique ? *Langages*. 127, 9–32.

Kocourek, Rotislav. 1982. *La langue française de la technique et de la science*. Wiesbaden : Brandstetter.

Kramer, Johannes. 2016. La langue de spécialité dans l'antiquité. In Forner, Werner / Thörle, Britta (eds) *Manuel des langues de spécialité*. Berlin/Boston : De Gruyter, 383–392.

Krieg-Planque, Alice. 2014. *Analyser les discours institutionnels*. Paris : Armand Colin.

Kunstmann, Pierre. 2000. Ancien et moyen français sur le web : textes et bases de données. *Revue de linguistique romane*. 64, 17–42.

L'Homme, Marie-Claude. 2000. *Évaluation de logiciels d'extraction de terminologie : examen de quelques critères*. Montréal : Université de Montréal. Open Access : <http://olst.ling.umontreal.ca/pdf/terminotique/jiamcatt.pdf>.

Lehmann, Alise / Martin-Berthet, Françoise. 1998. *Introduction à la lexicologie. Sémantique et morphologie*. Paris : Dunod.

Léon, Jacqueline / Loiseau, Sylvain. 2016. *History of Quantitative Linguistics in France*. Lüdenscheid : RAM-Verlag.

Léon, Jacqueline. 2015. *Histoire de l'automatisation des sciences du langage*. Lyon : ENS Éditions.

Lerat, Pierre. 2016. *Langue et technique*. Paris : Hermann.

Lerot, Jacques. 1997. Qu'est-ce que le lexique conceptuel ? In de Schaetzen, Caroline (ed.) *Terminologie et interdisciplinarité*. Louvain-la-Neuve : Peeters, 15–35.

Ligas, Pierluigi. 2013. À propos d'orfèvre, d'orfèvrerie et de quelques termes de l'orfèvrerie de table française au XVIIe et XVIIIe siècle. In Diglio, Carolina / Altmanova, Jana (eds) *L'art d'orfèvrerie : parcours linguistiques et culturels*. Paris : Hermann, 119–149.

Lillo, Jacqueline. 2011. *D'hier à aujourd'hui. Réception du lexique français de spécialité*. Monza : Polimetrica International Scientific Publisher.

Lusignan, Serge. 2004. *La langue des rois au Moyen Âge. Le français en France et en Angleterre*. Paris : P.U.F.

Lusignan, Serge. 2012. *Essai d'histoire sociolinguistique : le français picard au Moyen Âge*. Paris : Classiques Garnier.

Maniez, François / Dury, Pascaline. 2008. *Lexicographie et terminologie : histoire des mots*. Lyon : Presses Universitaires.

Marchello-Nizia, Christiane. 1995. *L'évolution du français : ordre des mots, démonstratifs, accent tonique*. Paris : Armand Colin.

Marchello-Nizia, Christiane. 1997. *La langue française au XIVe et XVe siècles*. Paris : Nathan.

Marchello-Nizia, Christiane. 1999a. Corpus diachroniques. *Revue française de linguistique appliquée*. 4/1, 31–39.

Marchello-Nizia, Christiane. 1999b. *Le français en diachronie : douze siècles d'évolution*. Gap : Ophrys.

Marchello-Nizia, Christiane. 2005. Histoire de la langue, linguistique historique, évolution des langues. In Jacquet-Pfau, Christine / Sablayrolles, Jean-François / Pruvost, Jean (eds) *Mais que font les linguistes ?* Paris : L'Harmattan, 29–44.

Marchello-Nizia, Christiane. 2006. *Grammaticalisation et changement linguistique*. Bruxelles : De Boeck.

Martin, Robert. 1990. La définition naturelle. In Chaurand Jacques (ed.) *La définition*. Paris : Larousse, 86–95.

Martin, Robert. 1992. *Pour une logique du sens*. Paris : P.U.F.

Martinet, André. 1975. *Évolution des langues et reconstruction*. Paris : P.U.F.

Martinet, André. 2005. *Économie des changements phonétiques. Traité de phonologie diachronique*. Paris : Maisonneuve & Larose.

Matoré, Georges. 1946. *Le vocabulaire de la prose littéraire de 1835 à 1845. Théophile Gautier et ses premières œuvres en prose*. Thèse de doctorat : Université de Paris.

Matoré, Georges. 1951. *Le vocabulaire et la société sous Louis-Philippe*. Paris : Droz.

Matoré, Georges. 1953. *La méthode en lexicologie*. Paris : Didier.

Matoré, Georges. 1988. *Le vocabulaire et la société du XVI*e *siècle*. Paris : P.U.F.

Mayaffre, Damon. 2010. *Vers une herméneutique matérielle numérique. Corpus textuels, logométrie et langage politique*. Habilitation à diriger des recherches. Nice : Université Nice Sophia Antipolis.

McKenzie Donald, Francis. 1991. *La bibliographie et la sociologie des textes*. Paris : Cercle de la Librairie.

Meillet, Antoine. 1905–1906. Comment les mots changent de sens. *L'année sociologique*. 9/1, 1–37.

Meillet, Antoine. 1918. Les parentés de langues. *Bulletin de la Société de linguistique de Paris*, 21–66.

Mercier, Louis-Sébastien. 1801. *Néologie ou Vocabulaire de mots nouveaux*. Paris : Moussard.

Meyer, Charles F. 2012. Textual analysis : from philology to corpus linguistics. In Merja, Kytö (ed.). *English corpus linguistics : crossing paths*. Amsterdam/New York : Rodopi, 23–42.

Meyer, Ingrid / Macintosh, Kristen 2000. L'étirement du sens terminologique : aperçu du phénomène de la déterminologisation. In

Béjoint, Henri / Thoiron, Philippe (eds) *Le sens en terminologie*. Lyon : Presses Universitaires de Lyon, 198–217.
Migliorini, Bruno. 1944–1945. L'atto di nascita dei vocaboli. *Lingua nostra*. 6, 6–10.
Möhren, Frankwalt 1982. La datation du vocabulaire des imprimés de textes anciens. *Revue de Linguistique romane*. 46, 3–28.
Moirand, Sophie / Ali Bouacha, Abdelmadjid / Beacco, Jean-Claude. 1992. *Parcours linguistiques de discours spécialisés. Actes du colloque en Sorbonne (Paris, septembre 1992)*. Bern : Peter Lang.
Møller, Bernt. 1998. À la recherche d'une terminochronie. *Meta*. 43/3, 426–438.
Monsaingeon, Maurice. 1999. *Anthroponymie de l'Auxois (Côte-d'Or) du XI*e *au XVIII*e *siècle*. Dijon : Thèse inédite.
Monsaingeon, Maurice. 2009. *Dijon au temps des ducs et des rois. La ville et ses habitants, son évolution, les quartiers et les rues de la cité à la fin du Moyen Âge, les métiers, les noms des Dijonnais et leurs conditions de vie dans les registres d'imposition de la ville (1356–1511)*. Ahuy : Dicolor groupe.
Monsaingeon, Maurice. 2010. Les registres d'imposition dijonnais de la fin du Moyen Âge. *Cahiers de la Société française d'onomastique*. 2, 3–14.
Moretti, Franco. 2013. *Distant Reading*. London/New York : Verso.
Mortureux, Marie-Françoise. 1964. Analogie créatrice, formelle et sémantique. *Langages*. 36, 20–33.
Mortureux, Marie-Françoise. 1984. La dénomination, approche socio-linguistique. *Langages*. 76, 95–112.
Mortureux, Marie-Françoise. 1997. *Le lexique entre langue et discours*. Paris : Sédès.
Mortureux, Marie-Françoise. 2011. La néologie lexicale : de l'impasse à l'ouverture. *Langages*. 183/3, 11–24.
Niklas-Salminen, Aïno. 1997. *La lexicologie*. Paris : Armand Colin.
Pecman, Mojca. 2014. Variation as a cognitive device : how scientists construct knowledge through term formation. *Terminology* 20/1, 1–24.
Petit, Gérard. 2009. *La dénomination : approches lexicologique et terminologique*. Louvain-Paris : Peeters.

Petit, Gérard. 2014. Décrire le lexique en diachronie : problèmes théoriques et méthodologiques. In Μελέτες αφιερωμένες στην Ομότιμη Καθηγήτρια Α.Π.Θ. Άννα Αναστασιάδη-Συμεωνίδη (eds) *Mélanges offerts à Anna Anastassiades-Syméonides à l'occasion de sa retraite*. Kavala : Saita, 127–151.

Petit, Gérard / Haillet, Patrick / Salvador, Xavier-Laurent (eds) 2017. *La dénomination : lexique et discours*. Paris : Honoré Champion.

Picoche, Jacqueline / Marchello-Nizia, Christine (eds) 1998. *Histoire de la langue française*. Paris : Nathan.

Picoche, Jacqueline. 1994. *Précis de lexicologie française. L'étude et l'enseignement du vocabulaire*. Paris : Nathan.

Pottier, Bernard 1958. La valeur de la datation des mots dans la recherche étymologique. *Mélanges Wartburg*, 581–586.

Prévost, Sophie. 2015. Diachronie du français et linguistique de corpus : une approche quantitative renouvelée. *Langages*. 197/1, 23–45.

Prochwitz, Gunnar. 1956. *Introduction à l'étude du vocabulaire de Beaumarchais*. Stockholm : Almquist & Wiksell.

Pruvost, Jean. 2006. *Les dictionnaires français outils d'une langue et d'une culture*. Paris : Ophrys.

Quemada, Bernard / Wexler, Peter J. 1959–1965. *Datations et documents lexicographiques. Matériaux pour l'histoire du vocabulaire français*. Paris : Les Belles Lettres.

Quemada, Bernard. 1955. *Introduction à l'étude du vocabulaire médical (1600–1710)*. Paris : Les Belles Lettres.

Quemada, Bernard. 1959. La mécanisation dans les recherches lexicologiques I. Les inventaires : moyens et méthodes. *Cahiers de lexicologie*. I, 7–46.

Quemada, Bernard. 1978. Technique et langage. La formation des vocabulaires français des techniques. *Histoire des techniques. Technique et civilisation. Technique et science*. Paris : Encyclopédie de la Pléiade. 1146–1240.

Rastier, François / Valette, Mathieu. 2009. De la polysémie à la néosémie. *Le français moderne*. 77, 97–116.

Rastier, François. 2001. *Arts et sciences du texte*. Paris : P.U.F.

Rastier, François. 2009. *La mesure et le grain : sémantique de corpus*. Paris : Honoré Champion.

Ratinaud, Pierre / Marchand, Pascal. 2015. Des mondes lexicaux aux représentations sociales. Une première approche des thématiques dans les débats à l'Assemblée nationale (1998–2014). *Mots. Les langages du politique*. 2/108, 57–77.

Rey, Alain. 2008. *De l'artisanat des dictionnaires à une science du mot. Images et modèles*. Paris : Armand Colin.

Rey, Alain. 2008. *Le français. Une langue qui défie les siècles*. Paris : Gallimard.

Riccio, Anna. 2016. *Gli strumenti per la ricerca linguistica. Corpora, dizionari e database*. Roma : Carocci.

Robin, Régine. 1973. *Histoire et linguistique*. Paris : Armand Colin.

Sablayrolles, Jean-François. 2019. *Comprendre la néologie. Conceptions, analyses, emplois*. Limoges : Lambert-Lucas.

Sablayrolles, Jean-François. 2000a. *La néologie en français contemporain. Examen du concept et analyse de productions néologiques récentes*. Paris : Honoré Champion.

Sablayrolles, Jean-François. 2000b. Lexique et processus. *Cahiers de lexicologie*. 77/2, 5–26.

Sablayrolles, Jean-François. 2007. Nomination, dénomination et néologie: intersection et différences symétriques. *Neologica. Revue internationale de néologie*. 1, 87–99.

Sablayrolles, Jean-François. 2010. Archaïsme : un concept mal défini et des utilisations littéraires contrastées. In Himy-Piéri, Laure / Macé, Stéphane (eds) *Stylistique de l'archaïsme*. Bordeaux : Presses Universitaires de Bordeaux, 43–65.

Sablayrolles, Jean-François. 2018. Néologie et / ou évolution du lexique ? Le cas des innovations sémantiques et celui des archaïsmes. *NEOLEX*. Open Access : <http://revues.univ-lyon3.fr/elad-silda/index.php?id=231>.

Salem, André. 1988. Approches du temps lexical. *Mots*. 17/1, 105–143.

Sauvageot, Aurélien. 1935. Linguistique et marxisme. La théorie 'japhétique' de l'académicien N. Marr. *À la lumière du marxisme*. Paris : Éditions sociales et internationales, 160–168.

Schalk, Fritz. 1961. Les tendances actuelles de la sémantique historique : la filiation des significations. *Lexicologie et lexicographie françaises et romanes ; orientations et exigences actuelles.*

Paris : Éditions du Centre National de la Recherche scientifique, 69–80.
Schmitt, Christian. 1974. *Die Sprachlandschaften der Galloromania. Eine lexikalische Studie zum Problem Entstehung und Charakterisierung*. Bern/Frankfurt : Lang.
Schmitt, Christian. 2016. Vocabulaire général, vocabulaires techniques et scientifiques et la communication professionnelle. In Forner, Werner / Thörle, Britta (eds) *Manuel des langues de spécialité*. Berlin/Boston : De Gruyter, 53–67.
Schöne, Maurice. 1947. *Vie et mort des mots*. Paris : P.U.F.
Scoones, Stewart. 1976. *Les noms de quelques officiers féodaux. Des origines jusqu'à la fin du XII*e *siècle. Étude sémantique*. Paris : Klincksieck.
Selosse, Philippe. 2007. La dénomination des savoirs en français préclassique (1500–1650) : bilan du colloque organisé à Lyon en juin 2005. In Bertrand, Olivier / Gerner, Hiltrud / Stumpf, Béatrice (eds) *Lexiques scientifiques et techniques. Constitution et approche historique*. Palaiseau : Éditions de l'École Polytechnique, 35–46.
Sguaitamatti-Bassi, Suzanne. 1974. *Les emprunts directs faits par le français à l'arabe jusqu'à la fin du XIII*e *siècle*. Thèse de doctorat : Università di Zurigo.
Steuckardt, Agnès. 2008. Les dictionnaires informatisés : un atout pour l'histoire du lexique. *Congrès Mondial de Linguistique Française*. Open Access : <https://doi.org/10.1051/cmlf08151>.
Strinati, Dominic. 1996. *An introduction to theories of popular culture*. New York/London : Routledge.
Temmerman, Rita. 2000. Une théorie réaliste de la terminologie : le sociocognitivisme. *Terminologies nouvelles*. 21, 58–64.
Thomasson, Raoul. 1935. *Naissance et vicissitudes de trois cents mots et locutions. Essai de sémantique*. Paris : Delagrave.
Tomasi, Francesca. 2008. *Metodologie informatiche e discipline umanistiche*. Roma : Carocci.
Van Campenhoudt, Marc / Lino, Teresa / Costa, Rute (eds) 2011. *Passeurs de mots, passeurs d'espoir*. Paris : Éditions des Archives Contemporaines et Agence universitaire de la Francophonie.

Viprey, Jean-Marie. 2005. Philologie numérique et herméneutique intégrative. In Adam, Jean-Michel / Heidmann, Ute (eds) *Sciences du texte et analyse de discours*. Genève : Slatkine, 51–68.

Wartburg, Walther. 1946. *Problèmes et méthodes de la linguistique* (traduction française de Maillard, Pierre). Paris : P.U.F.

Wexler, Peter J. 1955. *La formation du vocabulaire des chemins de fer en France (1778–1842)*. Genève : E. Droz – Lille, Giard.

Williams, Geoffrey. 2005. *La linguistique de corpus*. Rennes : Presses Universitaires de Rennes.

Winter-Froemel, Esme, 2009. Les emprunts linguistiques : enjeux théoriques et perspectives nouvelles. *Neologica. Revue internationale de néologie*. 3, 79–122.

Wirth-Jaillard, Aude (à paraître). Corpus de français médiéval et documents non littéraires : les registres de comptes. In Guillot, Céline (ed.) *Le français en diachronie*. Berne : Peter Lang.

Zamboni, Alberto. 1976. *L'etimologia*. Bologna : Zanichelli.

Zanola, Maria T. 2012. Ordre et désordre dans le dictionnaire technique. *Ordre et désordre du dictionnaire*. Paris : Hermann, 43–58.

Zanola, Maria T. 2014. *Arts et métiers au XVIIIe siècle : étude de terminologie diachronique*. Paris : L'Harmattan.

Zanola, Maria T. 2015a. La terminologia, una galleria della lingua : arti, mestieri e saperi per la trasmissione della conoscenza. *La Crusca per voi*. 51/2, 2–7.

Zanola, Maria T. 2015b. Le feutre, du caudebec au borsalino : hommage au chapeau. In Modenesi, Marco / Collini, Maria B. / Paraboschi, Francesca (eds) *Studi in onore di Liana Nissim. La grâce de montrer son âme dans le vêtement. Scrivere di tessuti, abiti, accessori*. Milano : LED, 433–443.

Zanola, Maria T. 2015c. Les mots de l'artificiel au XVIIIe siècle, entre évocation et nomination. In *Dans l'amour des mots. Chorale(s) pour Mariagrazia*. Torino : Edizioni dell'Orso, 367–377.

Zanola, Maria T. 2018a. La terminologie des arts et métiers entre production et commercialisation : une approche diachronique. *Terminàlia*.16–23.

Zanola, Maria T. 2018b. Les relations synonymiques du lexique spécialisé dans la tradition lexicographique entre XVIIIe et XIXe siècles : le cas de l'habillement féminin. *Études de linguistique appliquée – ELA*. 1, 35–47.

Zollo, Silvia D. 2016. Traitement et assimilation de l'emprunt dans le lexique de la bijouterie de l'Afrique du Nord. In Benelli, Graziano / Saggiomo, Carmen. *Un coup de dés 4*. Napoli : Edizioni Scientifiche Italiane, pp. 285–295.

Zollo, Silvia D. 2018. Le travail de l'argent métal au XIXe siècle : entre termes et marqueurs en contexte définitoire. In Altmanova, Jana / Centrella, Maria / Russo, Katherine (eds) *Terminology & Discourse / Terminologie et discours*. Bern : Peter Lang, 319–333.

Ressources lexicographiques et dictionnairiques

Altmanova, Jana (ed.) 2019. *Dictionnaire de l'orfèvrerie français/italien : termes, cultures, traditions*. Napoli : Loiralab Edizioni.

Bloch, Oscar / Wartburg, Walter. 1932. *Dictionnaire étymologique de la langue française*. Paris : P.U.F.

Bosc, Ernest. 1885. *Dictionnaire de l'art, de la curiosité et du bibelot*. Paris : Firmin Didot.

Caraccioli, Louis-Antoine. 1768. *Dictionnaire critique, pittoresque et sentencieux*. Lyon : Duplain librairie.

Carpentier, Pierre. 1766. *Glossarium…, supplément et Glossaire françois*. Njort : Typographie de L. Favre. Version en ligne : <http://ducange.enc.sorbonne.fr>.

De Laborde, Léon. 1975. *Glossaire français du Moyen Âge à l'usage de l'archéologue et de l'amateur des arts*. Genève : Slatkine.

Des Bruslons, Jacques S. 1741. *Dictionnaire universel de commerce*, Paris : Vve Estienne.

Dictionnaire de l'Académie française. 1694 (Ière édition). Paris : Chez la Veuve de Jean-Baptiste Coignard. Version en ligne : <https://www.classiques-garnier.com/numerique-bases/>.

Dictionnaire de l'Académie française. 1718 (IIème édition). Paris : Chez la Veuve de Jean-Baptiste Coignard. Version en ligne : <https://www.classiques-garnier.com/numerique-bases/>.

Dictionnaire du Moyen Français (DMF). 1330–1500. ATILF CNRS – Nancy Université. Version en ligne : <http://www.atilf.fr/dmf>.

Dictionnaire universel françois et latin, vulgairement appelé Dictionnaire de Trévoux. [1704] 1738–1742. Nancy : édition lorraine du dictionnaire. Version en ligne : <https://www.cnrtl.fr/dictionnaires/anciens/trevoux/>.

Diderot, Denis / d'Alembert Le Rond, Jean. 1751–1765. *Encyclopédie ou Dictionnaire raisonné des sciences, des arts et des métiers*. Paris : Briasson/David/Le Breton/Faulche. Version en ligne : <https://www.classiques-garnier.com/numerique-bases/>.

Du Cange, Charles. 1879. *Glossaire françois*. Njort : Typographie de L. Favre. Version en ligne : <http://ducange.enc.sorbonne.fr>.

Estienne, Robert. 1549. *Dictionnaire françois latin contenant les motz et manières de parler francois, tournez en latin*. Paris. Imprimerie Robert Estienne. Version en ligne : <https://www.classiques-garnier.com/numerique-bases/>.

Francœur, Louis-Benjamin / Molard, François / Lenormand, Étienne / Sébastien, Louis / Payen, Anselme / Robiquet, Pierre Jean. 1832. *Dictionnaire technologique ou nouveau dictionnaire universel des arts et métiers, et de l'économie industrielle et commerciale*. Paris : Thomie Libraire.

Furetière, Antoine. 1690. *Dictionnaire universel, contenant généralement tous les mots françois tant vieux que modernes & les termes des sciences et des arts*. La Haye : A. et R. Leers. Version en ligne : <https://www.classiques-garnier.com/numerique-bases/>.

Godefroy, Frédéric. 1881–1895. *Dictionnaire de l'ancienne langue française et de tous ses dialectes du IXe au XVe siècle*. Paris : Vieweg.

Grimm, Jacob / Grimm, Wilhelm. 1854. *Deutsches Wörterbuch*. Leipzig: Verlag. Version en ligne : <http://dwb.uni-trier.de/de/>.

Littré, Émile. 1863. *Dictionnaire de la langue française*. Paris : Hachette. Version en ligne : <https://www.littre.org>.

Ménage, Gilles. 1750. *Dictionnaire étymologique de la langue françoise*. Paris : Briasson.

Nicot, Jean. 1606. *Thresor de la langue françoyse, tant ancienne que moderne*. Paris : D. Douceur.

Rey, Alain / Morvan, Danièle. 2005. *Dictionnaire culturel en langue française*. Paris : Le Robert.

Rey, Alain. 2016. *Dictionnaire historique de la langue française*. Paris : Le Robert.

Richelet, Pierre. 1680. *Dictionnaire françois : contenant les mots et les choses, plusieurs nouvelles remarques sur la langue françoise, ses expressions propres, figurées et burlesques, la prononciation des mots les plus difficiles, le genre des noms, le régime des verbes*, Genève : Widerhold. Version en ligne : <https://www.classiques-garnier.com/numerique-bases/>.

Savary Des Bruslons, Jacques. 1741. *Dictionnaire universel de commerce : contenant tout ce qui concerne le commerce qui se fait dans les quatre parties du monde*. Paris : Éditeur scientifique.

Thomas, Corneille. 1694. *Dictionnaire des arts et des sciences*. Paris : Chez la Veuve de Jean-Baptiste Coignard. Version en ligne : <https://www.classiques-garnier.com/numerique-bases/>.

Trésor de la langue française informatisé (TLFi). ATILF – CNRS & Université de Lorraine. Version en ligne. <http://atilf.atilf.fr>.

Wartburg, Walther. 1929. *Französisches etymologisches Wörterbuch. Eine Darstellung des galloromanischen Sprachschatzes*. Berlin : Fritz Klopp. Version en ligne : <https://apps.atilf.fr/lecteurFEW/>.

Corpus de référence

Textes historiques et littéraires

A.A.V.V. 1781. *Catalogue des effets précieux de feue son altesse royale le duc Charles de Lorraine et de Bar*. Bruxelles : de Boubers. Version en ligne : <https://bibliotheque-numerique.inha.fr/collection/item/19357-catalogue-des-effets-prcieux-de-feue-son-altesse-royale-le-duc-charles-de-lorraine-et-de-bar-vente-du-21-mai-1781>.

Barbier, Edmond-Jean-François. 1857–1866. *Chronique de la régence et du règne de Louis XV (1718–1763), ou Journal de Barbier*. Paris : Charpentier.

Barrière, François. 1828. *Mémoires, inédits de Louis-Henri de Loménie, Comte de Brienne*. Paris : Ponthieu et Cie Libraires.

Baschet, Armand. 1870. *Les Archives de Venise*. Paris : H. Plon.

Besongne, Nicolas. 1684. *L'État de la France, ou l'on voit tous les princes, ducs & pairs, marêchaux de France, & autres officiers de la couronne*. Paris : Augustin Besongne.

Blachette, L.-J. 1841. *Manuel du fabricant et raffineur de sucre*. Paris : Roret.

Boileau, Étienne. 1837. *Règlemens sur les arts et métiers de Paris*. Paris : Imprimerie de Crapelet.

Boileau, Étienne. 1879. *Les métiers et corporations de la ville de Paris: XIIIe siècle. Le livre des métiers d'Étienne Boileau*. Paris : Imprimerie Nationale.

Bokobza Kahan, Michèle. 2015. L'écriture du deuil dans le Journal de Dangeau. *Dix-septième siècle*. 269, 633–644.

Bruyant, Jean. 1846. *Le Ménagier de Paris. Traité de morale et d'économie domestique composé vers 1393 contenant des preceptes moraux, quelques faits historiques, des instructions sur l'art de diriger une maison, des renseignemens sur la consommation du Roi, des princes et de la ville de Paris à la fin du quatorzième siècle, des conseils sur le jardinage et sur le choix des chevaux, un traité de cuisine fort étendu, et un autre non moins complet sur la chasse à l'épervier*. Paris : Crapelet.

Capefigue, Jean-Baptiste H. R. 1838. *Louis XIV, son gouvernement et ses relations diplomatiques avec l'Europe*. Bruxelles : Société Belge de Librairie.

Chantelauze Régis, François. 1876. *Marie Stuart, son procès et son exécution, d'après le journal inédit de Bourgoing, son médecin, la correspondance d'Amyas Poulet, son geôlier, et autres documents nouveaux*. Paris : Plaon.

Chapelle / Desmahis, Joseph-François-Édouard Corsembleu / de La Harpe, Jean-François. 1821. *Voyage de Chapelle et Bachaumont, suivi de quelques autres voyages dans le même genre, et du conte de Tangu et Félime, par La Harpe*. Paris : Lebègue.

Chapelle Luillier, Claude-Emmanuel / Le Coigneux de Bachaumont, François. 1854. *Œuvres de Chapelle et de Bachaumont*. Paris : Jannet Librairie.

Corneille, Pierre. 1771. *Les chef-d'œuvres de Pierre et Thomas Corneille*. t. III. Paris : Compagnie des Libraires Associés.

Corrozet, Gilles. 1539. *Les Blasons domestiques contenantz la decoration d'une maison honneste, et du mesnage estant en icelle : Invention joyeuse et moderne*. Paris : Janot.

Courtin, Antoine. 1617. *Nouveau traité de la civilité qui se pratique en France parmi les honnestes gens*. Paris : H. Josset.

Cousinot de Montreuil, Guillaume. 1859. *Chronique de la Pucelle*. Paris : Adolphe Delahays.

D'Henry, René. 1891. *Histoire du luminaire depuis l'époque romaine jusqu'au XIXe siècle*. Paris : Picard.

D'Orléans Montpensier, Anne-Marie-Louise-Henriette. 1858–1859. *Mémoires de Mlle de Montpensier, petite-fille de Henri IV*. t. IV. Paris : Charpentier.

D'Orronville, Jean. 1876. *La chronique du bon duc Loys de Bourbon*. Paris : Renouard.

Danjou, Félix. 1835. *Archives curieuses de l'histoire de France depuis Louis XI jusqu'à Louis XVIII*. Paris : Beauvais.

Davillier, Charles. 1877. *La vente du mobilier du Château de Versailles pendant la Terreur : documents inédits*. Paris : A. Aubry.

De Beaujoyeulx, Balthazar. 1582. *Ballet composé pour le mariage du duc de Joyeuse et de Marguerite de Vaudémont*. Paris : Imprimerie Bertauts et Cie.

De Blégny, Nicolas (Du Pradel, Abraham). 1878. *Le livre commode des adresses de Paris pour 1692*. Paris : Daffis.

De Bonnefous, Nicolas. 1655. *Délices de la campagne*. Paris : Cellier.

De Courcillon de Dangeau, Philippe. 1854–1860. *Journal du marquis de Dangeau, avec les additions du duc de Saint-Simon*. Paris : Firmin Didot.

De Joinville, Jean. 1854. *Mémoires du sire de Joinville*. t. I. Paris : Société de Saint-Victor.

De Jussieu, Antoine. 1717. Histoire du café. *Académie royale des sciences*. Amsterdam : Pierre Coup.

Delamare, Nicolas. 1673. *Collection formée par Nicolas Delamare sur l'administration et la police de Paris et de la France*. Manuscrit conservé à la Bibliothèque Nationale de France. (Département des manuscrits). Open Access : <https://gallica.bnf.fr/ark:/12148/btv1b9063197j/f5.image>.

De l'Estoile, Pierre. 1837. *Nouvelle collection des mémoires pour servir à l'histoire de France depuis le XIIIe siècle jusqu'à la fin du XVIIIe*. Paris : Éditeur du commentaire analytique du code civil.

De l'Estoile Pierre. 1862. *Journal inédit du règne de Henry IV*. Paris : Aubry.

De l'Estoile, Pierre. 1875. *Mémoires-journaux*. Paris : Société des Bibliophiles Français.

De La Bruyère, Jean. 1880. *Les Caractères*. Paris : Flammarion.

De Metz, Guillebert. 1855. *Description de la ville de Paris au XVe siècle*. Paris : Le Roux de Lincy.

De Montaiglon, Anatole. 1855–1878. *Recueil de poésies françoises des XVe et XVIe siècles, morales, facétieuses, historiques*. Paris : Jannet Librairie.

De Ronsard, Pierre. 1860. *Œuvres complètes de Ronsard*. t. IV. Paris : Pagnerre.

De Sévigné, Marie de Rabutin-Chantal (marquise de). 1868. *Lettres de Madame de Sévigné, de sa famille et de ses amis, avec portraits, vues et fac-simile, Paris, Librairie de S.A.S. Madame la duchesse d'Orléans Douairière*. t. VI. Paris : Hachette.

Des Périers, Bonaventure. 1961. *Nouvelles récréations et joyeux devis*. Paris : Club Français du Livre.

Deschamps, Eustache. 1832. *Poésies morales et historiques d'Eustache Deschamps*. Paris : Crapelet.

Dézallier d'Argenville, Antoine Nicolas. 1752. *Voyage pittoresque de Paris*. Paris : De Bure.

Diderot, Denis. 1829. *Œuvres philosophiques de Denis Diderot*. t. VI. Bruxelles : Librairie philosophique.

Du Bellay, Martin. 1753. *Mémoires de Martin et Guillaume du Bellai-Langei*. Paris : Nyon Fils.

Du Fail, Noël. 1548. *Baliverneries ou contes d'Eutrapel*. Paris : Groulleau.

Du Fresny, Charles. 1869. *Entretiens ou amusements sérieux et comiques*. Paris : Jouaust.
du Méril, Édélestand. 1850. *Le Conte de Floire et Blanceflor. Poèmes du XIIIe siècle*. Paris : Nendeln.
Dufour, Philippe S. 1688. *Traité nouveaux et curieux du café, du thé et du chocolat. Ouvrage également nécessaire aux Médecins et à tous deux qui aiment leur santé*. Paris : Jean Baptiste Deville.
Duhamel, Jean-Baptiste. 1670. *Galatée, ou l'art de plaire dans la conversation* (traduction italienne de Giovanni della Casa). Amsterdam : Isaac Van Dyck.
Durand, Adrien. 1870. *Notice sur les couteliers à Langres au Moyen Âge*. Langres : J. Dallet.
Dussieux, Louis É. / Soulié, Eudoxe. 1863. *Mémoires du duc de Luynes sur la cour de Louis XV (1735–1758)*. Paris : Firmin Didot.
Duvaux, Lazare. 1873. *Livre-journal de Lazare Duvaux, marchand bijoutier ordinaire du roy, 1748–1758 : précédé d'une étude sur le goût et sur le commerce des objets d'art au milieu du XVIIIe siècle*. Paris : Société des Bibliophiles Français.
Ennes, Pierre / Malilh, Gérard / Thiebault, Philippe. 1994. *L'art de la table*. Paris : Flammarion.
Esmangart, Eloi J. 1823. *Œuvres de Rabelais*. t. V. Paris : Dalibon Libraire.
Estienne, Henri. 1896. *La précellence du langage françois*. Paris : Armand Colin.
Froissart, Jean. 1867–1877. *Œuvres de Froissart. Chroniques*. t. VI. Osnabruck : Biblio.
Furetière, Antoine. 1854. *Le Roman bourgeois*. Paris : Jannet Librairie.
Genlis, Stéphanie F. 1878. *Mémoires de Madame de Genlis*. t. V. Paris : Firmin Didot.
Godefroy, Théodore. 1619. *Le cérémonial de France, ou description des cérémonies, rangs et séances observés aux couronnemens, entrées et enterremens*. Paris : Abraham Pacard.
Gourdon de Genouillac, Henri. 1879. *Paris à travers les siècles : histoire nationale de Paris et des Parisiens, depuis la fondation de Lutèce jusqu'à nos jours*. Paris : Geffroy Éditeur.

Guiffrey, Jules. 1883. *Nouvelles archives de l'art français. Recueil de documents inédits publiés par la société de l'histoire de l'art français*. t. IV. Paris : Charavay Frères.

Havard, Henry. 1882. *L'art à travers les mœurs*. Paris : Decaux.

Havard, Henry. 1891–1897. *Les arts de l'ameublement. L'orfèvrerie*. Paris : Librairie Ch. Delagrave.

Héroard, Jean. 1868. *Journal de Jean Héroard sur l'enfance et la jeunesse de Louis XIII (16011628)*. Paris : Firmin Didot.

Jacquemart, Albert. 1876. *Histoire du mobilier : recherches et notes sur les objets d'art qui peuvent composer l'ameublement et les collections de l'homme du monde et du curieux*. Paris : Hachette.

Joursanvault (baron de). 1838. *Catalogue analytique des archives de M. le baron de Joursanvault*. Paris : Techener Librairie.

Jubinal, Achille. 1839. *Œuvres complètes de Rutebeuf*. t. II. Paris : Pannier.

L'Anglais, Barthélemy. 1401–1500. *Livre des propriétés des choses de Barthélemy l'Anglais* (traduit du latin par Corbichon Jean). Bruges : éditeur inconnu.

La Barre, Louis-François-Joseph. 1729. *Mémoires pour servir à l'histoire de France et de Bourgogne contenant un journal de Paris, sous les Règnes de Charles VI et de Charles VII*. Paris : Gandouin & Giffart.

Laborde, Léon. 1852. *Notice des émaux exposés dans les galeries du Musée du Louvre*. Paris : Vinchon.

Lacroix, Paul. 1858. *Les cent nouvelles : dites les cent nouvelles du roi Louis XI*. Paris : Adolphe Delahays.

Lacroix, Paul. 1859. *Paris ridicule et burlesque au dix-septième siècle*. Paris : Adolphe Delahays.

Le Bel, Jehan. 1904. *Chronique de Jean le Bel, publiée pour la Société de l'histoire de France*. Paris : Renouard.

Le Brun, Jean-Baptiste-Pierre. 1791. *Catalogue d'objets rares et curieux: du plus beau choix de tableaux des écoles d'Italie, de Flandres, de Hollande, d'Allemagne et de France ; de dessins montés et en feuilles des mêmes écoles, des plus grands maîtres ; de terres cuites, ivoire, figures et bustes de marbre antique et moderne ; de vases, coupes et colonnes de porphyre, granit, serpentin, albâtre, antiques et modernes ; de tables de mosaïque antique, de granit, vert antique et autres; antiquités égyptiennes, grecques, etrusques, romaines, en or, argent, bronze ; d'armures anciennes de différens peuples; de statues et bustes de bronze moderne; de porcelaines ; de vieux laques du Japon ; de riches meubles du célebre Boule ; d'une collection de pierres gravées en relief et en creux : provenant du cabinet de M. Le Brun*. Paris : éditeur inconnu.

Le Fèvre, Jean. 1876–1881. *Chronique de Jean Fèvre, seigneur de Saint-Remy*. Paris : Renouard.

Le Métel d'Ouville, Antoine. 1669. *Nouveau recueil de contes à rires choisis du Sr Douville*. Paris : Estienne Loyson.

Le Roux de Lincy, Antoine-Jean-Victor. 1841. *Les Quatre livres des rois, suivis d'un fragment de moralités sur Job, et d'un choix de sermons de saint Bernard*. Paris : Imprimerie Royale (Ces quatre textes sont des traductions en français de la Vulgate, réalisées entre 1291 et 1294 par le chanoine Guiart Desmoulins).

Le Roux de Lincy, Antoine-Jean-Victor. 1855. *Description de la ville de Paris au XVe siècle*. Paris : A. Aubry.

Le Roux de Lincy, Antoine. 1861. Discours des cérémoines du mariage d'Anne de Foix, de la maison de France avec Ladislas VI, roi de Bohême, de Pologne et de Hongrie, précédé du Discours du voyage de cette reine dans la seigneurie de Venise, le tout mis en écrit du commandement d'Anne, reine de France, duchesse de Bretagne, par Pierre Choque, dit Bretagne, l'un de ses rois d'armes. *Bibliothèque de l'École des Chartes*. 22, 421–439.

Lecoy de la Marche, Albert. 1873. *Extraits des comptes et mémoriaux du roi René pour servir à l'histoire des arts au XVe siècle, publiés d'après les originaux des Archives nationales*. Paris : Picard.

Lodge, Raymond Anthony. 2010. *Les comptes des consuls de Montferrand (1346–1373)*. Paris : École de Chartes.

Loret, Jean. 1857–1891. *La muze historique, ou Recueil des lettres en vers contenant les nouvelles du temps : écrites à Son Altesse Mademoizelle de Longueville, depuis duchesse de Nemours*. Paris : Honoré Champion.

Louÿs, Pierre. 1919. *Manuel de civilité pour les petites filles, à l'usage des maisons d'éducation*. Paris : Kinsey Institute Library.

Ménages, Gilles. 1675–1676. *Observations de Monsieur Ménage sur la langue française*. Paris : Barbin.

Mercier, Louis-Sébastien. 1782. *Tableau de Paris*. Genève : Slatkine.

Métra, François / Imbert de Boudeaux, Guillaume / Balthasar, Laurent / Grimod de La Reynière, Alexandre. 1787. *Correspondance secrète politique et littéraire*. t. VII. Londres : Adamson.

Mouskes, Philippe. 1836. *Chronique rimée*. t. I. Bruxelles : M. Hayez.

Pagé, Camille. 1896. *La coutellerie depuis l'origine jusqu'à nos jours : la fabrication ancienne & moderne*. Châtellerault : Imprimerie de Rivière.

Paris, Paulin. 1837. *Les Grandes Chroniques de France selon qu'elles sont conservées en l'église de Saint-Denis en France*. t. V. Paris : Techener Librairie.

Perrault, Charles. 1990. La belle au bois dormant. In Saintyves, Pierre (ed.) *Les contes de Perrault et les récits parallèles. Leurs origines*. Genève-Paris : Slatkine.

Petitot, Claude-Bernard. 1825. *Collection complète des mémoires relatifs à l'histoire de France d'Olivier de La Marche* ou *Anciens mémoires sur Du Guesclin*. Paris : Foucault Librairie.

Pillet, Charles. 1881. *Objets d'art, tableaux anciens, livres*. Paris : Double.

Plancher Urbain, François. 1741. *Histoire générale et particulière de Bourgogne avec des notes, des dissertations et les preuves justificatives*. Dijon : Antoine de Fay.

Poullin de Fleins, Henri-Simon-Thibault. 1785. Pièces intéressantes pour servir à l'histoire des grands hommes de notre siècle. In *Nouveaux Essais philologiques*. t. II. Paris : Leroy.

Rabelais, François. 1971 [1548]. *Le quart livre des faicts et dicts héroïques du bon Pantagruel*. (introduction et lexique par Pouilloux, Jean-Yves). Paris : Flammarion.

Rémy, Pierre / Julliot, Claude-François. 1777. *Catalogue de tableaux & desseins précieux des maîtres célèbres des trois écoles, figures de marbres, de bronze & de terre cuite, estampes en feuilles & autres objets du cabinet de feu M. Randon de Boisset, Receveur général des Finances, par P. Remy, on a joint à ce catalogue celui des vases, colonnes de marbres, porcelaines, des laques, des meubles de Boule & d'autres effets précieux, par C. F. Juliot, la vente se fera le jeudi 27 février 1777, à trois heures de relevée & jours suivants aussi de relevée, rue Neuve des Capucines, près la place Vendôme.*

Paris : Firmin Didot. Version en ligne : <https://bibliotheque-numerique.inha.fr/collection/item/18603-catalogue-de-tableaux-des-seins-precieux-des-maitres-celebres-des-trois-ecoles-figures-de-marbres-de-bronze-vente-du-27-fevrier-1777>.

Scépeaux de Vieilleville, François / Carloix, Vincent. 1757. *Mémoires de la vie de François de Scépeaux, sire de Vieilleville et Comte de Duretal, Maréchal de France : contenants plusieurs Anecdotes des Regnes de François I, Henri II, François II, et Charles IX, composés par Vincent Carlois, son secrétaire*. 1757. Paris : Guérin & Delatour.

Sobry, Jean F. 1776. *De l'architecture*. Paris : Couturier.

A.A.V.V. 1877. *Mémoires de la société historiques et littéraires de Tournai*. Paris : Librairie Internationale Catholique.

Tallemant des Réaux, Gédéon. 1834–1835. *Les historiettes de Tallemant Des Réaux : mémoires pour servir à l'histoire du XVIIe siècle*. Paris : Levavasseur.

Terrail Bayard, Pierre. 1527. *La très joyeuse et très plaisante histoire du gentil seigneur De Bayart : le bon chevalier sans peur et sans reproche*. Paris : G. Du Pré.

Thomas, Artus / Dubois, Claude-Gilbert. 1996. *L'Isle des Hermaphrodites* Paris : Honoré Champion.

Trabouillet, Louis. 1708. *L'État de la France, où l'on voit tous les princes, ducs & pairs, marêchaux de France, & autres officiers de la couronne*. Paris : Guillaume Cavelier.

Inventaires et comptes

A.A.V.V. 1854. Inventaire du château de Vincennes et de Beauté, 23 juin 1420. In *Revue archéologique ou recueil de documents et de mémoires relatifs à l'étude des monuments, à la numismatique et à la philologie de l'antiquité et du Moyen-Âge*, t. XI, Paris : Leleux.

Aumale, Henri d'Orléans. 1861. *Inventaire de tous les meubles du cardinal Mazarin dressé en 1653*. Londres : Imprimerie de Whittingham et Wilkins.

Auteur et date inconnus. *Inventaire après décès de Marie Louis Desmares, épouse de Jean-Baptiste Savigny - 30 août 1751.* Paris : Archives Nationales.

Auteur inconnu. 1501–1600. *Inventaire des joyaux, tapisseries, livres et vaisselle de Charles-Quint à Bruxelles (1536).* conservé à la Bibliothèque Nationale de France (Département des manuscrits). Open Access : <https://gallica.bnf.fr/ark:/12148/btv1b100355938/f1.image>.

Auteur inconnu. 1372. *Compte de l'exécution du testament et inventaire de Jehanne d'Évreux, femme de Charles le Bel.* manuscrit conservé à la Bibliothèque Nationale de France (Département des manuscrits).

Auteur inconnu. 1501–1600. *Inventaire original des joyaux, tapisseries, livres et vaisselle de Philippe II, roi d'Espagne, à Bruxelles (1569).* conservé à la Bibliothèque Nationale de France (Département des manuscrits). Open Access : <https://gallica.bnf.fr/ark:/12148/btv1b10035594q.image>.

Auteur inconnu. 1601–1700. *Inventaire des meubles de Monsieur le duc de Normandie, dauphin de Viennois, fait en l'année 1363.* conservé à la Bibliothèque Nationale de France (Département des manuscrits).

Bapst, Germain. 1883. *Inventaire de Marie-Josèphe de Saxe, dauphine de France 1731–1767.* Paris. Imprimerie Iahure.

Barthélemy, Louis. 1878. *Inventaire du château des Baux en 1426.* Paris : Imprimerie Nationale.

Begon, Michel. 1898. Inventaire de l'abbé d'Effiat, abbé commandataire de Saint-Sernin de Toulouse, 18 octobre 1698. In *Revue de l'art français ancien et moderne*. t. XIV, 182–214.

Bonaffé Edmond. 1874. *Inventaire des meubles de Catherine de Médicis en 1589.* Paris : Chez Gustave Aubry.

Bonaffé, Edmond. 1878. *Inventaire de la duchesse de Valentinois, Charlotte d'Albret 1514.* Paris : Quantin.

Bruel, François-Louis. 1905. Inventaire de meubles et de titres trouvés au château de Josselin à la mort du connétable de Clisson (1407). In *Bibliothèque de l'École des Chartes*, 193–245.

Bulletin de la société archéologique & historique de la Charente. 1859. *Inventaire du château de Cognac au décès de Marguerite de Rohan, comtesse d'Angoulême 1497*. Angoulême. Nadaud et Cie.

Cordey, Jean. 1930. L'Inventaire après décès d'Anne d'Autriche et le mobilier du Louvre. In *Bulletin de la Société de l'Histoire de l'Art français*. Paris, 209–227.

Cordey, Jean. 1939. *Inventaire des biens de Madame de Pompadour, rédigé après son décès (1766)*. Paris : Société des Bibliophiles Français.

D'Huart, Suzanne, Grodecki, Catherine, Robert De Sireul Langage et al. 1988. L'inventaire après décès du maréchal de Turenne (1675). *Annuaire-Bulletin de la Société de l'histoire de France*, 103–201.

De Climens, Roboret (communication et transcription). 1442. Inventaire des biens, meubles et immeubles, etc., de Ramond de Cussac, chanoine de l'église Saint-André de Bordeaux. In *Archives départementales de la Gironde*. t. XXIV. Bordeaux : Imprimerie Gounouilhou.

de la Fosse, Antoine. 1717. *Inventaire après décès d'Elisabeth Delafosse, veuve de Jean Forest, peintre du roi, conseiller honoraire en son Académie royale de peinture et sculpture, des biens demeurés dans sa maison, Ile du Palais, au coin de la rue Dauphine, à la requête d'Elisabeth-Marguerite Forest, épouse de Louis Dufour, écuyer, conseiller du roi, contrôleur ordinaire des guerres, et de Nicolas de Largillière, peintre ordinaire du roi, et adjoint recteur en son Académie de peinture et sculpture, et Elisabeth-Marguerite Forest, sa femme, ses enfants et héritiers.* Minutes et répertoires du notaire Antoine de la Fosse 19 novembre 1698 4 avril 1731 (étude X). Paris : Archives Nationales.

Deville, Achille. 1850. Inventaire du mobilier du cardinal d'Amboise Ier, de son manoir archiépiscopal de Rouen. In *Comptes de dépenses de la construction du château de Gaillon publiés d'après les registres manuscrits des trésoriers du cardinal d'Amboise*. Paris : Imprimerie Nationale.

Douët d'Arcq 1865. *Compte de l'hôtel de la reine Isabeau de Bavière 1401* In *Comptes de l'hôtel des rois de France au XIVe et XVe siècles*. Paris : Renouard.

Douët d'Arcq, Louis-Claude. 1851. *Comptes de l'argenterie des rois de France au XIVe siècle*. Paris : Société de l'histoire de France.
Douët d'Arcq, Louis-Claude. 1851. Inventaire du garde-meuble de l'argenterie, compte d'Étienne de la Fontaine, 1353. In *Comptes de l'argenterie des rois de France au XIVe siècle*. Paris : Société de l'histoire de France.
Douët D'Arcq, Louis-Claude. 1851. Journal de la dépense du roi Jean en Angleterre, du 1er juillet 1359 au 8 juillet 1360. In *Comptes de l'argenterie des rois de France au XIVe siècle*. Paris : Société de l'histoire de France, 193–284.
Douët D'Arcq, Louis-Claude. 1864. Inventaire de l'hôtel Saint-Pol, du Louvre et du Petit Séjour, 1420 et 1421. In *Choix de pièces inédites relatives au règne de Charles VI*. t. II. Paris : Renouard, 361–407.
Douët D'Arcq, Louis-Claude. 1864. Inventaire des joyaux de la Couronne de 1418. *Choix de pièces inédites relatives au règne de Charles VI*. t. II. Paris : Renouard, 279–361.
Douët d'Arcq, Louis-Claude. 1865. Compte de l'hôtel de Charles VI de 1381. In *Comptes de l'hôtel des rois de France au XIVe et XVe siècles*. Paris : Renouard.
Douët D'Arcq, Louis-Claude. 1865. *Comptes de l'hôtel des rois de France au XIVe et XVe siècles*. Paris : Renouard.
Douët D'Arcq, Louis-Claude. 1874. Inventaire et vente après décès des biens de la reine Clémence de Hongrie, veuve de Louis le Hutin (1328). In *Nouveau recueil de comptes de l'argenterie des rois de France*. Paris : Renouard, 37–112.
Douët D'Arcq, Louis-Claude. 1874. Le XVIIe compte de Guillaume Brunel, argentier du roi Charles VI, pour le terme de la Saint-Jean 1387. In *Nouveau recueil de comptes de l'argenterie des rois de France*. Paris : Renouard, 192–201.
Douët D'Arcq, Louis-Claude. 1874. *Nouveau recueil de comptes de l'argenterie des rois de France*. Paris : Renouard.
Garnier, Jacques. 1850. *Inventaires du trésor de la cathédrale d'Amiens (1535)*. Amiens : Duval & Herment.
Grésy, Eugène. 1532. Inventaire des objets d'art composant la succession de Florimond Robertet, ministre de François Ier, dressé par sa veuve le 4ème jour d'août 1532. In *Mémoires de la Société impériale des Antiquaires de France*. Lieu et éditeur inconnus.

Guiffrey, Georges. 1872. Inventaire de la vaisselle d'or et d'argent du chancelier Duprat et de Babou de la Bourdaisière, trésorier de France, confisquée par le roi en 1536. In *Nouvelles Archives de l'Art Français*, 156–166.

Guiffrey, Jules. 1877–1880. Les Dépenses secrètes de François Ier. In *Les comptes des Bâtiments du roi (1528–1571), suivis de documents inédits sur les châteaux royaux et les beaux-arts au XVIe siècle*. t. II. Paris : J. Baur, 199–274.

Guiffrey, Jules. 1885–1886. *Inventaire général du mobilier de la Couronne sous Louis XIV (1663–1715)*. Paris : Siège de la Société de Paris.

Guiffrey, Jules. 1894–1896. *Inventaires de Jean, duc de Berry (1401–1416)*. Paris : Éditeur scientifique.

Guiffrey, Jules. 1915. Inventaire après décès de Jérôme Francken dressé le 16 juillet 1610. In *Artistes parisiens des XVIe et XVIIe siècles*. Paris : Imprimerie Nationale.

Hermant, Jean-Paul. 2005. *Inventaire après décès des biens, meubles, joyaux et titres de Gabrielle d'Estrées, duchesse de Beaufort et d'Étampes (avril-mai 1599)*. Paris : Archives Nationales.

Jonquoy, Jean-Baptiste. 1833. *Inventaire après décès de Ménardeau, Marie-Emmanuel-Jules-Gratien (vicomte de Menardeau)*. Paris : Archives nationales.

Labarte, Jules. 1879. *Inventaire du mobilier de Charles V, roi de France (1338–1380)*. Paris : Imprimerie Nationale.

Laprade, Jacques. 1962. Inventaire des tentures et des meubles transportés de Pau à Nérac en 1578 : inventaire des meubles tant broderies qu'aultres… apportez de Pau à Nérac par commandement du Roy de Navarre. In *Bibliothèque d'Humanisme et Renaissance*. t. 42.

Le Roux de Lincy, Antoine-Jean-Victor. 1850. Détail sur la vie privée d'Anne de Bretagne, femme de Charles VIII et de Louis XII, suivis des inventaires des meubles ayant appartenu à cette princesse. In *Bibliothèque de l'École des Chartes*, t. XI-I, 148–171.

Le Roux de Lincy, Antoine-Jean-Victor. 1852. Inventaire des biens meubles et immeubles de la comtesse Mahaut d'Artois, pillés par l'armée de son neveu en 1313. In *Bibliothèque de l'école des Chartes*. t. XIII. Lieu et éditeur inconnus, 53–79.

Lecoy de la Marche, Albert. 1873. Inventaire de la Ménitré 10 octobre 1471. In *Extraits des comptes et mémoriaux du roi René*. Paris : Picard, 283–299.

Lecoy de la Marche, Albert. 1873. Inventaire du château d'Angers fait en 1471–1472. In *Extraits des comptes et mémoriaux du roi René*. Paris : Picard, 260–268.

Michelant, Henri V. 1870. *Inventaire des vaisselles, joyaux, tapisseries, peintures, livres et manuscrits de Marguerite d'Autriche, régente et gouvernante des Pays Bas (1523)*. Bruxelles : Hayez.

Montégut, Henri. 1881. *Inventaire des bijoux de Jeanne de Bourdeille, dame de Sainte-Aulaire et de Lanmary, 1595, publié pour la première fois d'après le manuscrit original de la Bibliothèque nationale, par le président de Montégut*. Lieu et éditeur inconnus.

Moranvillé, Henri. 1903. *Inventaire de l'orfèvrerie et des joyaux de Louis Ier, duc d'Anjou (1364–1365)*. Paris : Leroux.

Morin, Jean II. 1735. *Inventaire après décès de la femme de Jacques Verberckt, sculpteur ordinaire des bâtiments du roi, demeurant rue de Cléry*. Minutes et répertoires du notaire Jean II Morin, 4 juillet 1730–5 juillet 1757 (étude XIII). Paris : Archives Nationales.

Prost, Bernard / Prost, Henri. 1902–1913. *Inventaires mobiliers et extraits des comptes des ducs de Bourgogne de la maison de Valois (1363–1477)*. Paris : Bibliothèque de l'Université.

Soulié, Eudore. 1863. *Inventaire après décès de Jean-Baptiste Poquelin de Molière, demeurant rue de Richelieu, dressé à la requête de Claire Elisabeth Armande Grésinde Béjard, sa veuve, agissant en son nom et comme tutrice de Marie Madeleine Esprit Poquelin de Molière, âgée de 7 ans 1/2, sa fille (habits de théâtre, bibliothèque… 31 feuillets)*. Minutes et répertoires du notaire Jean Levasseur 13 juin 1629–10 octobre 1685. Paris : Archives Nationales.

Tarbé, Prosper. 1842. *Inventaire après le décès de Richard Picque, archevêque de Reims (1389)*. Reims : Société des Bibliophiles Français.

Tuetey, Alexandre. 1865. Inventaire des biens de Charlotte de Savoie (1483). In *Bibliothèque de l'École des Chartes*, 338–366 (premier article) et 423–442 (suite et fin).

Wildenstein, George. 1957. Inventaire après décès de Claude Gouffier (1571). In *Gazette des beaux-arts*, 247–250.

Corpus Gallica

A.A.V.V. 1841–1850. *Journal de Verdun : politique, commercial, littéraire, scientifique, d'agriculture, d'annonces et d'avis divers*, Verdun-sur-Meuse : Édition de Verdun.

Aubert, Jean-Louis. 1775. *Affiches, annonces et avis divers ou Journal général de France du 2 août 1775*. Paris : Bureau du Journal des petites affiches réunies.

Aubert, Jean-Louis. 1782. *Affiches, annonces et avis divers ou Journal général de France du 16 janvier 1782*. Paris : Bureau du Journal des petites affiches réunies.

Aubert, Jean-Louis. 1787. *Affiches, annonces et avis divers ou Journal général de France du 18 juillet 1787*. Paris : Bureau du Journal des petites affiches réunies.

Renaudot, Théophraste. 1631–1792. *Gazette de France du 6 janvier 1759*. Paris : Imprimerie de la Gazette de France.

Vallot, Antoine / d'Aquin, Antoine / Fagon, Guy-Crescent. 1862. *Journal de la santé du roi Louis XIV de l'année 1647 à l'année 1711*. Paris : Auguste Durand.

Corpus de l'OBVIL – Observatoire de la vie littéraire

Donneau de Vizé, Jean / Corneille, Thomas / Du Fresny, Charles. *Mercure Galant*. Paris : éditions Mercure.

Le corpus ouvert de l'Observatoire de la vie littéraire (OBVIL) a été exploité pour la consultation des numéros suivants de la revue *Mercure Galant* :

- 1673. t. IV et V.
- juillet 1678.
- février 1679.
- septembre 1679.
- décembre 1682.
- juillet 1686.

- Supplément au *Mercure Galant*, septembre 1686, “Voyage des ambassadeurs de Siam en France”.
- mai 1687.
- juillet 1689.
- décembre 1689.
- avril 1698.
- février 1690.
- Supplément au *Mercure Galant*, 1696 “Éloge et utilité du café”.
- février 1700.
- avril 1700.
- janvier 1708.
- janvier 1752.
- décembre 1754.
- mai 1759.
- juillet 1769.

Bases textuelles, ressources métalexicographiques et informatiques

Archives Nationales. Salle des inventaires virtuelle. <https://www.siv.archives-nationales.culture.gouv.fr/siv/cms/content/display.action?uuid=Accueil1RootUuid&onglet=1>

BHVF : Base Historique du Vocabulaire Français. <http://atilf.atilf.fr/jykervei/ddl.htm>.

Bibliographie Godefroy. <http://www.atilf.fr/BbgGdf>.

Centre National de Ressources Textuelles et Lexicales. CNRTL. Atilf. <https://www.cnrtl.fr/definition/>.

Corpus de la littérature narrative du Moyen Âge au XXe siècle. <https://www.classiques-garnier.com/numerique-bases/>.

Corpus OBVIL (Mercure Galant). <http://obvil.sorbonne-universite.site/corpus/mercure-galant/>.

France Archives. Portail national des archives. <http://www.francearchives.fr/>.

FRANTEXT. <https://www.frantext.fr>.

Grand Corpus des dictionnaires (IXe-XXe siècles). <https://www.classiques-garnier.com/numerique-bases/>.

LGeRM : le lemmatiseur. <http://www.atilf.fr/LGeRM/>.

Ménestrel. Médiévistes sur le net : sources, travaux et références en ligne. <http://www.menestrel.fr/?Inventaires>.

Corpus électronique du Centre de recherche du Château de Versailles. <https://www.chateauversailles-recherche.fr/francais/ressources-documentaires/corpus-electroniques>.

ABBYY FineReader 15. <https://www.abbyy.com/it-it/finereader/>.

TRANSKRIBUS. Digitisation and Digital Preservation group University of Innsbruck. <https://transkribus.eu/Transkribus/>.

Index des noms

W

Linguistic Insights

Studies in Language and Communication

This series aims to promote specialist language studies in the fields of linguistic theory and applied linguistics, by publishing volumes that focus on specific aspects of language use in one or several languages and provide valuable insights into language and communication research. A cross-disciplinary approach is favoured and most European languages are accepted.

The series includes two types of books:

- Monographs – featuring in-depth studies on special aspects of language theory, language analysis or language teaching.
- Collected papers – assembling papers from workshops, conferences or symposia.

Each volume of the series is subjected to a double peer-reviewing process.

Vol. 1 Maurizio Gotti & Marina Dossena (eds)
Modality in Specialized Texts. Selected Papers of the 1st CERLIS Conference.
421 pages. 2001. ISBN 3-906767-10-8 · US-ISBN 0-8204-5340-4

Vol. 2 Giuseppina Cortese & Philip Riley (eds)
Domain-specific English. Textual Practices across Communities and Classrooms.
420 pages. 2002. ISBN 3-906768-98-8 · US-ISBN 0-8204-5884-8

Vol. 3 Maurizio Gotti, Dorothee Heller & Marina Dossena (eds)
Conflict and Negotiation in Specialized Texts. Selected Papers of the 2nd CERLIS Conference.
470 pages. 2002. ISBN 3-906769-12-7 · US-ISBN 0-8204-5887-2

Vol. 4 Maurizio Gotti, Marina Dossena, Richard Dury, Roberta Facchinetti & Maria Lima
Variation in Central Modals. A Repertoire of Forms and Types of Usage in Middle English and Early Modern English.
364 pages. 2002. ISBN 3-906769-84-4 · US-ISBN 0-8204-5898-8

Editorial address:

Prof. Maurizio Gotti Università di Bergamo, Dipartimento di Lingue, Letterature e Culture Straniere Piazza Rosate 2, 24129 Bergamo, Italy
Fax: +39 035 2052789, E-Mail: m.gotti@unibg.it

Vol. 5 Stefania Nuccorini (ed.)
Phrases and Phraseology. Data and Descriptions.
187 pages. 2002. ISBN 3-906770-08-7 · US-ISBN 0-8204-5933-X

Vol. 6 Vijay Bhatia, Christopher N. Candlin & Maurizio Gotti (eds)
Legal Discourse in Multilingual and Multicultural Contexts.
Arbitration Texts in Europe.
385 pages. 2003. ISBN 3-906770-85-0 · US-ISBN 0-8204-6254-3

Vol. 7 Marina Dossena & Charles Jones (eds)
Insights into Late Modern English. 2nd edition.
378 pages. 2003, 2007.
ISBN 978-3-03911-257-9 · US-ISBN 978-0-8204-8927-8

Vol. 8 Maurizio Gotti
Specialized Discourse. Linguistic Features and Changing Conventions.
351 pages. 2003, 2005.
ISBN 3-03910-606-6 · US-ISBN 0-8204-7000-7

Vol. 9 Alan Partington, John Morley & Louann Haarman (eds)
Corpora and Discourse.
420 pages. 2004. ISBN 3-03910-026-2 · US-ISBN 0-8204-6262-4

Vol. 10 Martina Möllering
The Acquisition of German Modal Particles. A Corpus-Based Approach.
290 pages. 2004. ISBN 3-03910-043-2 · US-ISBN 0-8204-6273-X

Vol. 11 David Hart (ed.)
English Modality in Context. Diachronic Perspectives.
261 pages. 2003. ISBN 3-03910-046-7 · US-ISBN 0-8204-6852-5

Vol. 12 Wendy Swanson
Modes of Co-reference as an Indicator of Genre.
430 pages. 2003. ISBN 3-03910-052-1 · US-ISBN 0-8204-6855-X

Vol. 13 Gina Poncini
Discursive Strategies in Multicultural Business Meetings.
2nd edition. 338 pages. 2004, 2007.
ISBN 978-3-03911-296-8 · US-ISBN 978-0-8204-8937-7

Vol. 14 Christopher N. Candlin & Maurizio Gotti (eds)
Intercultural Aspects of Specialized Communication.
2nd edition. 369 pages. 2004, 2007.
ISBN 978-3-03911-258-6 · US-ISBN 978-0-8204-8926-1

Vol. 15 Gabriella Del Lungo Camiciotti & Elena Tognini Bonelli (eds)
Academic Discourse. New Insights into Evaluation.
234 pages. 2004. ISBN 3-03910-353-9 · US-ISBN 0-8204-7016-3

Vol. 16 Marina Dossena & Roger Lass (eds)
Methods and Data in English Historical Dialectology.
405 pages. 2004. ISBN 3-03910-362-8 · US-ISBN 0-8204-7018-X

Vol. 17 Judy Noguchi
The Science Review Article. An Opportune Genre in
the Construction of Science.
274 pages. 2006. ISBN 3-03910-426-8 · US-ISBN 0-8204-7034-1

Vol. 18 Giuseppina Cortese & Anna Duszak (eds)
Identity, Community, Discourse. English in Intercultural Settings.
495 pages. 2005. ISBN 3-03910-632-5 · US-ISBN 0-8204-7163-1

Vol. 19 Anna Trosborg & Poul Erik Flyvholm Jørgensen (eds)
Business Discourse. Texts and Contexts.
250 pages. 2005. ISBN 3-03910-606-6 · US-ISBN 0-8204-7000-7

Vol. 20 Christopher Williams
Tradition and Change in Legal English. Verbal Constructions in Prescriptive Texts.
2nd revised edition. 216 pages. 2005, 2007. ISBN 978-3-03911-444-3.

Vol. 21 Katarzyna Dziubalska-Kolaczyk & Joanna Przedlacka (eds)
English Pronunciation Models: A Changing Scene.
2nd edition. 476 pages. 2005, 2008. ISBN 978-3-03911-682-9.

Vol. 22 Christián Abello-Contesse, Rubén Chacón-Beltrán, M. Dolores López-Jiménez & M. Mar Torreblanca-López (eds)
Age in L2 Acquisition and Teaching.
214 pages. 2006. ISBN 3-03910-668-6 · US-ISBN 0-8204-7174-7

Vol. 23 Vijay K. Bhatia, Maurizio Gotti, Jan Engberg & Dorothee Heller (eds)
Vagueness in Normative Texts.
474 pages. 2005. ISBN 3-03910-653-8 · US-ISBN 0-8204-7169-0

Vol. 24 Paul Gillaerts & Maurizio Gotti (eds)
Genre Variation in Business Letters. 2nd printing.
407 pages. 2008. ISBN 978-3-03911-681-2.

Vol. 25 Ana María Hornero, María José Luzón & Silvia Murillo (eds)
Corpus Linguistics. Applications for the Study of English.
2nd printing. 526 pages. 2006, 2008. ISBN 978-3-03911-726-0

Vol. 26 J. Lachlan Mackenzie & María de los Ángeles Gómez-González (eds)
Studies in Functional Discourse Grammar.
259 pages. 2005. ISBN 3-03910-696-1 · US-ISBN 0-8204-7558-0

Vol. 27 Debbie G. E. Ho
Classroom Talk. Exploring the Sociocultural Structure of Formal ESL Learning.
2nd edition. 254 pages. 2006, 2007. ISBN 978-3-03911-434-4

Vol. 28 Javier Pérez-Guerra, Dolores González-Álvarez, Jorge L. Bueno-Alonso & Esperanza Rama-Martínez (eds)
'Of Varying Language and Opposing Creed'. New Insights into Late Modern English.
455 pages. 2007. ISBN 978-3-03910-788-9

Vol. 29 Francesca Bargiela-Chiappini & Maurizio Gotti (eds)
Asian Business Discourse(s).
350 pages. 2005. ISBN 3-03910-804-2 · US-ISBN 0-8204-7574-2

Vol. 30 Nicholas Brownlees (ed.)
News Discourse in Early Modern Britain. Selected Papers of CHINED 2004.
300 pages. 2006. ISBN 3-03910-805-0 · US-ISBN 0-8204-8025-8

Vol. 31 Roberta Facchinetti & Matti Rissanen (eds)
Corpus-based Studies of Diachronic English.
300 pages. 2006. ISBN 3-03910-851-4 · US-ISBN 0-8204-8040-1

Vol. 32 Marina Dossena & Susan M. Fitzmaurice (eds)
Business and Official Correspondence. Historical Investigations.
209 pages. 2006. ISBN 3-03910-880-8 · US-ISBN 0-8204-8352-4

Vol. 33 Giuliana Garzone & Srikant Sarangi (eds)
Discourse, Ideology and Specialized Communication.
494 pages. 2007. ISBN 978-3-03910-888-6

Vol. 34 Giuliana Garzone & Cornelia Ilie (eds)
The Use of English in Institutional and Business Settings.
An Intercultural Perspective.
372 pages. 2007. ISBN 978-3-03910-889-3

Vol. 35 Vijay K. Bhatia & Maurizio Gotti (eds)
Explorations in Specialized Genres.
316 pages. 2006. ISBN 3-03910-995-2 · US-ISBN 0-8204-8372-9

Vol. 36 Heribert Picht (ed.)
Modern Approaches to Terminological Theories and Applications.
432 pages. 2006. ISBN 3-03911-156-6 · US-ISBN 0-8204-8380-X

Vol. 37 Anne Wagner & Sophie Cacciaguidi-Fahy (eds)
Legal Language and the Search for Clarity / Le langage juridique et la quête de clarté. Practice and Tools / Pratiques et instruments.
487 pages. 2006. ISBN 3-03911-169-8 · US-ISBN 0-8204-8388-5

Vol. 38 Juan Carlos Palmer-Silveira, Miguel F. Ruiz-Garrido & Inmaculada Fortanet-Gómez (eds)
Intercultural and International Business Communication.
Theory, Research and Teaching.
2nd edition. 343 pages. 2006, 2008. ISBN 978-3-03911-680-5

Vol. 39 Christiane Dalton-Puffer, Dieter Kastovsky, Nikolaus Ritt & Herbert Schendl (eds)
Syntax, Style and Grammatical Norms. English from 1500–2000.
250 pages. 2006. ISBN 3-03911-181-7 · US-ISBN 0-8204-8394-X

Vol. 40 Marina Dossena & Irma Taavitsainen (eds)
Diachronic Perspectives on Domain-Specific English.
280 pages. 2006. ISBN 3-03910-176-0 · US-ISBN 0-8204-8391-5

Vol. 41 John Flowerdew & Maurizio Gotti (eds)
Studies in Specialized Discourse.
293 pages. 2006. ISBN 3-03911-178-7

Vol. 42 Ken Hyland & Marina Bondi (eds)
Academic Discourse Across Disciplines.
320 pages. 2006. ISBN 3-03911-183-3 · US-ISBN 0-8204-8396-6

Vol. 43 Paul Gillaerts & Philip Shaw (eds)
The Map and the Landscape. Norms and Practices in Genre.
256 pages. 2006. ISBN 3-03911-182-5 · US-ISBN 0-8204-8395-4

Vol. 44 Maurizio Gotti & Davide Giannoni (eds)
New Trends in Specialized Discourse Analysis.
301 pages. 2006. ISBN 3-03911-184-1 · US-ISBN 0-8204-8381-8

Vol. 45 Maurizio Gotti & Françoise Salager-Meyer (eds)
Advances in Medical Discourse Analysis. Oral and Written Contexts.
492 pages. 2006. ISBN 3-03911-185-X · US-ISBN 0-8204-8382-6

Vol. 46 Maurizio Gotti & Susan Šarcević (eds)
Insights into Specialized Translation.
396 pages. 2006. ISBN 3-03911-186-8 · US-ISBN 0-8204-8383-4

Vol. 47 Khurshid Ahmad & Margaret Rogers (eds)
Evidence-based LSP. Translation, Text and Terminology.
584 pages. 2007. ISBN 978-3-03911-187-9

Vol. 48 Hao Sun & Dániel Z. Kádár (eds)
It's the Dragon's Turn. Chinese Institutional Discourses.
262 pages. 2008. ISBN 978-3-03911-175-6

Vol. 49 Cristina Suárez-Gómez
Relativization in Early English (950-1250). the Position of Relative Clauses.
149 pages. 2006. ISBN 3-03911-203-1 · US-ISBN 0-8204-8904-2

Vol. 50 Maria Vittoria Calvi & Luisa Chierichetti (eds)
Nuevas tendencias en el discurso de especialidad.
319 pages. 2006. ISBN 978-3-03911-261-6

Vol. 51 Mari Carmen Campoy & María José Luzón (eds)
Spoken Corpora in Applied Linguistics.
274 pages. 2008. ISBN 978-3-03911-275-3

Vol. 52 Konrad Ehlich & Dorothee Heller (Hrsg.)
Die Wissenschaft und ihre Sprachen.
323 pages. 2006. ISBN 978-3-03911-272-2

Vol. 53 Jingyu Zhang
The Semantic Salience Hierarchy Model. The L2 Acquisition of Psych Predicates
273 pages. 2007. ISBN 978-3-03911-300-2

Vol. 54 Norman Fairclough, Giuseppina Cortese & Patrizia Ardizzone (eds)
Discourse and Contemporary Social Change.
555 pages. 2007. ISBN 978-3-03911-276-0

Vol. 55 Jan Engberg, Marianne Grove Ditlevsen, Peter Kastberg & Martin Stegu (eds)
New Directions in LSP Teaching.
331 pages. 2007. ISBN 978-3-03911-433-7

Vol. 56 Dorothee Heller & Konrad Ehlich (Hrsg.)
Studien zur Rechtskommunikation.
322 pages. 2007. ISBN 978-3-03911-436-8

Vol. 57 Teruhiro Ishiguro & Kang-kwong Luke (eds)
Grammar in Cross-Linguistic Perspective.
The Syntax, Semantics, and Pragmatics of Japanese and Chinese.
304 pages. 2012. ISBN 978-3-03911-445-0

Vol. 58 Carmen Frehner
Email – SMS – MMS
294 pages. 2008. ISBN 978-3-03911-451-1

Vol. 59 Isabel Balteiro
The Directionality of Conversion in English. A Dia-Synchronic Study.
276 pages. 2007. ISBN 978-3-03911-241-8

Vol. 60 Maria Milagros Del Saz Rubio
English Discourse Markers of Reformulation.
237 pages. 2007. ISBN 978-3-03911-196-1

Vol. 61 Sally Burgess & Pedro Martín-Martín (eds)
English as an Additional Language in Research Publication and Communication.
259 pages. 2008. ISBN 978-3-03911-462-7

Vol. 62 Sandrine Onillon
Pratiques et représentations de l'écrit.
458 pages. 2008. ISBN 978-3-03911-464-1

Vol. 63 Hugo Bowles & Paul Seedhouse (eds)
Conversation Analysis and Language for Specific Purposes.
2nd edition. 337 pages. 2007, 2009. ISBN 978-3-0343-0045-2

Vol. 64 Vijay K. Bhatia, Christopher N. Candlin & Paola Evangelisti Allori (eds)
Language, Culture and the Law.
The Formulation of Legal Concepts across Systems and Cultures.
342 pages. 2008. ISBN 978-3-03911-470-2

Vol. 65 Jonathan Culpeper & Dániel Z. Kádár (eds)
Historical (Im)politeness.
300 pages. 2010. ISBN 978-3-03911-496-2

Vol. 66 Linda Lombardo (ed.)
Using Corpora to Learn about Language and Discourse.
237 pages. 2009. ISBN 978-3-03911-522-8

Vol. 67 Natsumi Wakamoto
Extroversion/Introversion in Foreign Language Learning.
Interactions with Learner Strategy Use.
159 pages. 2009. ISBN 978-3-03911-596-9

Vol. 68 Eva Alcón-Soler (ed.)
Learning How to Request in an Instructed Language Learning Context.
260 pages. 2008. ISBN 978-3-03911-601-0

Vol. 69 Domenico Pezzini
The Translation of Religious Texts in the Middle Ages.
428 pages. 2008. ISBN 978-3-03911-600-3

Vol. 70 Tomoko Tode
Effects of Frequency in Classroom Second Language Learning.
Quasi-experiment and stimulated-recall analysis.
195 pages. 2008. ISBN 978-3-03911-602-7

Vol. 71 Egor Tsedryk
Fusion symétrique et alternances ditransitives.
211 pages. 2009. ISBN 978-3-03911-609-6

Vol. 72 Cynthia J. Kellett Bidoli & Elana Ochse (eds)
English in International Deaf Communication.
444 pages. 2008. ISBN 978-3-03911-610-2

Vol. 73 Joan C. Beal, Carmela Nocera & Massimo Sturiale (eds)
Perspectives on Prescriptivism.
269 pages. 2008. ISBN 978-3-03911-632-4

Vol. 74 Carol Taylor Torsello, Katherine Ackerley & Erik Castello (eds)
Corpora for University Language Teachers.
308 pages. 2008. ISBN 978-3-03911-639-3

Vol. 75 María Luisa Pérez Cañado (ed.)
English Language Teaching in the European Credit Transfer System.
Facing the Challenge.
251 pages. 2009. ISBN 978-3-03911-654-6

Vol. 76 Marina Dossena & Ingrid Tieken-Boon van Ostade (eds)
Studies in Late Modern English Correspondence. Methodology and Data.
291 pages. 2008. ISBN 978-3-03911-658-4

Vol. 77 Ingrid Tieken-Boon van Ostade & Wim van der Wurff (eds)
Current Issues in Late Modern English.
436 pages. 2009. ISBN 978-3-03911-660-7

Vol. 78 Marta Navarro Coy (ed.)
Practical Approaches to Foreign Language Teaching and Learning.
297 pages. 2009. ISBN 978-3-03911-661-4

Vol. 79 Qing Ma
Second Language Vocabulary Acquisition.
333 pages. 2009. ISBN 978-3-03911-666-9

Vol. 80 Martin Solly, Michelangelo Conoscenti & Sandra Campagna (eds)
Verbal/Visual Narrative Texts in Higher Education.
384 pages. 2008. ISBN 978-3-03911-672-0

Vol. 81 Meiko Matsumoto
From Simple Verbs to Periphrastic Expressions:
The Historical Development of Composite Predicates, Phrasal Verbs,
and Related Constructions in English.
235 pages. 2008. ISBN 978-3-03911-675-1

Vol. 82 Melinda Dooly
Doing Diversity. Teachers' Construction of Their Classroom Reality.
180 pages. 2009. ISBN 978-3-03911-687-4

Vol. 83 Victoria Guillén-Nieto, Carmen Marimón-Llorca & Chelo Vargas-Sierra (eds)
Intercultural Business Communication and
Simulation and Gaming Methodology.
392 pages. 2009. ISBN 978-3-03911-688-1

Vol. 84 Maria Grazia Guido
English as a Lingua Franca in Cross-cultural Immigration Domains.
285 pages. 2008. ISBN 978-3-03911-689-8

Vol. 85 Erik Castello
Text Complexity and Reading Comprehension Tests.
352 pages. 2008. ISBN 978-3-03911-717-8

Vol. 86 Maria-Lluisa Gea-Valor, Isabel García-Izquierdo & Maria-José Esteve (eds)
Linguistic and Translation Studies in Scientific Communication.
317 pages. 2010. ISBN 978-3-0343-0069-8

Vol. 87 Carmen Navarro, Rosa Mª Rodríguez Abella, Francesca Dalle Pezze
& Renzo Miotti (eds)
La comunicación especializada.
355 pages. 2008. ISBN 978-3-03911-733-8

Vol. 88 Kiriko Sato
The Development from Case-Forms to Prepositional Constructions in Old English Prose.
231 pages. 2009. ISBN 978-3-03911-763-5

Vol. 89 Dorothee Heller (Hrsg.)
Formulierungsmuster in deutscher und italienischer Fachkommunikation. Intra- und interlinguale Perspektiven.
315 pages. 2008. ISBN 978-3-03911-778-9

Vol. 90 Henning Bergenholtz, Sandro Nielsen & Sven Tarp (eds)
Lexicography at a Crossroads. Dictionaries and Encyclopedias Today, Lexicographical Tools Tomorrow.
372 pages. 2009. ISBN 978-3-03911-799-4

Vol. 91 Manouchehr Moshtagh Khorasani
The Development of Controversies. From the Early Modern Period to Online Discussion Forums.
317 pages. 2009. ISBN 978-3-3911-711-6

Vol. 92 María Luisa Carrió-Pastor (ed.)
Content and Language Integrated Learning. Cultural Diversity.
178 pages. 2009. ISBN 978-3-3911-818-2

Vol. 93 Roger Berry
Terminology in English Language Teaching. Nature and Use.
262 pages. 2010. ISBN 978-3-0343-0013-1

Vol. 94 Roberto Cagliero & Jennifer Jenkins (eds)
Discourses, Communities, and Global Englishes
240 pages. 2010. ISBN 978-3-0343-0012-4

Vol. 95 Facchinetti Roberta, Crystal David, Seidlhofer Barbara (eds)
From International to Local English – And Back Again.
268 pages. 2010. ISBN 978-3-0343-0011-7

Vol. 96 Cesare Gagliardi & Alan Maley (eds)
EIL, ELF, Global English. Teaching and Learning Issues
376 pages. 2010. ISBN 978-3-0343-0010-0

Vol. 97 Sylvie Hancil (ed.)
The Role of Prosody in Affective Speech.
403 pages. 2009. ISBN 978-3-03911-696-6

Vol. 98 Marina Dossena & Roger Lass (eds)
Studies in English and European Historical Dialectology.
257 pages. 2009. ISBN 978-3-0343-0024-7

Vol. 99 Christine Béal
Les interactions quotidiennes en français et en anglais. De l'approche comparative à l'analyse des situations interculturelles.
424 pages. 2010. ISBN 978-3-0343-0027-8

Vol. 100 Maurizio Gotti (ed.)
Commonality and Individuality in Academic Discourse.
398 pages. 2009. ISBN 978-3-0343-0023-0

Vol. 101 Javier E. Díaz Vera & Rosario Caballero (eds)
Textual Healing. Studies in Medieval English Medical, Scientific and Technical Texts.
213 pages. 2009. ISBN 978-3-03911-822-9

Vol. 116 Elena Landone
Los marcadores del discurso y cortesía verbal en español.
390 pages. 2010. ISBN 978-3-0343-0413-9

Vol. 117 Maurizio Gotti & Christopher Williams (eds)
Legal Discourse across Languages and Cultures.
339 pages. 2010. ISBN 978-3-0343-0425-2

Vol. 118 David Hirsh
Academic Vocabulary in Context.
217 pages. 2010. ISBN 978-3-0343-0426-9

Vol. 119 Yvonne Dröschel
Lingua Franca English. The Role of Simplification and Transfer.
358 pages. 2011. ISBN 978-3-0343-0432-0

Vol. 120 Tengku Sepora Tengku Mahadi, Helia Vaezian & Mahmoud Akbari
Corpora in Translation. A Practical Guide.
135 pages. 2010. ISBN 978-3-0343-0434-4

Vol. 121 Davide Simone Giannoni & Celina Frade (eds)
Researching Language and the Law. Textual Features and Translation Issues.
278 pages. 2010. ISBN 978-3-0343-0443-6

Vol. 122 Daniel Madrid & Stephen Hughes (eds)
Studies in Bilingual Education.
472 pages. 2011. ISBN 978-3-0343-0474-0

Vol. 123 Vijay K. Bhatia, Christopher N. Candlin & Maurizio Gotti (eds)
The Discourses of Dispute Resolution.
290 pages. 2010. ISBN 978-3-0343-0476-4

Vol. 124 Davide Simone Giannoni
Mapping Academic Values in the Disciplines. A Corpus-Based Approach.
288 pages. 2010. ISBN 978-3-0343-0488-7

Vol. 125 Giuliana Garzone & James Archibald (eds)
Discourse, Identities and Roles in Specialized Communication.
419 pages. 2010. ISBN 978-3-0343-0494-8

Vol. 126 Iria Pastor-Gómez
The Status and Development of N+N Sequences in
Contemporary English Noun Phrases.
216 pages. 2011. ISBN 978-3-0343-0534-1

Vol. 127 Carlos Prado-Alonso
Full-verb Inversion in Written and Spoken English.
261 pages. 2011. ISBN 978-3-0343-0535-8

Vol. 128 Tony Harris & María Moreno Jaén (eds)
Corpus Linguistics in Language Teaching.
214 pages. 2010. ISBN 978-3-0343-0524-2

Vol. 129 Tetsuji Oda & Hiroyuki Eto (eds)
Multiple Perspectives on English Philology and History of Linguistics.
A Festschrift for Shoichi Watanabe on his 80th Birthday.
378 pages. 2010. ISBN 978-3-0343-0480-1

Vol. 130 Luisa Chierichetti & Giovanni Garofalo (eds)
Lengua y Derecho. líneas de investigación interdisciplinaria.
283 pages. 2010. 978-3-0343-0463-4

Vol. 131 Paola Evangelisti Allori & Giuliana Garzone (eds)
Discourse, Identities and Genres in Corporate Communication.
Sponsorship, Advertising and Organizational Communication.
324 pages. 2011. 978-3-0343-0591-4

Vol. 132 Leyre Ruiz de Zarobe & Yolanda Ruiz de Zarobe (eds)
Speech Acts and Politeness across Languages and Cultures.
402 pages. 2012. 978-3-0343-0611-9

Vol. 133 Thomas Christiansen
Cohesion. A Discourse Perspective.
387 pages. 2011. 978-3-0343-0619-5

Vol. 134 Giuliana Garzone & Maurizio Gotti
Discourse, Communication and the Enterprise. Genres and Trends.
451 pages. 2011. ISBN 978-3-0343-0620-1

Vol. 135 Zsuzsa Hoffmann
Ways of the World's Words.
Language Contact in the Age of Globalization.
334 pages 2011. ISBN 978-3-0343-0673-7

Vol. 136 Cecilia Varcasia (ed.)
Becoming Multilingual.
Language Learning and Language Policy between Attitudes and Identities.
213 pages. 2011. ISBN 978-3-0343-0687-5

Vol. 137 Susy Macqueen
The Emergence of Patterns in Second Language Writing.
A Sociocognitive Exploration of Lexical Trails.
325 pages. 2012. ISBN 978-3-0343-1010-9

Vol. 138 Maria Vittoria Calvi & Giovanna Mapelli (eds)
La lengua del turismo. Géneros discursivos y terminología.
365 pages. 2011. ISBN 978-3-0343-1011-6

Vol. 139 Ken Lau
Learning to Become a Professional in a Textually-Mediated World.
A Text-Oriented Study of Placement Practices.
261 pages. 2012. ISBN 978-3-0343-1016-1

Vol. 140 Sandra Campagna, Giuliana Garzone, Cornelia Ilie & Elizabeth Rowley-Jolivet (eds)
Evolving Genres in Web-mediated Communication.
337 pages. 2012. ISBN 978-3-0343-1013-0

Vol. 141 Edith Esch & Martin Solly (eds)
The Sociolinguistics of Language Education in International Contexts.
263 pages. 2012. ISBN 978-3-0343-1009-3

Vol. 142 Forthcoming.

Vol. 143 David Tizón-Couto
Left Dislocation in English. A Functional-Discoursal Approach.
416 pages. 2012. ISBN 978-3-0343-1037-6

Vol. 144 Margrethe Petersen & Jan Engberg (eds)
Current Trends in LSP Research. Aims and Methods.
323 pages. 2011. ISBN 978-3-0343-1054-3

Vol. 145 David Tizón-Couto, Beatriz Tizón-Couto, Iria Pastor-Gómez & Paula Rodríguez-Puente (eds)
New Trends and Methodologies in Applied English Language Research II.
Studies in Language Variation, Meaning and Learning.
283 pages. 2012. ISBN 978-3-0343-1061-1

Vol. 146 Rita Salvi & Hiromasa Tanaka (eds)
Intercultural Interactions in Business and Management.
306 pages. 2011. ISBN 978-3-0343-1039-0

Vol. 147 Francesco Straniero Sergio & Caterina Falbo (eds)
Breaking Ground in Corpus-based Interpreting Studies.
254 pages. 2012. ISBN 978-3-0343-1071-0

Vol. 148 Forthcoming.

Vol. 149 Vijay K. Bhatia & Paola Evangelisti Allori (eds)
Discourse and Identity in the Professions. Legal, Corporate and Institutional Citizenship.
352 pages. 2011. ISBN 978-3-0343-1079-6

Vol. 150 Maurizio Gotti (ed.)
Academic Identity Traits. A Corpus-Based Investigation.
363 pages. 2012. ISBN 978-3-0343-1141-0

Vol. 151 Priscilla Heynderickx, Sylvain Dieltjens, Geert Jacobs, Paul Gillaerts &
Elizabeth de Groot (eds)
The Language Factor in International Business.
New Perspectives on Research, Teaching and Practice.
320 pages. 2012. ISBN 978-3-0343-1090-1

Vol. 152 Paul Gillaerts, Elizabeth de Groot, Sylvain Dieltjens, Priscilla Heynderickx &
Geert Jacobs (eds)
Researching Discourse in Business Genres. Cases and Corpora.
215 pages. 2012. ISBN 978-3-0343-1092-5

Vol. 153 Yongyan Zheng
Dynamic Vocabulary Development in a Foreign Language.
262 pages. 2012. ISBN 978-3-0343-1106-9

Vol. 154 Carmen Argondizzo (ed.)
Creativity and Innovation in Language Education.
357 pages. 2012. ISBN 978-3-0343-1080-2

Vol. 155 David Hirsh (ed.)
Current Perspectives in Second Language Vocabulary Research.
180 pages. 2012. ISBN 978-3-0343-1108-3

Vol. 156 Seiji Shinkawa
Unhistorical Gender Assignment in Lahamon's *Brut*. A Case Study of a Late Stage
in the Development of Grammatical Gender toward its Ultimate Loss.
186 pages. 2012. ISBN 978-3-0343-1124-3

Vol. 157 Yeonkwon Jung
Basics of Organizational Writing: A Critical Reading Approach.
151 pages. 2014. ISBN 978-3-0343-1137-3.

Vol. 158 Bárbara Eizaga Rebollar (ed.)
Studies in Linguistics and Cognition.
301 pages. 2012. ISBN 978-3-0343-1138-0

Vol. 159 Giuliana Garzone, Paola Catenaccio, Chiara Degano (eds)
Genre Change in the Contemporary World. Short-term Diachronic Perspectives.
329 pages. 2012. ISBN 978-3-0343-1214-1

Vol. 160 Carol Berkenkotter, Vijay K. Bhatia & Maurizio Gotti (eds)
Insights into Academic Genres.
468 pages. 2012. ISBN 978-3-0343-1211-0

Vol. 161 Beatriz Tizón-Couto
Clausal Complements in Native and Learner Spoken English. A corpus-based study with Lindsei and Vicolse. 357 pages. 2013. ISBN 978-3-0343-1184-7

Vol. 162 Patrizia Anesa
Jury Trials and the Popularization of Legal Language. A Discourse Analytical Approach.
247 pages. 2012. ISBN 978-3-0343-1231-8

Vol. 163 David Hirsh
Endangered Languages, Knowledge Systems and Belief Systems.
153 pages. 2013. ISBN 978-3-0343-1232-5

Vol. 164 Eugenia Sainz (ed.)
De la estructura de la frase al tejido del discurso. Estudios contrastivos español/italiano.
305 pages. 2014. ISBN 978-3-0343-1253-0

Vol. 165 Julia Bamford, Franca Poppi & Davide Mazzi (eds)
Space, Place and the Discursive Construction of Identity.
367 pages. 2014. ISBN 978-3-0343-1249-3

Vol. 166 Rita Salvi & Janet Bowker (eds)
Space, Time and the Construction of Identity.
Discursive Indexicality in Cultural, Institutional and Professional Fields.
324 pages. 2013. ISBN 978-3-0343-1254-7

Vol. 167 Shunji Yamazaki & Robert Sigley (eds)
Approaching Language Variation through Corpora. A Festschrift in Honour of Toshio Saito.
421 pages. 2013. ISBN 978-3-0343-1264-6

Vol. 168 Franca Poppi
Global Interactions in English as a Lingua Franca. How written communication is changing under the influence of electronic media and new contexts of use.
249 pages. 2012. ISBN 978-3-0343-1276-9

Vol. 169 Miguel A. Aijón Oliva & María José Serrano
Style in syntax. Investigating variation in Spanish pronoun subjects.
239 pages. 2013. ISBN 978-3-0343-1244-8

Vol. 170 Inés Olza, Óscar Loureda & Manuel Casado-Velarde (eds)
Language Use in the Public Sphere. Methodological Perspectives and Empirical Applications
564 pages. 2014. ISBN 978-3-0343-1286-8

Vol. 171 Aleksandra Matulewska
Legilinguistic Translatology. A Parametric Approach to Legal Translation.
279 pages. 2013. ISBN 978-3-0343-1287-5

Vol. 172 Maurizio Gotti & Carmen Sancho Guinda (eds)
Narratives in Academic and Professional Genres.
513 pages. 2013. ISBN 978-3-0343-1371-1

Vol. 173 Madalina Chitez
Learner corpus profiles. The case of Romanian Learner English.
244 pages. 2014. ISBN 978-3-0343-1410-7

Vol. 174 Chihiro Inoue
Task Equivalence in Speaking Tests.
251 pages. 2013. ISBN 978-3-0343-1417-6

Vol. 175 Gabriel Quiroz & Pedro Patiño (eds.)
LSP in Colombia: advances and challenges.
339 pages. 2014. ISBN 978-3-0343-1434-3

Vol. 176 Catherine Resche
Economic Terms and Beyond: Capitalising on the Wealth of Notions.
How Researchers in Specialised Varieties of English Can Benefit from Focusing on Terms.
332 pages. 2013. ISBN 978-3-0343-1435-0

Vol. 177 Forthcoming.

Vol. 178 Cécile Desoutter & Caroline Mellet (dir.)
Le discours rapporté: approches linguistiques et perspectives didactiques.
270 pages. 2013. ISBN 978-3-0343-1292-9

Vol. 179 Ana Díaz-Negrillo & Francisco Javier Díaz-Pérez (eds)
Specialisation and Variation in Language Corpora.
341 pages. 2014. ISBN 978-3-0343-1316-2

Vol. 180 Pilar Alonso
A Multi-dimensional Approach to Discourse Coherence. From Standardness to Creativity.
247 pages. 2014. ISBN 978-3-0343-1325-4

Vol. 181 Alejandro Alcaraz-Sintes & Salvador Valera-Hernández (eds)
Diachrony and Synchrony in English Corpus Linguistics.
393 pages. 2014. ISBN 978-3-0343-1326-1

Vol. 182 Runhan Zhang
Investigating Linguistic Knowledge of a Second Language.
207 pages. 2015. ISBN 978-3-0343-1330-8

Vol. 183 Hajar Abdul Rahim & Shakila Abdul Manan (eds.)
English in Malaysia. Postcolonial and Beyond.
267 pages. 2014. ISBN 978-3-0343-1341-4

Vol. 184 Virginie Fasel Lauzon
Comprendre et apprendre dans l'interaction. Les séquences d'explication en classe
de français langue seconde.
292 pages. 2014. ISBN 978-3-0343-1451-0

Vol. 185 Forthcoming.

Vol. 186 Wei Ren
L2 Pragmatic Development in Study Abroad Contexts
256 pages. 2015. ISBN 978-3-0343-1358-2

Vol. 187 Marina Bondi & Rosa Lorés Sanz (eds)
Abstracts in Academic Discourse. Variation and Change.
361 pages. 2014. ISBN 978-3-0343-1483-1

Vol. 188 Giuditta Caliendo
Rethinking Community. Discourse, Identity and Citizenship in the European Union.
240 pages. 2017. ISBN 978-3-0343-1561-6

Vol. 189 Paola Evangelisti Allori (ed.)
Identities in and across Cultures.
315 pages. 2014. ISBN 978-3-0343-1458-9

Vol. 190 Erik Castello, Katherine Ackerley & Francesca Coccetta (eds).
Studies in Learner Corpus Linguistics. Research and Applications for Foreign Language Teaching and Assessment.
358 pages. 2015. ISBN 978-3-0343-1506-7

Vol. 191 Ruth Breeze, Maurizio Gotti & Carmen Sancho Guinda (eds)
Interpersonality in Legal Genres.
389 pages. 2014. ISBN 978-3-0343-1524-1

Vol. 192 Paola Evangelisti Allori, John Bateman & Vijay K. Bhatia (eds)
Evolution in Genre. Emergence, Variation, Multimodality.
364 pages. 2014. ISBN 978-3-0343-1533-3

Vol. 193 Jiyeon Kook
Agency in Arzt-Patient-Gesprächen. Zur interaktionistischen Konzeptualisierung von Agency
271 pages. 2015. ISBN 978-3-0343-1666-8

Vol. 194 Susana Nicolás Román & Juan José Torres Núñez (eds)
Drama and CLIL. A new challenge for the teaching approaches in bilingual education.
170 pages. 2015. ISBN 978-3-0343-1629-3

Vol. 195 Alessandra Molino & Serenella Zanotti (eds)
Observing Norm, Observing Usage. Lexis in Dictionaries and in the Media.
430 pages. 2015. ISBN 978-3-0343-1584-5

Vol. 196 Begoña Soneira
A Lexical Description of English for Architecture. A Corpus-based Approach.
267 pages. 2015. ISBN 978-3-0343-1602-6

Vol. 197 M Luisa Roca-Varela
False Friends in Learner Corpora. A corpus-based study of English false friends in the written and spoken production of Spanish learners.
348 pages. 2015. ISBN 978-3-0343-1620-0

Vol. 198 Rahma Al-Mahrooqi & Christopher Denman
Bridging the Gap between Education and Employment. English Language Instruction in EFL Contexts.
416 pages. 2015. ISBN 978-3-0343-1681-1

Vol. 199 Rita Salvi & Janet Bowker (eds)
The Dissemination of Contemporary Knowledge in English. Genres, discourse strategies and professional practices.
171 pages. 2015. ISBN 978-3-0343-1679-8

Vol. 200 Maurizio Gotti & Davide S. Giannoni (eds)
Corpus Analysis for Descriptive and Pedagogical Purposes. ESP Perspectives.
432 pages. 2014. ISBN 978-3-0343-1516-6

Vol. 201 Ida Ruffolo
The Perception of Nature in Travel Promotion Texts. A Corpus-based Discourse Analysis.
148 pages. 2015. ISBN 978-3-0343-1521-0

Vol. 202 Ives Trevian
English suffixes. Stress-assignment properties, productivity, selection and combinatorial processes.
471 pages. 2015. ISBN 978-3-0343-1576-0

Vol. 203 Maurizio Gotti, Stefania Maci & Michele Sala (eds)
Insights into Medical Communication.
422 pages. 2015. ISBN 978-3-0343-1694-1

Vol. 204 Carmen Argondizzo (ed.)
European Projects in University Language Centres. Creativity, Dynamics, Best Practice.
371 pages. 2015. ISBN 978-3-0343-1696-5

Vol. 205 Aura Luz Duffé Montalván (ed.)
Estudios sobre el léxico. Puntos y contrapuntos.
502 pages. 2016. ISBN 978-3-0343-2011-5

Vol. 206 Maria Pavesi, Maicol Formentelli & Elisa Ghia (eds)
The Languages of Dubbing. Mainstream Audiovisual Translation in Italy.
275 pages. 2014. ISBN 978-3-0343-1646-0

Vol. 207 Ruth Breeze & Inés Olza (eds)
Evaluation in media discourse. European perspectives.
268 pages. 2017. ISBN 978-3-0343-2014-6

Vol. 208 Vijay K. Bhatia & Maurizio Gotti (eds)
Arbitration Discourse in Asia.
331 pages. 2015. ISBN 978-3-0343-2032-0

Vol. 209 Sofía Bemposta-Rivas, Carla Bouzada-Jabois, Yolanda Fernández-Pena, Tamara Bouso, Yolanda J. Calvo-Benzies, Iván Tamaredo (eds)
New trends and methodologies in applied English language research III. Synchronic and diachronic studies on discourse, lexis and grammar processing.
280 pages. 2017. ISBN 978-3-0343-2039-9

Vol. 210 Francisco Alonso Almeida, Laura Cruz García & Víctor González Ruiz (eds)
Corpus-based studies on language varieties.
285 pages. 2016. ISBN 978-3-0343-2044-3

Vol. 211 Juan Pedro Rica Peromingo
Aspectos lingüísticos y técnicos de la traducción audiovisual (TAV).
177 pages. 2016. ISBN 978-3-0343-2055-9

Vol. 212 Maria Vender
Disentangling Dyslexia. VenderPhonological and Processing Deficit in Developmental Dyslexia.
338 pages. 2017. ISBN 978-3-0343-2064-1

Vol. 213 Zhilong Xie
Bilingual Advantages. Contributions of Different Bilingual Experiences to Cognitive Control Differences Among Young-adult Bilinguals.
221 pages. 2016. ISBN 978-3-0343-2081-8

Vol. 214 Larissa D'Angelo
Academic posters. A textual and visual metadiscourse analysis.
367 pages. 2016. ISBN 978-3-0343-2083-2

Vol. 215 Evelyne Berger
Prendre la parole en L2. Regard sur la compétence d'interaction en classe de langue.
246 pages. 2016. ISBN 978-3-0343-2084-9

Vol. 216 David Lasagabaster and Aintzane Doiz (eds)
CLIL experiences in secondary and tertiary education: In search of good practices.
262 pages. 2016. ISBN 978-3-0343-2104-4

Vol. 217 Elena Kkese
Identifying Plosives in L2 English: The Case of L1 Cypriot Greek Speakers.
317 pages. 2016. ISBN 978-3-0343-2060-3

Vol. 218 Sandra Campagna, Elana Ochse, Virginia Pulcini & Martin Solly (eds)
Languaging in and across Communities: New Voices, New Identities. Studies in Honour of Giuseppina Cortese.
507 pages. 2016. ISBN 978-3-0343-2073-3

Vol. 219 Adriana Orlandi & Laura Giacomini (ed.)
Defining collocation for lexicographic purposes. From linguistic theory to lexicographic practice.
328 pages. 2016. ISBN 978-3-0343-2054-2

Vol. 220 Pietro Luigi Iaia
Analysing English as a Lingua Franca in Video Games. Linguistic Features, Experiential and Functional Dimensions of Online and Scripted Interactions.
139 pages. 2016. ISBN 978-3-0343-2138-9

Vol. 221 Dimitrinka G. Níkleva (ed.)
La formación de los docentes de español para inmigrantes en distintos contextos educativos.
390 pages. 2017. ISBN 978-3-0343-2135-8

Vol. 222 Katherine Ackerley, Marta Guarda & Francesca Helm (eds)
Sharing Perspectives on English-Medium Instruction.
308 pages. 2017. ISBN 978-3-0343-2537-0

Vol. 223 Juana I. Marín-Arrese, Julia Lavid-López, Marta Carretero, Elena Domínguez Romero, Mª Victoria Martín de la Rosa & María Pérez Blanco (eds)
Evidentiality and Modality in European Languages. Discourse-pragmatic perspectives.
427 pages. 2017. ISBN 978-3-0343-2437-3

Vol. 224 Gilles Col
Construction du sens : un modèle instructionnel pour la sémantique.
292 pages. 2017. ISBN 978-3-0343-2572-1

Vol. 225 Ana Chiquito & Gabriel Quiroz (eds)
Pobreza, Lenguaje y Medios en América Latina.
362 pages. 2017. ISBN 978-3-0343-2142-6

Vol. 226 Xu Zhang
English Quasi-Numeral Classifiers. A Corpus-Based Cognitive-Typological Study.
360 pages. 2017. ISBN 978-3-0343-2818-0

Vol. 227 María Ángeles Orts, Ruth Breeze & Maurizio Gotti (eds)
Power, Persuasion and Manipulation in Specialised Genres. Providing Keys to the Rhetoric of Professional Communities.
368 pages. 2017. ISBN 978-3-0343-3010-7

Vol. 228 Maurizio Gotti, Stefania Maci & Michele Sala (eds)
Ways of Seeing, Ways of Being: Representing the Voices of Tourism.
453 pages. 2017. ISBN 978-3-0343-3031-2

Vol. 229 Dino Selvaggi
Plurilingual Code-Switching between Standard and Local Varieties.
A Socio-Psycholinguistic Approach
371 pages. 2018. ISBN 978-3-0343-2663-6

Vol. 230 Anca-Cristina Sterie
Interprofessional interactions at the hospital. Nurses' requests and reports of problems in calls with physicians.
371 pages. 2017. ISBN 978-3-0343-2734-3

Vol. 231 Xiaodong Zhang
Understanding Chinese EFL Teachers' Beliefs and Practices in the Textbook-Based Classroom.
189 pages. 2017. ISBN 978-3-0343-3053-4

Vol. 232 Manuela Caterina Moroni & Federica Ricci Garotti (Hrsg.)
Brücken schlagen zwischen Sprachwissenschaft und DaF-Didaktik.
345 pages. 2017. ISBN 978-3-0343-2667-4

Vol. 233 Dimitrinka Georgieva Níkleva
Necesidades y tendencias en la formación del profesorado de español como lengua extranjera
401 pages. 2017. ISBN 978-3-0343-2946-0

Vol. 234 Juan Santana-Lario & Salvador Valera (Hrsg.)
Competing patterns in English affixation.
272 pages. 2017. ISBN 978-3-0343-2701-5

Vol. 235 Francisco Salgado-Robles
Desarrollo de la competencia sociolingüística por aprendices de español en un contexto de inmersión en el extranjero
241 pages. 2018. ISBN 978-3-0343-2323-9

Vol. 236 Maria Chiara Janner
Sguardi linguistici sulla marca. Analisi morfosintattica dei nomi commerciali in italiano
345 pages. 2017. ISBN 978-3-0343-2667-4

Vol. 237 Bárbara Herrero Muñoz-Cobo & Otman El Azami Zalachi
La primavera del árabe marroquí.
192 pages. 2017. ISBN 978-3-0343-3104-3

Vol. 238 Consuelo Pascual Escagedo
El papel del oyente en la construcción de la conversación espontánea de estudiantes italianos en su interlengua y en su lengua materna
295 pages. 2017. ISBN 978-3-0343-3186-9

Vol. 239 Stefania M. Maci
The MS Digby 133 *Mary Magdalene*. Beyond scribal practices: language, discourse, values and attitudes.
336 pages. 2017. ISBN 978-3-0343-3256-9

Vol. 240 Eliecer Crespo-Fernández
Taboo in Discourse. Studies on Attenuation and Offence in Communication.
326 pages. 2018. ISBN 978-3-0343-3018-3

Vol. 241 Jana Altmanova, Maria Centrella, Katherine E. Russo (eds)
Terminology & Discourse / Terminologie et discours.
424 pages. 2018. ISBN 978-3-0343-2417-5

Vol. 242 Xavier Blanco et Inès Sfar (dir.)
Lexicologie(s) : approches croisées en sémantique lexicale.
442 pages. 2018. ISBN 978-3-0343-3056-5

Vol. 243 Yunfeng Ge
Resolution of Conflict of Interest in Chinese Civil Court Hearings. A Perspective of Discourse Information Theory.
302 pages. 2018. ISBN 978-3-0343-3313-9

Vol. 244 Carla Vergaro
Illocutionary Shell Nouns in English
322 pages. 2018. ISBN 978-3-0343-3069-5

Vol. 245 Paolo Frassi
L'adjectif en français et sa définition lexicographique.
270 pages. 2018. ISBN 978-3-0343-3394-8

Vol. 246 Suwilai Premsrirat and David Hirsh (eds)
Language Revitalization. Insights from Thailand
328 pages. 2018. ISBN 978-3-0343-3497-6

Vol. 247 Wei Wang
Researching Learning and Learners in Genre-based Academic Writing Instruction
282 pages. 2018. ISBN 978-3-0343-3297-2

Vol. 248 Isusi Alabarte, Alberto & Lahuerta Martínez, Ana Cristina (eds)
La comprensión lectora de lengua extranjera
Estudio de los factores de familiaridad, interés, género y métodos de evaluación
336 pages. 2018. ISBN 978-3-0343-3493-8

Vol. 249 Mercedes Eurrutia Cavero
Approche didactique du langage techno-scientifique
Terminologie et discours
374 pages. 2018. ISBN 978-3-0343-3512-6

Vol. 250 Aurora Ruiz Mezcua (ed.)
Approaches to Telephone Interpretation
Research, Innovation, Teaching and Transference
268 pages. 2018. ISBN 978-3-0343-3330-6

Vol. 251 Morini Massimiliano
A Day in the News
A Stylistic Analysis of Newsspeak
188 pages. 2018. ISBN 978-3-0343-3507-2

Vol. 252 Ignacio Guillén-Galve & Ignacio Vázquez-Orta (eds.)
English as a Lingua Franca and Intercultural Communication
Implications and Applications in the Field of English Language Teaching
414 pages. 2018. ISBN 978-3-0343-2763-3

Vol. 253 Bianca Del Villano
Using the Devil with Courtesy
Shakespeare and the Language of (Im)Politeness
216 pages. 2018. ISBN 978-3-0343-2315-4

Vol. 254 David Hirsh (ed.)
Explorations in Second Language Vocabulary Research
252 pages. 2018. ISBN 978-3-0343-2940-8

Vol. 255 Tania Baumann (ed.)
Reiseführer - Sprach- und Kulturmittlung im Tourismus / Le guide turistiche - mediazione linguistica e culturale in ambito turistico
270 pages. 2018. ISBN 978-3-0343-3402-0

Vol. 256 Ariadna Sánchez-Hernández & Ana Herraiz-Martínez (eds)
Learning second language pragmatics beyond traditional contexts
376 pages. 2018. ISBN 978-3-0343-3437-2

Vol. 257 Albert Bastardas-Boada, Emili Boix-Fuster, Rosa Maria Torrens (eds)
Family Multilingualism in Medium-Sized Linguistic Communities
336 pages. 2019. ISBN 978-3-0343-2536-3

Vol. 258 Forthcoming

Vol. 259 Catia Nannoni
Participe présent et gérondif dans la presse française contemporaine
176 pages. 2019. ISBN 978-3-0343-3631-4

Vol. 260 Nieves Rodríguez Pérez & Bárbara Heinsch (eds.)
Contextos multilingües. Mediadores interculturales, formación del profesorado de lenguas extranjeras
289 pages. 2019. ISBN 978-3-0343-3768-7

Vol. 261 Forthcoming

Vol. 262 Laura Nadal
Lingüística experimental y contraargumentación
233 pages. 2019. ISBN 978-3-0343-3791-5

Vol. 263 Claudia Claridge & Merja Kytö (eds.)
Punctuation in Context – Past and Present Perspectives
288 pages. 2019. ISBN 978-3-0343-3790-8

Vol. 264 Maurizio Gotti, Stefania Maci, Michele Sala (eds.)
Scholarly Pathways
530 pages. 2020. ISBN 978-3-0343-3860-8

Vol. 265 Ruth Breeze, Ana M. Fernández Vallejo (eds.)
Politics and populism across modes and media
350 pages. 2020. ISBN 978-3-0343-3707-6

Vol. 266 Jean Marguerite Jimenez
Understanding the Effects of Immediate Electronic Corrective Feedback on Second Language Development
252 pages. 2020. ISBN 978-3-0343-3815-8

Vol. 267 Sergio Rodríguez-Tapia, Adela González-Fernández (eds)
Lenguas y turismo: estudios en torno al discurso, la didáctica y la divulgación
380 pages. 2020. ISBN 978-3-0343-3881-3

Vol. 268 Ana Bocanegra-Valle (ed.)
Applied Linguistics and Knowledge Transfer. Employability, Internationalisation and Social Challenges
344 pages. 2020. ISBN 978-3-0343-3714-4

Vol. 269 Forthcoming

Vol. 270 Iván Tamaredo
Complexity, Efficiency, and Language Contact. Pronoun Omission in World Englishes.
292 pages. 2020. ISBN 978-3-0343-3902-5

Vol. 271 Silvia Domenica Zollo,
Origine et histoire du vocabulaire des arts de la table. Analyse lexicale et exploitation de corpus textuels
239 pages. 2020. ISBN 978-3-0343-3890-5

www.ingramcontent.com/pod-product-compliance
Ingram Content Group UK Ltd.
Pitfield, Milton Keynes, MK11 3LW, UK
UKHW041836031026
15587UKWH00002B/802

9 783034 338905